“十三五”规划高等院校应用型人才培养核心课程系列教材

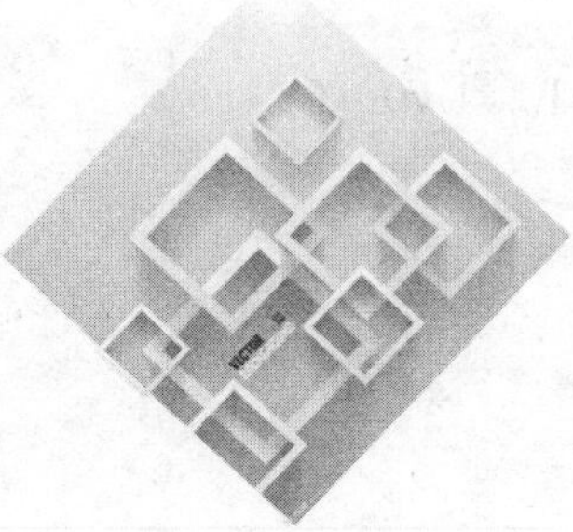

西方经济学习题册

李亚娜　主编

中国财经出版传媒集团
中国财政经济出版社

图书在版编目（CIP）数据

西方经济学习题册/李亚娜主编．—北京：中国财政经济出版社，2016.8
“十三五”规划高等院校应用型人才培养核心课程系列教材
ISBN 978-7-5095-6905-4

Ⅰ.①西…　Ⅱ.①李…　Ⅲ.①西方经济学-高等学校-习题集　Ⅳ.①F0-08

中国版本图书馆 CIP 数据核字（2016）第 192191 号

责任编辑：卢关平　吴檬檬　　　　责任校对：胡永立
封面设计：邹海东　　　　　　　　版式设计：董生平

中国财政经济出版社 出版
URL：http：//www.cfeph.cn
E-mail：cfeph @ cfeph.cn

社址：北京市海淀区阜成路甲 28 号　邮政编码：100142
营销中心电话：88190406　北京财经书店电话：64033436　84041336
北京财经印刷厂印刷　各地新华书店经销
787×1092 毫米　16 开　20 印张　490 000 字
2016 年 8 月第 1 版　2016 年 8 月北京第 1 次印刷
定价：35.60 元
ISBN 978-7-5095-6905-4/F·5543
（图书出现印装问题，本社负责调换）
本社质量投诉电话：010-88190744
打击盗版举报热线：010-88190492，QQ：634579818

前　言

西方经济学是国家教育部规定的高等院校财经类专业核心课程之一，是财经类专业本科生的专业基础课或专业课。但是西方经济学信息量大，系统性较强，要准确理解和掌握具有相当大的难度。在西方经济学实际教学中，很多学生经常反映课堂的内容能够听懂，可是课下做习题一做就错。这往往是因为学生对于课堂的一些基本理论知识没有真正理解，为此，运用习题进行知识训练成为掌握西方经济学基础理论知识的关键环节。学生通过做大量的练习题，可以加深对西方经济学内容的理解，同时也能够培养学生运用理论分析解决实际经济问题的能力。

本书是在魏勋、蔡继明等人编著的《现代西方经济学教程》（第二版）（南开大学出版社版）的基础上编写而成，在章节安排上基本与该教材一致，但对个别章节进行了一定的修改。本书是涵盖了西方经济学所有基本知识点的习题册，希望通过大量的习题练习，帮助学生较快地掌握课堂上的理论知识，培养学生运用经济学理论分析问题的能力。

鉴于西方经济学有两大分支体系即微观经济学和宏观经济学，所以，本书第二章至第十章是微观经济学，第十一章至第十八章是宏观经济学。为了学生练习之后检测自己的学习效果，本书编写了四套自测题，可以让学生在考前对自己的学习水平进行预测。

每章内容又各分为五个部分，第一部分是本章要点梳理。这部分是本章内容的概要，涵盖了基本知识和理论要点，有助于学生理解和掌握。第二部分是本章知识脉络图。通过形象的知识框架结构，加强学生对全章知识点的系统性认识。第三部分是本章名词详解。列举每章的重点概念，并进行详细解释，加强学生对西方经济学的基本概念的深入理解。第四部分是同步练习与精解。这部分选取了大量典型的练习题，按照常见的题型，分为辨析题、单项选择题、简答题、作图分析题、论述题、计算题等几种题型，通过大量的练习加深学生对经济学理论知识的理解，培养其理论的运用能力。第五部分是相关考研题解析。这部分针对每章知识点选取了各大名校历届考研真题，并进行了详细的解答。考研题难度较大，可以作为学生深入学习的参考，也为部分有考研打算的学生提供一定的学习指导。

本书编写成员及分工如下：李亚娜编写微观经济学以及宏观观经济学各章习题；毛丽芹编写微观经济学以及宏观经济学自测题一和二；郭静编写宏观经济学以及微观经济学各章考研题，书稿由三人共同完成。

在本书编写的过程中，参阅了许多国内外著名学者的微观经济学教材、习题指导书及相关文献资料，在此，对这些参考文献的作者表示感谢。同时，感谢为本书编写出版提供帮助的所有人。

由于作者水平所限，本书中难免有疏漏和错误之处，敬请广大读者批评指正，在此表示衷心的感谢！

李亚娜

2016年5月28日

目　录

1 第一章 导　　论

内容导读

本章作为西方经济学全书的导论，对经济学的产生、经济学的研究对象和经济学的研究方法进行重点探讨，并对两个理论分支进行了划分。通过本章的学习，可以使读者对于经济学的内容体系有一个总体的把握，并为后面具体理论的学习提供一定的基础。

本章要点梳理

一、需要的无限性和经济资源的稀缺性

需要即欲望，是人们想要得到的任何东西。从总体上看，人类的需要或欲望是无限的。原来的需要或欲望满足了，又会产生新的需要或欲望。社会满足需要的手段即资源的满足，而资源通常又是稀缺的。资源分为两类：经济资源和自由取用资源。前者是稀缺的，获得或使用它需要付出一定的代价；后者则是无限的，其数量取之不尽，用之不竭，人们不用付任何代价就可以得到它。

经济资源也称生产要素，在经济学意义上分为四类：劳动、土地、资本和企业家才能。劳动是人类提供的所有努力，包括体力劳动和脑力劳动。土地是一切自然资源的统称，诸如土地本身、森林、草原、矿藏、水域等。资本，是由劳动和土地生产出来的、用于再生产过程的生产要素，包括诸如机器、厂房、设备、原料、存货等。企业家才能是使其他经济资源组织起来并使之具有活力的另一种生产要素，它一般包括经营管理能力、创新能力和承担风险的能力。

二、生产可能性曲线和机会成本

假定把所有社会资源都用来生产两种物品，在既定技术不变和社会资源总量不变的前提下，该社会全部资源所能生产的两种物品的组合所形成的轨迹，经济学意义上称之为生产可能性曲线或生产可能性边界。生产可能性曲线表示社会生产在现有条件下的最佳状态。将一定资源用于生产一种物品，势必要放弃另一种物品的生产，这就产生了经济学上的机会成本问题。机会成本是做出某种经济选择所付出的代价。具体讲，机会成本就是由于使用某些资源所放弃的该资源其他用途的最高代价。

三、经济学的研究对象

相对于人类无穷无尽的需要而言，资源总是稀缺的，这就产生了研究如何合理地配置和充分利用稀缺资源于诸多用途以满足人类需要的经济学。经济学就是研究人们如何做出选择，以有效地利用稀缺资源，最大限度地满足人类需要的一门学问。具体表现为资源配置问题和资源利用问题。其中，微观经济学研究资源配置问题，即经济学的三大基本问题：生产什么和多少、如何生产、为谁生产。宏观经济学主要研究资源利用问题，包括诸如国民收入决定、经济增长、充分就业、通货膨胀等问题。

四、经济学的地位和作用

在西方，经济学被称为“社会科学的皇后”，说明经济学在整个社会科学中居于首要地位。经济学能帮助人们认识我们社会的性质和组织结构，参加有关重大的公共政策的讨论，并为企业和个人的决策行为提供指导。

五、经济学的研究方法

任何一门科学都有其一定的研究方法，经济学也不例外。经济学家在分析经济问题的时候，主要采用以下几种研究方法：实证分析方法和规范分析方法；均衡分析方法和边际分析方法；静态分析方法、比较静态分析方法和动态分析方法；经济模型分析方法；归纳法和演绎法。

六、经济学的理论分支

西方经济学根据其具体考察的领域和角度的不同，通常被分为微观经济学和宏观经济学两个理论分支。

微观经济学研究单个经济个体（诸如消费者、生产者和生产要素所有者）的经济行为，即消费者对各种商品的需求和生产者对市场的供给如何决定每一种商品的数量及价格，生产要素的供给和需求如何决定每一种生产要素的使用量、价格以及相应的收入分配问题。微观经济分析主要采用个量分析。其主要理论来源包括奥地利学派、洛桑学派、瑞典学派和美国学派在内的新古典经济学。

宏观经济学研究整体国民经济的运行，具体分析诸如国民收入的核算和决定、社会失业与通货膨胀、经济周期与经济增长、开放经济、宏观经济政策等问题。宏观经济分析主要采用总量分析。其主要理论来源为凯恩斯学派的经济理论，兼有货币学派、理性预期学派、供给学派的观点。

宏观经济分析和微观经济分析各有长处，相辅相成。宏观以微观为基础，但宏观经济理论并不是微观经济理论的简单合成。

七、经济学的基本假定

在经济分析中，需要假定进行经济决策的主体都遵循一定的行为准则，这一行为准则要求经济决策主体追求既定目标的最优化，即“经济人”假定。它对经济生活中的一般人进行抽象，认为其本性是自利的，其行为合乎理性。但这一假定并不意味着，经济主体在任何场合都完全是自私自利的。

在经济分析中，通常还假设经济行为的相关主体对相关经济情况具有完全的信息，即完全信息假定。但是，在实际情况中“完全信息”是难以实现的。

八、经济制度

经济学对于资源的配置和利用在不同经济制度中有着不同的解决方式。自古至今，世界上主要存在四种经济制度：一是自给自足经济，即每个家庭或每个经济决策单位生产他们自己所消费的每一件物品。二是计划经济，即生产和消费都由政府计划部门决定。三是市场经济制度，即资源配置和利用问题都由市场价格机制决定。四是混合经济制度，即经济运行是由自由市场机制和国家机构共同调节的。

本章知识脉络图

- 经济学概述
  - 资源稀缺性
    - 资源的有限性
    - 人类需求的无限性
    - 矛盾 ⇨ 经济学产生
  - 经济学的研究对象
    - 资源配置问题
      - 生产什么和多少
      - 如何生产
      - 为谁生产
    - 资源利用问题
  - 经济学的理论分支
    - 微观经济学
      - 主要内容
        - 供求理论
        - 消费者行为理论
        - 生产者行为理论
        - 要素价格和收入分配理论
        - 一般均衡和福利经济学
        - 微观经济政策
      - 主要理论来源 ⇨ 新古典经济学
    - 宏观经济学
      - 主要内容
        - 国民收入核算理论
        - 国民收入决定理论
        - 开放经济理论
        - 宏观经济政策
        - 失业与通货膨胀理论
        - 经济增长与经济周期理论
      - 主要理论来源 ⇨ 凯恩斯学派的经济理论
  - 经济学的基本假定
    - “经济人”假定
    - 完全信息假定
  - 经济学的研究方法
    - 实证分析方法和规范分析方法
    - 均衡分析方法和边际分析方法
    - 静态分析方法、比较静态分析方法和动态分析方法
    - 经济模型分析方法
    - 归纳法和演绎法
  - 经济制度
    - 自给自足经济
    - 计划经济
    - 市场经济
    - 混合经济

本章名词详解

◆ **稀缺性：**稀缺性就是人们所拥有的资源数量不能满足人们欲望时的一种状态。

◆ **生产可能性曲线：**生产可能性曲线是指在一定技术条件下，充分利用现有资源所能生产的各种商品最大数量的组合点轨迹。

◆ **机会成本：**机会成本指的是为了使用某些资源而不得不放弃该资源其他用途所要付出的最高代价。因此，只要资源是稀缺的，并且只要人们对于稀缺资源的使用进行选择，就必然会产生机会成本。

◆ **实证分析：**实证分析是为了解释经济现象“是什么”（实际是什么或将会是什么），不涉及对结果好坏以及公平与否的判断。它所研究的内容具有客观性，结论的正确与否可以通过经验事实来进行检验，不涉及价值判断的问题。

◆ **规范分析：**规范分析是说明经济过程或经济政策“应该是什么”，并对经济状况、经济现象进行价值判断，根据一定的价值判断标准，评价经济运行、经济状态的好坏优劣，并探讨怎样才能符合好的标准。它研究的内容没有客观性，所得出的结论无法通过经验事实进行检验。

◆ **均衡分析：**均衡分析是经济学中分析均衡状态的方法。经济中的均衡是指各种有关经济变量在相互作用之后，处于相对静止、不再变动的状态。通过对这种均衡状态分析，进而说明各种经济变量达到均衡所需要的条件以及均衡达到时会出现的情况等。经济中的均衡分析方法有两种，即局部均衡分析和一般均衡分析。

◆ **边际分析：**边际分析是研究当一个或几个自变量发生微小变动时，因变量如何随之变动的一种分析方法。所谓边际，是指额外的和增加的某种事物，即在原有的基础上再增加若干数量。这种边际分析方法来源于数学中的增量分析，其实就是数学中的微分的含义。

◆ **静态分析：**静态分析就是分析经济现象的均衡状态以及有关经济变量达到均衡状态所必须具备条件，完全抽象掉了时间因素和具体变化的过程。它是一种静止地、孤立地考察某些经济事物的方法。其实就是考察一定时期内各种变量之间的相互关系，不涉及时间因素。静态分析时通常假定资本数量、技术水平、人口规模、生产组织和制度体制等因素固定不变。

◆ **动态分析：**动态分析是对经济事物变化的实际过程进行分析。动态分析的根本特征是引入了时间因素，从时间序列上对社会经济活动作时点分析和期间分析、事前分析和事后分析，试图说明经济活动怎样从一种均衡状态到另一种均衡状态。动态分析着重考察在静态分析中假定不变的因素在时间过程中发生变化时，将会怎样影响一个经济体系的运动。其实就是考察各种变量在不同时期的变动情况。

◆ **比较静态分析：**比较静态分析是将一种给定条件下的静态与新条件下产生的静态进行比较，即原均衡与新均衡的比较。它比较一个经济变动过程的起点和终点，并不涉及转变期间和具体变动过程本身的情况，实际上只是对两种既定自变量和各自相应的因变量的均衡值加以比较。

◆ **经济模型：** 经济模型是一种经济学分析方法，也是用来描述和研究与经济现象相关的经济变量依存关系的一种理论结构。也就是利用经济模型来分析经济现象，从而得出相关的经济理论。建立经济模型的过程，就是在一定的假设条件下，对复杂经济现象进行抽象、简化的过程。经济模型的构成通常有四部分：定义、假设、假说、预测。

◆ **经济人：** 经济人即经济学的“经济人”假定。假定微观主体都是以追求个体利益最大化为目标的。这里的人既包括消费者，也包括生产者和生产要素所有者，就是在经济活动中，人们都受利己心的驱使，不会干于己不利的事情，也不会在可取得大利益时而从事只能取得小利益的事情。也就是经济主体经济行为具有理性化的特征。

同步练习与精解

一、同步练习题

（一）辨析题

1. 只有在社会主义国家才存在稀缺问题。
2. “石油公司获得了超额利润，它们应该上缴额外利润税”这是规范分析。
3. 如果你得到两张免费的奥运会参观券，它们可以看作是自由取用物。
4. 说一种理论是实证的，并不意味着它必然是正确的。
5. 规范分析不涉及价值判断。
6. “为谁生产的问题”是宏观经济学应该回答的问题。
7. 没有稀缺问题，就没有经济学。
8. 机会成本就是企业生产中的核算成本。
9. 所谓理性人是指决策一直正确的人。
10. 实证命题回答的是“是什么”的问题，而规范命题则回答的是“将会是什么”的问题。
11. 稀缺资源的有效配置要求生产的产品越多越好。

（二）单项选择题

1. 经济学产生的原因是（　　）。

A. 生产的需要　　B. 欲望满足的需要
C. 稀缺性的存在与选择的必要　　D. 选择的需要

2. 经济学的研究对象是（　　）。

A. 资源配置　　B. 资源配置和资源利用
C. 经济体制　　D. 资源利用

3. 以下问题（　　）不是微观经济学所考察的问题。

A. 一个厂商的产出水平　　B. 消费者行为分析
C. 不发达国家的经济增长　　D. 某一产品的成本分析

4. 下列命题中（　　）不是实证经济学命题。

A. 1982 年 8 月美联储把贴现率降到 10%
B. 1981 年失业率超过 9%
C. 联邦所得税对中等收入家庭是不公平的
D. 社会保险税的课税依据现已超过 30000 美元
5. 研究个别消费者与企业决策的经济学称为（　　）。
A. 宏观经济学　　B. 微观经济学
C. 实证经济学　　D. 规范经济学
6.（　　）不是宏观经济学的内容。
A. 国民收入决定　　B. 经济周期
C. 经济增长　　D. 厂商均衡
7. 微观经济学也被称为（　　）经济学。
A. 小　　B. 个量
C. 消费者　　D. 生产者
8. 下列中（　　）属于规范分析经济问题。
A. 通货膨胀和失业是由什么引起的？
B. 政府应该雇佣所有失业的工人吗？
C. 消费者如何对比较低的价格作出反应？
D. 收入与储蓄之间的关系是什么？
9. 下列中（　　）属于实证分析经济问题。
A. 要拉动内需应该在提高农民收入上采取措施
B. 2006 年 8 月 19 日央行调高了存款利率
C. 微软公司应该被分解
D. 在美国收入分配不合理的现象应该进行改善
10. 下列（　　）是规范分析。
A. 当某种商品的供不应求时，价格会上升
B. 联通公司应该降低手机资费标准
C. 随着消费者消费某商品数量的增加，其边际效用会不断减少
D. 若其他影响因素不变，当消费者收入增加时，其对商品的需求量也会增加
11. 微观经济学与宏观经济学的区别在于（　　）。
A. 微观经济学研究个体经济行为，宏观经济学研究总体经济现象
B. 微观经济学研究厂商行为，宏观经济学研究政府行为
C. 微观经济学研究产品市场，宏观经济学研究失业问题
D. 微观经济学研究范围狭小，宏观经济学研究涉猎广泛
12. 微观经济学研究的主要市场有（　　）。
A. 产品市场　　B. 劳动市场
C. 资本市场　　D. 以上都是
13. 下列哪一种资源是最不具有稀缺性的（　　）。
A. 医生　　B. 铁矿石

C. 经济学课程　　D. 空气

14. 经济学的研究方法包括（　　）。

A. 个量分析与总量分析　　B. 静态分析、比较静态和动态分析

C. 局部均衡分析与一般均衡分析　　D. ABC

15. 只研究一个市场上出现的情况，而忽略其他市场，这种分析被称为（　　）。

A. 局部均衡分析　　B. 供给和需求分析

C. 部门均衡分析　　D. 一般均衡分析

16. 经济学可定义为（　　）。

A. 政府对市场制度的干预

B. 企业取得利润的活动

C. 研究如何最合理地配置稀缺资源于诸多用途

D. 人们靠收入生活

17. 稀缺现象导致的三个基本问题之一是（　　）。

A. 饥饿问题　　B. 分配问题

C. 压迫　　D. 失业

18. 经济物品是指（　　）。

A. 有用的物品　　B. 稀缺的物品

C. 要用钱购买的物品　　D. 有用且稀缺的物品

19. 下面情形表示生产仍有潜力可挖的是（　　）。

A. 生产可能性边界上的任意一点　　B. 生产可能性边界外的任意一点

C. 生产可能性边界内的任意一点　　D. 以上说法都正确

20. 下列各项中（　　）会导致一国生产可能性曲线向外移动。

A. 失业　　B. 通货膨胀

C. 有用性资源增加或技术进步　　D. 消费品生产增加，资本物品生产下降

21. 你选择上大学实际上意味着你做了一种选择，这里，（　　）是你上四年大学的机会成本。

A. 你因上四年大学而损失的在皮鞋厂打工所得的 20000 元

B. 你因上四年大学而损失的在手表厂打工所得的 15000 元

C. 你因上四年大学而损失的在收音机厂打工所得的 15000 元

D. 你因上四年大学而损失的在成衣厂打工所得的 13000 元

22. 由市场配置资源意味着（　　）。

A. 社会每个成员都能得到他想要的任何东西

B. 稀缺的物品售卖给那些出价最高的人

C. 政府必须决定每个人应该得到多少物品

D. 要得到急需的物品必须排队

（三）简答题

1. 经济学的含义是什么？它包括哪几个方面的核心问题？

2. 用资源的稀缺性说明机会成本的概念。

3. 为什么稀缺性存在就意味着我们必须做出选择?

4. 微观经济学的研究内容有哪些?

5. 宏观经济学的研究内容有哪些?

6. 实证经济学和规范经济学的区别是什么?

7. 假设你正在考虑这个周末要干什么，你可能有如下几个选择，从最不喜欢到最喜欢依次排列为:

① 为即将到来的《微观经济学》期中考试复习功课;

② 到电影院看一场周星驰的最新电影;

③ 将自己封闭在寝室里试图提高自己的电脑游戏纪录;

④ 约女朋友到郊外去游玩。

如果你决定约你的女朋友到郊外游玩，那么你的这个决策的机会成本是什么? 为什么?

8. 判断下列命题属于实证分析还是规范分析? 请加以说明。

① 中国应该限制私人小轿车的发展。

② 70 年代世界油价暴涨主要是由垄断力量达成的。

③ 经济发展过程中出现收入差别扩大是正常的。

④ 利率上升有利于增加储蓄。

⑤ 效率就是生产率的提高。

⑥ 效率比平等更重要。

二、同步练习题精解

(一) 辨析题

1. 错。稀缺性是任何经济社会普遍存在的问题。

2. 对。

3. 错。自由取用物是取之不尽、用之不竭的，可以说是不具有稀缺性的。而奥运会参观券不具有这一特点。

4. 对。

5. 对。

6. 错。“为谁生产的问题”是微观经济学应该回答的问题。

7. 对。

8. 错。机会成本是由于使用某些资源所放弃的该资源其他用途的最高代价。

9. 错。理性人即经济人，是以追求个人利益最大化为目标的经济主体，其决策都是为自己的利益考虑，但不一定都是正确的。

10. 错。实证命题回答的是“是什么”的问题，而规范命题则回答的是“应该是什么”的问题。

11. 错。并非越多越好。

（二）单项选择题

1 C	2 B	3 C	4 C	5 B	6 D	7 B	8 B	9 B	10 B
11 A	12 D	13 D	14 D	15 A	16 C	17 C	18 D	19 C	20 C
21 A	22 B								

（三）简答题

1. 答：（1）经济学是研究稀缺条件下如何进行选择的一门学科。

（2）它包括以下三个方面的核心问题：①生产什么，生产多少；②如何生产；③为谁生产，它所涉及的实际上就是资源配置的问题。

2. 答：首先，资源的稀缺性是指相对于人们的无限欲望，在一定时期内，社会资源是有限的，人们不能无偿地随意取用，使用资源必须支付代价；其次，一种资源往往具有多种用途，而每种用途所产生的收益是不一样的。机会成本是指将资源用于某种用途时，所放弃用途中可能产生的最大收益，即使用资源的代价。正是资源的稀缺性导致了使用资源时机会成本的产生。当资源只有一种用途时，其机会成本为零。

3. 答：资源稀缺这一事实意味着个人不能拥有所想要的一切物品，所以，必须在资源的各种不同用途之间做出选择。

4. 答：

（1）均衡价格理论。供求决定价格，价格又调节供求及生产者和消费者的行为。

（2）消费者行为理论。消费者如何把既定收入分配于不同商品和劳务的消费上，以实现最大化的满足或效用。

（3）生产者行为理论。其中又包括了生产理论、成本理论和市场结构理论。

（4）要素价格与收入分配理论。

（5）一般均衡与经济福利理论。

（6）微观经济政策。

5. 答：

（1）国民收入核算理论。

（2）国民收入决定理论。

（3）失业和通货膨胀理论。

（4）经济周期和经济增长理论。

（5）开放经济理论。

（6）宏观经济政策。

6. 答：实证经济学是回答“是什么”、“怎么样”问题的经济学，规范经济学是回答“应该是什么”或“应该如何”问题的经济学。前者不涉及价值判断，它的结论正确与否可以通过经验事实来进行检验；后者则是对经济状况、经济现象进行价值判断，根据一定的价值判断标准，评价经济运行、经济状态的好坏优劣，并探讨怎样才能符合那些好的标准。它所得出的结论无法通过经验事实进行检验。

7. 答：这一决策的机会成本是③。机会成本是由于使用某些资源所放弃的该资源其他用途的最高代价。根据题意，这一决策的最高代价就是③。

8. 答：①⑥属于规范分析。②③④⑤属于实证分析。一般来讲，凡是描述一种现象都属于说明“是什么”的实证分析，它的正确与否能够经过事实检验；而凡是评价一种现象或比较两种现象就包含了“应该是什么”的含义，属于规范分析，它所得出的结论无法通过经验事实进行检验。

相关考研题解析

一、根据有关经济学原理，简析我国森林减少、珍稀动物灭绝的原因及解决的措施。（北京师范大学2004年考研题）

详解：

作为一门社会科学，经济学是研究经济稀缺性的一门学科。稀缺性就是人们所拥有的资源数量不能满足人们需要时的一种状态。由于资源的稀缺，社会资源的管理就变得尤为重要。

从经济学的角度看，我国森林减少、珍稀动物灭绝的原因在于这些资源的稀缺造成对这些资源的需求远远大于供给，这种需求和供给的缺口反映在价格上就是这些资源的价格奇高，利润奇高，从而导致对这些资源的开发使用成本也很高，最终导致森林资源和珍稀动物资源的减少。在一定的时期内，森林资源、珍稀动物资源的总量是不变的，表现在总供给曲线上就是垂直的总供给曲线，因此这些资源的价格就完全取决于对资源的需求。随着我国经济水平的提高，而且很多重要的自然观念没有形成，暴富起来的人们对稀缺资源的需求也增加。尽管从物品的有用性方面看，这些资源都很容易找到替代品，但由于社会环境的影响，所谓的珍稀资源给一部分人带来更大的心理效用，所以财富的增加导致对这些稀有资源的需求增加。需求的增加必然导致其价格上涨，在这些资源成本不变的情况下，价格上涨带来利润的上涨。稀缺资源往往带来暴利，这就导致很多人通过各种非法手段获得资源，这是导致我国森林减少、珍稀动物灭绝的根本原因。

从经济学上讲，解决我国森林减少、珍稀动物灭绝的根本途径，就是提高砍伐森林、捕捉珍稀动物的机会成本。分析森林减少、珍稀动物灭绝的原因可以发现，一般砍伐森林、捕捉珍稀动物都和这些资源所在地的居民有密切关系，而这些资源所在地的居民一般都比较贫穷，所以他们的边际成本很低。政府应该通过各种途径使这些居民加入到保护当地稀缺资源的事业中来，并给予他们一些补助，同时加大对砍伐森林、捕捉珍稀动物的惩罚程度，从而加大他们的机会成本。当他们砍伐森林、捕捉珍稀动物的成本大于其收益时，砍伐森林、捕捉珍稀动物的行为也就会减少了。

二、“经济人”的假设条件是西方经济学的基本假设条件之一，请解释什么是“经济人”假设条件？（中南财经政法大学2003年考研题）

详解：

在经济学中，所谓“经济人”假定是对在经济社会中从事经济活动的所有人基本特征的一般性抽象。这个抽象出来的基本特征就是，每个从事经济活动的人所采取的经济行为都是力图以最小的代价获取最大的经济利益。“经济人”的假定条件包括以下几个方面的内容：

一是在经济活动中，个体要么在给定的条件下追求自身经济利益的最大化，要么是在寻求给定经济利益下所付出的经济代价最小化。二是信息的完全性。经济人具有充分的信息，知道所有经济活动的条件和后果。经济中不存在不确定性。三是资源流动的自由性。在经济活动中资源可以自由流动，不需要任何成本。

“经济人”的假定并不意味着人在任何时候、任何场合都是自私自利的，而恰好相反，人们在“看不见的手”的指引下，在追求自身利益的同时，客观地促进了社会利益。

三、你如何理解“经济学是研究人类理性行为的科学”？（北京师范大学2007年考研题）

详解：

首先，经济学是研究人类某些具有稳定行为的科学，它对人行为的研究不同于其他行为科学，它以一些基本的假设行为作为其分析经济问题的出发点。经济理性主义，是西方经济学在进行经济分析时的一个基本假设，也称为“经济人”假定或理性人假定。

其次，“经济人”是经济生活中一般人的抽象，其本性被假设为是利己的，总是力图以最小的经济代价去追逐和获取自身最大的经济利益。这样人们作出经济决策的出发点，就是私人利益，每个人都寻求个人利益极大化，而不会作出于己无利的事情。

“经济人”假定包括以下内容：一是在经济活动中，个人所追求的唯一目标是自身经济利益的最大化。二是个人所有的经济行为都是有意识的和理性的，不存在经验型和随机型的决策。三是经济人拥有充分的经济信息，每个人都清楚地了解其所有经济活动的条件与后果。

“经济人”的利己假定并不等于通常意义上所说的“自私自利”，即该假定并不意味着这些市场活动个体只会关心自己的钱袋子，相反，他们会在孜孜以求地追求自己最大利益的过程中，自然地、必然地为社会提供最优的产品和服务，从而客观地实现一定的社会利益。

最后，经济理性主义假设是经济学分析的基础、前提条件，它存在于经济学几乎所有的理论之中。因而，现代经济学可以理解为研究人类理性行为的一门科学，尤其是研究人们如何在稀缺的资源约束下进行理性选择的一门科学。

2 第二章
需求、供给和均衡价格

内容导读

市场供求理论是西方经济学整个理论的基石。本章将通过学习需求和供给的相关知识来解释市场经济的运行。通过本章的学习，不仅可以使读者能够理解并解释很多经济现象，而且还能够对许多经济政策进行评论、甚至阐述自己的主张。掌握了本章内容，可以更好地把握后面的理论。

本章要点梳理

一、需求、需求表、需求曲线

需求是指消费者在某一特定时期内，在每一价格水平阶段愿意而且能够购买的商品量。在理解需求这个概念时，应该注意的是，需求是购买欲望和支付能力的统一，缺少任何一个条件都不能成为需求。需求可以分为个人需求和市场需求。个人需求是任何一个消费者自身的需求，而市场需求则是指市场上所有消费者需求的总和。

表示某种商品价格与需求量之间关系的表就是需求表。需求表实际上是用数字表格的形式来表述需求这个概念。

根据需求表可以作出需求曲线，是表示某种商品价格与需求量关系的曲线，向右下方倾斜，需求曲线实际上是用图形的形式来表述需求这个概念（见图 2－1）。

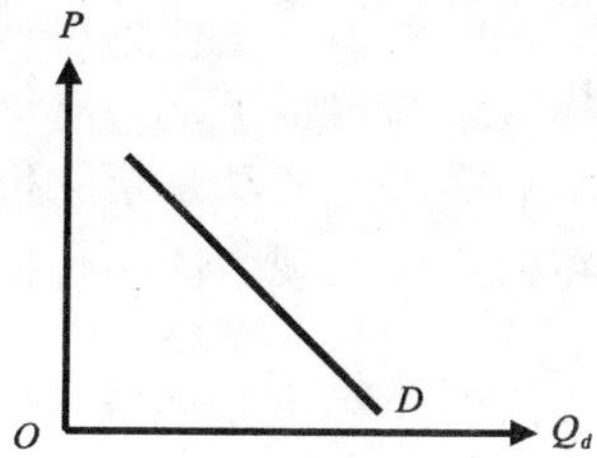

图 2－1　需求曲线

二、影响需求的因素与需求函数

影响需求的因素很多，主要有以下几种：

1. 产品价格。价格与需求量的关系是，价格上升，需求量减少；价格下降，需求量增多，它们呈反方向变化趋势。

2. 相关产品价格。在产品本身价格不变的情况下，相关产品价格发生变化，也会影响到这种产品的需求量。商品之间的关系有两种，一种是互补关系，另一种是替代关系。互补关系是指两种商品相互补充共同满足一种欲望。互补商品之间价格与需求呈反方向变动。替代关系是指两种商品可以互相代替来满足同一种欲望。替代商品之间价格与需求呈同方向变动。

3. 消费者对未来的预期。包括对自己的收入水平、商品价格水平的预期。如果预期未来收入水平上升，商品价格上升则会增加现在的需求；反之，如果预期未来收入水平下降，商品价格水平下降则会减少现在的需求。

4. 家庭收入。家庭收入增加，就会增加对于产品的需求，反之，则会减少对产品的需求量。

5. 消费者的个人偏好。消费者偏好就是消费者对于商品的偏爱和喜好程度。消费者对于某种商品的偏好增强，则他消费这种商品的数量就会增加，也就是需求量增加；相反，偏好减弱，需求量则会减少。

6. 其他因素。如人口数量的变动、政府的消费政策、天气的变化等等也都影响需求发生一定的变化。

如果把影响需求的各种因素作为自变量，把需求作为因变量，则可以用函数关系来表示影响需求的因素与需求之间的关系，这种函数称为需求函数。以 Q_d 代表需求，$a,b,c,d,\cdots,n$ 代表影响需求的因素，则需求函数为：$Q_d = f(a,b,c,d,\cdots,n)$。

如果只考虑需求量与价格之间的关系，把商品本身的价格作为影响需求的唯一因素，以 P 代表价格，就可以把需求函数写为：$Q_d = f(P)$。

如果某商品需求量与其价格之间是线性关系，即需求曲线是一条直线，那么，这种需求函数就是线性需求函数，其公式为：$Q_d = a - bP$。

三、需求定理

需求定理是说明商品本身价格与其需求量之间关系的理论。从需求表和需求曲线中可以看出，某种商品的需求量与其价格是呈反方向变动的。这种现象普遍存在，被称为需求定理。

四、需求量的变动与需求的变动

需求量的变动是指价格变化时，需求量沿需求曲线移动。在图形中表现为同一条需求曲线上不同价格水平下点位置的移动。

需求的变动是指除价格外，任何一种决定需求的因素变动时所引起的需求数量的变动。在图形中表现为同一价格水平下需求曲线位置的移动。

五、供给、供给表、供给曲线

供给是指厂商在某一特定时期内，在每一价格水平时愿意而且能够供应的商品量。供给也是供给需求与供给能力的统一。

表明某种商品的价格与供给量之间关系的表就是供给表。供给表实际上是用数字表格的形式来表述供给这个概念。

根据供给表我们可以作出图形和供给曲线。供给曲线是表示某种商品价格与供给量关系的曲线，向右上方倾斜（见图2-2）。供给曲线实际上是用图形的形式来表述供给这个概念。

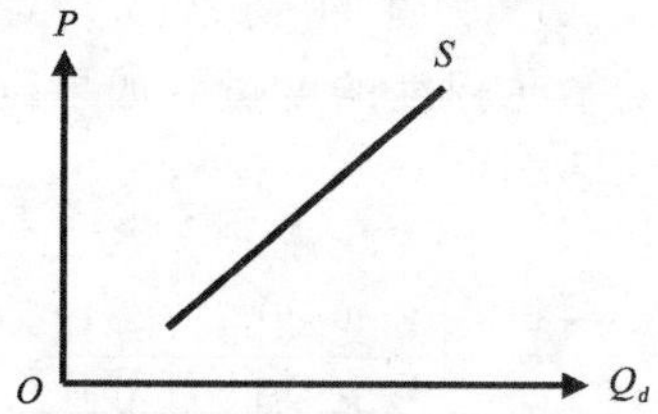

图2-2　供给曲线

六、影响供给的因素与供给函数

影响供给的因素有：

1. 产品价格。供给量的变化与产品价格的变化呈现正向的变化关系，价格越高，供给量越多，反之，越少。

2. 生产成本。主要是生产要素的价格和技术变化影响成本，进而影响供给。生产要素的价格下降，会使产品的成本减少，从而在产品价格不变的情况下，增加利润，增加供给。反之，生产要素的价格上升，会使产品的成本增加，从而在产品价格不变的情况下，减少利润，减少供给。技术提高，会使产品的成本减少，从而在产品价格不变的情况下，增加利润，增加供给。反之亦然。

3. 其他商品的价格。主要指用相同的资源所能生产的其他商品的价格。

4. 其他一些因素也会影响到供给量的变化。比如，政府的相关政策、生产者的数量、自然条件（季节和气候）等。

如果把影响供给的各种因素作为自变量，把供给作为因变量，则可以用函数关系来表示影响供给的因素与供给之间的关系，这种函数称为供给函数。以 S 代表供给，$a,b,c,d,\cdots,n$ 代表影响供给的因素，则供给函数为：$S=f(a,b,c,d,\cdots,n)$。

如果只考虑供给量与价格之间的关系，把商品本身的价格作为影响供给的唯一因素，以 P 代表价格，就可以把供给函数写为：$S=f(P)$。

如果某商品供给量与其价格之间是线性关系，即供给曲线是一条直线，那么，这种供给函数就是线性供给函数，其公式为：$S=-c+dP$。

七、供给定理

供给定理是说明商品本身价格与其供给量之间关系的理论。从供给表和供给曲线中可以看出，某种商品的供给量与其价格是呈同方向变动的，这种现象普遍存在，被称为供给定理。

八、供给量的变动与供给的变动

供给量的变动是指价格变化时，供给量沿供给曲线移动。在图形中表现为同一条供给曲线上不同价格水平下点位置的移动。

供给的变动是指除价格外，任何一种决定供给的因素变动时所引起的供给数量的变动。在图形中表现为同一价格水平下供给曲线位置的移动。

九、弹性理论

1. 弹性的一般性定义。经济学意义上的弹性一般概念是指一种变量对另一种变量变动的敏感程度的度量。如果设自变量为 X，因变量为 Y，那么 Y 对于 X 变化的敏感程度即弹性公式为：

$$E = \frac{Y\text{变动的百分比}}{X\text{变动的百分比}} = \frac{\frac{\Delta Y}{Y}}{\frac{\Delta X}{X}}。$$

2. 需求价格弹性。简称为需求弹性，表示某一商品的需求量对它本身的价格变化的反应程度。用公式表示就是需求量变化的百分比对价格变化的百分比之比：

$$E_d = -\frac{\frac{\Delta Q}{Q}}{\frac{\Delta P}{P}} = -\frac{\Delta Q}{\Delta P}\cdot\frac{P}{Q}。$$

（1）点弹性公式：$E_d = -\lim\frac{\Delta Q}{\Delta P}\cdot\frac{P}{Q} = -\frac{dQ}{dP}\cdot\frac{P}{Q}$。

（2）弧弹性公式：$E_d = -\frac{\Delta Q}{\Delta P}\cdot\frac{P}{Q} = -\frac{P_2-P_1}{Q_2-Q_1}\cdot\frac{\frac{P_1+P_2}{2}}{\frac{Q_1+Q_2}{2}} = -\frac{P_2-P_1}{Q_2-Q_1}\cdot\frac{P_1+P_2}{Q_1+Q_2}$。

（3）分类。

$E_d = 1$，需求单位弹性。

$E_d > 1$，需求富有弹性。

$E_d < 1$，需求缺乏弹性。

$E_d = 0$，需求完全无弹性。

$E_d \to \infty$，需求弹性无限大。

（4）需求价格弹性与总收益的关系

弹性大于 1 时，P 上升，TR 下降；P 下降，TR 上升。

弹性小于 1 时，P 上升，TR 上升；P 下降，TR 下降。

弹性等于 1 时，P 的变化对于 TR 无影响。

（5）影响需求价格弹性的因素。

①商品的可替代度。替代品多（少），弹性大（小）。

②商品的必需程度。必需程度强（弱），弹性小（大）。

③支出占收入的比重。支出占收入的比重大（小），弹性大（小）。

④时间的长短。时间长（小），弹性大（小）。

3. 需求交叉弹性。

$$E_{xy} = \frac{x\text{的需求量变动的百分比}}{y\text{的价格变动的百分比}}。$$

替代品 $E_{xy} > 0$；　互补品 $E_{xy} < 0$；　无关品 $E_{xy} = 0$。

4. 需求收入弹性。

$$E_I = \frac{\text{需求量变动百分比}}{\text{收入变动百分比}}。$$

奢侈品，收入弹性大于1。

必需品，收入弹性小于1。

劣等品，收入弹性小于0。

5. 供给价格弹性。

$$E_s = \frac{\text{供给量变动百分比}}{\text{价格变动百分比}}。$$

十、市场均衡

当市场中的供给量与需求量相等时，价格不再变动，市场就达到了平衡状态，称为市场均衡。此时的价格称为均衡价格，对应的需求量和供给量称为均衡数量（见图2－3）。

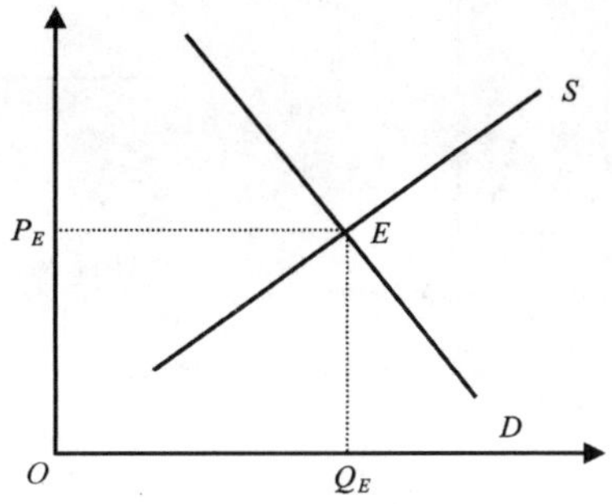

图2－3　市场均衡

由于某些因素的影响，会使市场上的需求或供给发生变动，进而市场均衡会发生变动。变动时遵循供求定理，即需求水平的变动引起均衡价格和均衡产量同方向变动；供给水平的变动引起均衡价格反方向变动，引起均衡数量同方向变动。

十一、货物税对均衡的影响

货物税征收后，商品的最终价格将上涨。但在现实经济中，货物税在多大程度上由消费者或生产者承担，这将取决于需求的价格弹性和供给的价格弹性。

一般来说，在供给曲线不变时，需求弹性越小，消费者承担的税收就多；反之就少。在需求曲线不变时，供给弹性越小，生产者承担的税收越多；反之越少。

十二、政府限价

最低限价是政府为了支持某一行业的生产而规定的该行业产品最低必须达到的价格。也称为支持价格。实际上是一个高于均衡价格的价格，这样必然产生一部分产品的剩余，政府为了保证支持价格的效果，就要面临收购剩余产品的任务。

最高限价是指政府为了限制某些商品价格上涨而规定的这些商品不得超过的最高价格。也称为限制价格。实际上就是低于市场均衡价格的价格，这样会造成商品的短缺，这样政府需要采取某种配给制。而这种情况通常会导致黑市交易的发展。

本章知识脉络图

- 供求理论
  - 需求
    - 购买愿望
    - 支付能力
    - 影响因素 →
      - 价格因素 ⇒ 需求量的变动 ⇒ 需求曲线上点的移动
      - 非价格因素 ⇒ 需求的变动 ⇒ 需求曲线整体的移动
  - 供给
    - 供应愿望
    - 供应能力
    - 影响因素 →
      - 价格因素 ⇒ 供给量的变动 ⇒ 供给曲线上点的移动
      - 非价格因素 ⇒ 供给的变动 ⇒ 供给曲线整体的移动
  - 弹性理论
    - 一般性弹性定义 ⇒
    - 常见弹性
      - 需求价格弹性
        - $E_d=-\dfrac{dQ}{dP}\cdot\dfrac{P}{Q}$
        - E_d 分类
          - $E_d=0$
          - $E_d<1$
          - $E_d>1$
          - $E_d=1$
          - $E_d\to\infty$
        - E_d 与 TR 的关系
          - $E_d>1$　P 与 TR 呈反比
          - $E_d<1$　P 与 TR 呈正比
          - $E_d=1$　P 与 TR 无关
      - 需求交叉弹性
        - $E_{xy}>0$　替代品
        - $E_{xy}<0$　互补品
        - $E_{xy}=0$　无关品
      - 需求收入弹性
        - $E_I>1$　奢侈品
        - $0<E_I<1$　必需品
        - $E_I<0$　劣等品
      - 供给价格弹性
        - $E_s=-\dfrac{dQ}{dP}\cdot\dfrac{P}{Q}$
        - E_s 分类
          - $E_s=0$
          - $E_s<1$
          - $E_s>1$
          - $E_s=1$
          - $E_s\to\infty$
  - 均衡价格模型
    - 供求定理
      - 需求与均衡价格同向变动
      - 供给与均衡价格反向变动
    - 应用
      - 货物税
      - 政府限价
        - 最低限价
        - 最高限价

本章名词详解

◆ **需求**：需求就是消费者在某一特定时期和一定市场内，在每一种价格水平上愿意并能够购买的商品和劳务的数量。

◆ **供给**：供给是指生产者在某一特定时期和一定市场内，在每一种价格水平上愿意并能够提供出售的商品和劳务的数量。

◆ **均衡价格**：均衡价格是指某商品供给量与需求量相等、需求价格与供给价格一致时的市场价格。

◆ **替代品**：替代品是指在效用上可以相互替代，满足消费者的同一种需求的商品。

◆ **互补品**：互补品是指在效用上可以相互补充配合，从而满足消费者的同一种需求的商品。

◆ **需求价格弹性**：需求价格弹性是表示商品需求量对商品价格变动反应程度的指标，其计算公式为：需求价格弹性 = 需求量变化的百分比/价格变化的百分比。

◆ **需求收入弹性**：需求收入弹性是指当价格保持不变时消费者收入发生 1% 的变化时，所引起的需求数量变化的百分比。

◆ **需求交叉弹性**：需求交叉弹性表示在一定时期内一种商品需求量的变动对与它相关商品价格变动的反应程度。

同步练习与精解

一、同步练习题

（一）辨析题

1. 直线型需求曲线的斜率不变，因此其价格弹性也不变。
2. 汽车价格下降，会使汽油的需求曲线向左下方移动。
3. 一般说来，生活必需品的需求价格弹性比奢侈品的需求价格弹性要小。
4. 某种商品的价格上升会使其互补品的需求曲线向右上方移动。
5. 需求价格弹性等于需求曲线的斜率。
6. 线性的需求曲线的上半部分的需求价格弹性绝对值总是大于 1。
7. 卖者提高其商品的售价，必定增加自己的收益。
8. “谷贱伤农”。
9. 如果某种商品很容易被别的商品替代，则该种商品的价格弹性就比较大。
10. 高档商品因占人们收入的比例比较大，所以它的价格弹性比较小。
11. 垂直的需求曲线的价格弹性一定等于无穷大。
12. 如果需求价格弹性的绝对值等于零，说明该种商品是低档品。
13. 需求价格弹性绝对值等于 1，全部销售收入一定等于极大值。
14. 商品用途越广，需求价格弹性越小。

15. 任何情况下商品的需求量与价格都是反方向变化的。

16. 牛肉和羊肉的需求交叉价格弹性系数为正。

17. 在经济衰退期间，在餐馆吃饭的支出比在家吃的食物支出减少得多。

18. 从供给的角度看，价格越高，生产者获取利润的机会就越多。

19. 生产环境的改善会使供给曲线向左上方移动。

20. 水平的供给曲线完全没有弹性。

21. 如果价格高于均衡价格的话，消费者能购买任何他们想要的数量。

22. 如果一个物品的价格低于均衡价格，则市场存在过剩。

23. 如果供给曲线向右移动则将提高均衡价格和均衡数量。

24. 如果随着咖啡需求减少供给增大了，那么，咖啡市场上均衡价格和数量将下降。

25. 如果存在一种物品短缺，该物品的价格将倾向于下降。

26. 政府规定某种商品的最高限价会使该商品短缺现象发生。

27. 政府规定最高限价的意图是防止价格下跌。

28. 如果需求曲线比供给曲线陡直，征收单位销售税的结果是使消费者负担更大比例的税收。

29. 如果需求曲线非常富有弹性，那么如果对某些产品或劳务征税的话，更多的部分将由生产者承担。

30. 世界卫生组织（WHO）发布一份报告，吸烟者不孕不育的比例较不吸烟者高，这会导致香烟的需求曲线右移。

31. 在牛奶市场上设定高于均衡价格的价格下限会造成牛奶的过剩。

32. 对棒球手套征税 10 美元总会使棒球手套的买者支付的价格高 10 美元。

（二）单项选择题

1. 政府对卖者出售的商品每单位征税 5 美元，假定这种商品的需求价格弹性为零，可以预料价格的上升至少（　　）。

A. 小于 5 美元　　B. 等于 5 美元

C. 大于 5 美元　　D. 不可确定

2. 政府为了增加财政收入，决定按销售量向卖者征税，假如政府希望税收负担全部落在买者身上，并尽可能不影响交易量，那么应该具备的条件是（　　）。

A. 需求和供给的价格弹性均大于零小于无穷

B. 需求的价格弹性大于零小于无穷，供给的价格弹性等于零

C. 需求的价格弹性等于零，供给的价格弹性大于零小于无穷

D. 需求的价格弹性为无穷，供给的价格弹性等于零

3. 已知某种商品的市场需求函数为 $D=30-P$，市场供给函数为 $S=3P-10$，如果对该商品实行减税，则减税后的市场均衡价格（　　）。

A. 等于 10　　B. 小于 10

C. 大于 10　　D. 小于或等于 10

4. 政府为了扶持农业，对农产品规定了高于其均衡价格的支持价格。政府为了维持支

持价格，应该采取的相应措施是（ ）。

A. 增加对农产品的税收　B. 实行农产品配给制

C. 收购过剩的农产品　D. 对农产品生产者予以补贴

5. 政府把价格限制在均衡水平以下可能导致（ ）。

A. 黑市交易　B. 大量积压

C. 买者按低价买到了希望购买的商品数量　D. A 和 C

6. 政府为了保护消费者利益，规定的对某种产品的最高价格称为（ ）。

A. 支持价格　B. 限制价格

C. 均衡价格　D. 市场价格

7. 若一条直线型的需求曲线与一条曲线型的需求曲线相切，则在切点处两曲线的需求价格弹性（ ）。

A. 相同　B. 不同

C. 可能相同也可能不同　D. 依切点所在位置而定

8. 向右下方倾斜的直线型需求曲线的斜率不变，因此其价格弹性也不变，这个说法（ ）。

A. 一定正确　B. 一定不正确

C. 可能不正确　D. 无法断定正确不正确

9. 下列（ ）是度量沿着需求曲线的移动而不是曲线本身的移动。

A. 需求的价格弹性　B. 需求的收入弹性

C. 需求的交叉弹性　D. 需求的预期弹性

10. 若 x 和 y 两产品的交叉弹性是 -2.3，则（ ）。

A. x 和 y 是替代品　B. x 和 y 是正常商品

C. x 和 y 是劣质品　D. x 和 y 是互补品

11. 如果某商品富有需求的价格弹性，则该商品价格上升（ ）。

A. 会使销售收益增加　B. 该商品销售收益不变

C. 会使该商品销售收益下降　D. 销售收益可能增加也可能下降

12. 如果人们收入水平提高，则食物支出在总支出中比重将（ ）。

A. 大大增加　B. 稍有增加

C. 下降　D. 不变

13. 假定某商品的价格从 3 美元降到 2 美元，需求量将从 9 单位增加到 11 单位，则该商品卖者的总收益将（ ）。

A. 保持不变　B. 增加

C. 减少　D. 无法确知

14. 若需求曲线为向右下倾斜一直线，则当价格从高到低不断下降时，卖者的总收益（ ）。

A. 不断增加

B. 在开始时趋于增加，达到最大值后趋于减少

C. 在开始时趋于减少，达到最小值后趋于增加

D. 不断减少

15. 如果价格下降10%能使买者总支出增加1%，则这种商品的需求量对价格（　　）。

A. 富有弹性　　B. 具有单元弹性

C. 缺乏弹性　　D. 其弹性不能确定

16. 两种商品中若当其中一种的价格变化时，这两种商品的购买量同时增加或减少，则两者的交叉需求价格弹性系数为（　　）。

A. 负　　B. 正

C. 0　　D. 1

17. 对劣质商品需求的收入弹性（E_I）是（　　）。

A. $E_I < 1$　　B. $E_I = 0$

C. $E_I < 0$　　D. $E_I > 0$

18. 当出租车租金上涨后，对公共汽车服务的（　　）。

A. 需求下降　　B. 需求增加

C. 需求量下降　　D. 需求量增加

19. 如果人们对茶叶的偏好增强，则可预期（　　）。

A. 茶叶的需求增加

B. 茶叶的供给增加

C. 茶叶的供给与需求均增加

D. 茶叶的供给量和需求量都增加

20. 若某商品的价格由10元增至20元，相应地引起消费者对该商品的需求由1000元减少到500元，则这种商品需求弹性是（　　）。

A. 富有弹性　　B. 缺乏弹性

C. 单元弹性　　D. 无弹性

21. 弹性是指（　　）。

A. 一种自变量的变化而引起因变量的变化

B. 一种自变量的增长量而引起因变量的增长量

C. 一种自变量的百分比变化而引起的因变量的百分比变化

D. 一种自变量的变化而引起因变量的变化量

22. 如果某一时期消费者对空调的需求量沿需求曲线突然增加，其原因可能是（　　）。

A. 空调价格大幅下跌　　B. 持续高温天气

C. 预期空调价格上涨　　D. 以上都可能

23. 某羽绒服公司的销售经理们正在谈论销售工作。下面（　　）涉及沿着需求曲线移动的问题。

A. 由于我们的竞争对手提高了他们的价格，所以咱们的销售量翻了一番

B. 今年冬季非常寒冷，我们的销售量直线上升，真是令人高兴

C. 由于采取了降价的销售策略，我们的销售量增加了不少

D. 以上三项都不是

24. 需求定律告诉我们（　　）。

A. 消费者会对某一商品价高时多买，价低时少买

B. 价格同需求量成正比例变化

C. 市场上买者的数量越多产品价格越低

D. 价格与需求量成反方向变化

25. 微观经济学认为，需求表及曲线所要说明的是某一商品在每一价格上的（　　）。

A. 购买量　　B. 价格大小

C. 价格和购量　　D. 价格变动原因

26. 同一条需求曲线，价格与需求量的组合从 A 点移动到 B 点，这是（　　）。

A. 需求的变动　　B. 价格的变动

C. 需求量的变动　　D. 需求和价格的变动

27. 快速食品刚问世时，需求水平较低。后来，随着对其好处的了解、味道的习惯，需求水平提高了。这是因为（　　）。

A. 消费者嗜好变化了　　B. 厂商对其商品宣传不够

C. 新产品价格高　　D. 新产品质量好

28. 在其他情况不变的条件下，下述（　　）情况可使汽油的整条需求曲线向右移动。

A. 汽车价格上升　　B. 铁路运输费用提高

C. 低成本电力车辆问世　　D. 某地发现地下油田

29. 在得出某农民的某商品的供给曲线时，下列因素除（　　）外均保持为常量。

A. 技术水平　　B. 投入价格

C. 自然特点（如气候状况）　　D. 所考虑商品的价格

30. 如果某种商品供给曲线的斜率为正，在保持其余因素不变的条件下，该商品价格的上升，导致（　　）。

A. 供给增加　　B. 供给量增加

C. 供给减少　　D. 供给量减少

31. 生产者预期某种物品未来价格要下降，则对该物品当前的供给会（　　）。

A. 增加　　B. 减少

C. 不变　　D. 上述三种情况都可能

32. 对大白菜供给的减少，不可能是由于（　　）。

A. 气候异常严寒　　B. 政策限制大白菜的种植

C. 大白菜的价格下降　　D. 农肥价格上涨

33. 假如生产某种物品所需原料价格上升了，则这种商品的（　　）。

A. 需求曲线向左方移动　　B. 供给曲线向左方移动

C. 需求曲线向右方移动　　D. 供给曲线向右方移动

34. 某商品的市场供给曲线是一过原点的直线，则其供给的价格弹性（　　）。

A. 随价格的变化而变化　　B. 恒为 1

C. 为其斜率值　　D. 不可确定

35. 假设用于生产鞋的皮革价格上涨，结果，鞋的供给（　　），供给曲线向（　　）平移。

A. 增加，右　　B. 增加，左

C. 减少，右　　D. 减少，左

36. 鸡蛋供给量增加是由于（　　）。

A. 鸡蛋需求量增加　　B. 人们对鸡蛋偏好增强

C. 收入增加　　D. 鸡蛋价格提高

37. 根据供给定律（　　）。

A. 产品价格低，生产者愿提供更多产量；反之，提供更少的产量

B. 消费者在某产品价高时少买，价低时多买

C. 产品供给曲线向右下方倾斜

D. 产品价高时，生产者愿提供更多产量；反之，提供较少的产量

38. 如果消费者对某商品的偏好突然增加，同时这种产品的生产技术有很大改进，我们可以预料（　　）。

A. 该商品的需求曲线和供给曲线都向右移动并使均衡价格和产量提高

B. 该商品的需求曲线和供给曲线都向右移动并使均衡价格和产量下降

C. 该商品的需求曲线和供给曲线都向左移动并使均衡价格上升而均衡产量下降

D. 该商品的需求曲线和供给曲线向右移动并使均衡产量增加，但均衡价格可能上升也可能下降或不变。

39. 已知当某种商品的均衡价格是 1 美元的时候，均衡交易量是 1000 单位。现假定买者收入的增加使这种商品的需求增加了 400 单位，那么在新的均衡价格水平上，买者的购买量是（　　）。

A. 1000 单位　　B. 多于 1000 单位但小于 1400 单位

C. 1400 单位　　D. 以上均不对

40. 小麦歉收导致小麦价格上升，准确地说在这个过程中（　　）。

A. 小麦供给的减少引起需求量下降

B. 小麦供给的减少引起需求下降

C. 小麦供给量的减少引起需求量下降

D. 小麦供给量的减少引起需求下降

41. 在需求和供给同时减少的情况下（　　）。

A. 均衡价格和均衡交易量都将下降

B. 均衡价格将下降，均衡交易量的变化无法确定

C. 均衡价格的变化无法确定，均衡交易量将减少

D. 均衡价格将上升，均衡交易量将下降

42. 均衡价格随着（　　）。

A. 需求和供给的增加而上升

B. 需求和供给的减少而上升

C. 需求的减少和供给的增加而上升

D. 需求的增加和供给的减少而上升

43. 在市场经济中，当一种食品的供给量小于需求量时，解决这种供求矛盾的下列办法

中最有效的办法是（　　）。

A. 实行定量供给　　B. 宣传这种食用商品不利于身体健康

C. 让这种食品的价格自由升高　　D. 进口这种商品

44. 市场上某产品存在超额需求是由于（　　）。

A. 该产品是优质品　　B. 该产品价格超过均衡价格

C. 该产品供不应求　　D. 该产品价格低于均衡价格

45. 在得出某种商品的个人需求曲线时，下列因素除（　　）外均保持为常数。

A. 个人收入　　B. 其余商品的价格

C. 个人偏好　　D. 所考虑商品的价格

46. 保持所有其他因素不变，某种商品的价格下降，将导致（　　）。

A. 需求增加　　B. 需求减少

C. 需求量增加　　D. 需求量减少

47. 消费者预期某种物品未来价格要上升，则对该物品当前需求会（　　）。

A. 减少　　B. 增加

C. 不变　　D. 上述三种情况都可能

48. 所有下列因素除哪一种以外都会使需求曲线移动（　　）。

A. 购买者（消费者）收入变化　　B. 商品价格下降

C. 其他有关商品价格下降　　D. 消费者偏好变化

49. 如果商品 A 和商品 B 是替代的，则 A 的价格下降将造成（　　）。

A. A 的需求曲线向右移动　　B. A 的需求曲线向左移动

C. B 的需求曲线向右移动　　D. B 的需求曲线向左移动

50. 若某行业中许多生产者生产一种标准化产品，我们可估计到其中任何一个生产者的产品的需求将是（　　）。

A. 毫无弹性　　B. 有单元弹性

C. 缺乏弹性或者说弹性较小　　D. 富有弹性或者说弹性很大

（三）简答题

1. 如果考虑到提高生产者的收入，那么对农产品和电视机、录相机等一类高级消费品应采取提价还是降价的办法？为什么？

2. 影响需求变动的因素有哪些？并举例说明。

3. 决定需求弹性系数大小的因素有哪些？并举例说明。

4. 需求量的变动与需求的变动有什么区别与联系？

5. 需求价格弹性与总收益之间的关系如何？

6. 替代品和互补品之间有什么区别？下面哪对商品是替代品，哪对商品是互补品，哪对两者都不是？

（1）可口可乐和百事可乐。

（2）计算机硬件和软件。

（3）盐和糖。

（4）粉笔和黑板。

（5）图书与书架。

7. 下列每一对物品中，你认为哪一种物品更富有需求价格弹性，为什么？

（1）啤酒和水。

（2）未来5个月的原油和未来5年的原油。

（3）指定教科书和武侠小说。

8. 图2-4中有三条为直线的需求曲线。

（1）试比较 a、b 和 c 点的需求价格弹性。

（2）试比较 a、d 和 e 点的需求价格弹性。

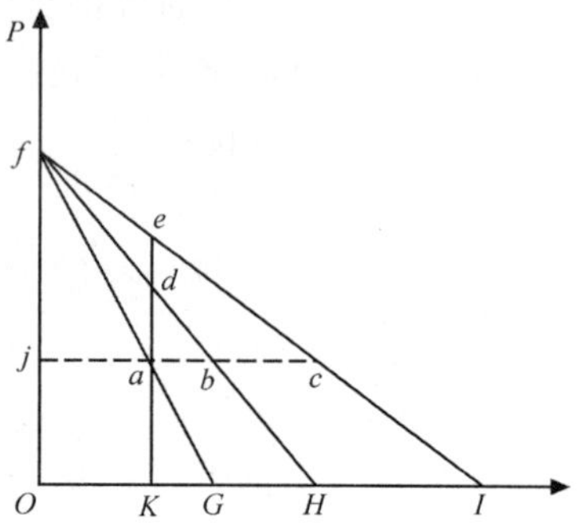

图2-4

9. 简述供给及供给定理。

10. 简述供求定理。

11. 试评价“薄利多销”。

12. 简述最高限价和最低限价的含义。

13. 我国民航总局1998年5月上收企业定价权利，并规定各航空公司不得滥用折扣。结合我国这种飞机票价的最低价格说明价格管制的恶果。

14. 通常，公交巴士、自来水公司都会一再要求涨价，请以所学有关理论加以解释。

（四）作图分析题

1. 下列事件对产品 x 的供给曲线有何影响。

（1）生产 x 的技术有重大革新。

（2）在产品 x 的行业内，企业数目减少了。

（3）生产 x 的人工和原材料价格上涨了。

（4）预计产品 x 的价格会下降。

（5）产品 x 的价格会上升。

2. 自行车是我国城乡居民的一种主要的交通工具，作图并分析下列因素的变化对自行车需求曲线的影响：

（1）居民收入的增加。

（2）有的城市禁止助力车。

（3）生产自行车的成本提高。

（4）市政当局决定开辟自行车专用车道。

（5）城市公用部位停放自行车的收费提高。

（6）自行车价格下降。

3. 指出发生以下几种情况时，牛肉需求曲线的变化如何，请简要解释原因并作图说明。

（1）国外许多地方都发现了疯牛病例。

（2）羊肉的价格上涨。

（3）消费者收入提高。

（4）喂养肉牛的饲料价格提高。

4. 技术进步使芯片生产成本下降。运用供求图，说明这种技术进步对以下市场均衡价格和产量的影响：（1）电脑市场。（2）电脑软件市场。

5. 用供求图解释下面每种表述：

（1）当夏季高温天气来临时，商场中的空调价格上升。

（2）当伊拉克内乱及国际恐怖活动加大时，原油价格上升，小汽车的价格下降。

6. 借助于图象分析下列市场条件下的均衡价格与均衡产量的变动情况，并作简要说明：

（1）需求增加，供给不变。（2）需求减少，供给减少。（3）需求减少，供给增加。

7. 作图并指出下列因素会对啤酒均衡价格与均衡产量产生什么影响，并简要说明理由。

（1）医生说喝啤酒有益健康。

（2）降低酒类税率。

（3）葡萄丰收，果子酒售价下降。

（4）啤酒花（制造啤酒的原料）价格上涨。

（5）通货膨胀引起居民实际收入下降，而生产啤酒的工人工资上升。

（6）啤酒厂商加大广告宣传的力度。

（7）凉夏。

（五）计算题

1. 在英国，对新汽车需求的价格弹性 $E_d=1.2$，需求的收入弹性 $E_I=3.0$，计算(1) 其他条件不变，价格提高 3% 对需求的影响；（2）其他条件不变，收入增加 2% 对需求的影响。

2. 有两家生产电脑桌的公司，甲公司的电脑桌现价每张 69 元，2004 年的月销售量大约为 10000 张。一月份，他的竞争对手乙公司把电脑桌价格从 65 元降到 55 元。于是，甲公司 2 月份销售量跌到 8000 张。

（1）两家公司的交叉弹性是多少（甲公司价格不变）？

（2）若甲公司的价格弧弹性是 2，乙公司把价格保持在 55 元，甲公司要想把销售量恢复到 10000 张/月的水平，则需要降价多少？

3. 当某消费者的收入增加 10% 时，对鸡蛋的需求会增加 4%，其需求收入弹性是多少？当鸡蛋的价格从 2.5 元上升到 5 元时，鸭蛋的需求量从 50 千克增加到 60 千克，其需求交叉弹性是多少？当鸡蛋的需求价格弹性为 0.5 时，意味着价格上升 100%，销售量将会减少多少？

4. 设需求函数为 $Q=M/P^n$，其中：P 为价格，M 与 n 为常数，求需求的点价格弹性。

5. 某商品价格为 4 元时，其需求量为 1 万件，而当其价格上升为 6 元时，其需求量为 8000 件，则：

（1）此商品的需求弹性为多少？

（2）价格变化后，企业的总收益发生什么变化？

（3）生产此商品的厂商能否使用“薄利多销”的原则？

6. 某纺织公司估计市场对其棉布的需求与居民收入之间的关系可用函数 $Q_d = 100 + 0.2I$ 表示。

（1）求收入水平分别为2000元，3000元，4000元，5000元，6000元时的需求量。

（2）求收入水平在4000元和6000元时的点收入弹性。

（3）求收入范围在2000元到3000元之间和5000元到6000元之间的弧收入弹性。

7. 假设：（1）X 商品的需求函数为线性：$Q_x = 40 - 0.5P_x$；（2）Y 商品的需求函数也为线性；（3）X 与 Y 的需求曲线在 $P_x = 8$ 的那点相交；（4）在 $P_x = 8$ 的那个交点上，X 的需求弹性的绝对值只有 Y 的需求弹性的绝对值的一半。请根据上述已知条件推导出 Y 的需求函数。

8. 假定下表是供给曲线 $Q_s = -3 + 2p$ 在一定价格范围内的供给表：

价格（元）	2	3	4	5	6
供给量	1	3	5	7	9

（1）求出价格3元和5元之间的供给的价格弧弹性。

（2）根据给出的供给函数，求 $P = 4$ 元时的供给的价格点弹性。

9. 已知某一时期内某商品的需求函数为：$Q_d = 50 - 5p$，供给函数为：$Q_s = -10 + 5P$。

（1）求均衡价格和均衡数量。

（2）假定供给函数不变，由于消费者收入水平提高，使需求函数变为 $Q_d = 60 - 5p$。求出相应的均衡价格和均衡数量。

（3）假定需求函数不变，由于生产技术水平提高，使供给函数变为 $Q_s = -5 + 6p$。求出相应的均衡价格和均衡数量。

10. 已知某商品的需求方程和供给方程分别为：$Q_d = 14 - 3P$；$Q_s = 2 + 6P$。求该商品的均衡价格，以及均衡时的需求价格弹性和供给价格弹性。

11. 某种商品的需求曲线为 $Q_d = 260 - 60P$，供给曲线为 $Q_s = 100 + 40P$。其中，Q_d 与 Q_s 分别表示需求量和供给量（万斤），P 表示价格（元/斤）。假定政府对于每单位产品征收0.5元税收。求税收后的均衡产量 Q 与消费者支付的价格 P_d 以及生产者获得的价格 P_s。

12. 假设某市场由“个人1”和“个人2”组成，其个人需求函数和收入分别是：

$Q_{d_1} = 40 - 2P + 0.1Y_1$，$Y_1 = 100$；

$Q_{d_2} = 63 - 3P + 0.2Y_2$，$Y_2 = 60$。

（1）描绘个人需求曲线和市场需求曲线，导出市场需求函数。

（2）求价格 $P = 20$ 时的价格弹性和市场销售量。

（3）当 $P = 20$ 时，若政府从“个人1”收税10，并把它作为转移支付全部付给“个人2”，因而两人收入之和不变。求市场销售量发生的变化。

13. 某地区的大米市场的供给和需求表如下：

价格（元/吨）	需求量（吨）	供给量（吨）
100	100	0
200	80	30
300	60	40
400	50	50
500	40	60

为了保护当地农民的利益，政府规定大米市场价格下限为500元/吨。请回答下列问题：

（1）市场中的交易量是多少？为什么？

（2）规定价格下限后，市场中盛行的价格是多少？

（3）为了执行价格下限政策，政府必须采取的措施是什么？

二、同步练习题精解

（一）辨析题

1. 错。需求曲线上各点价格弹性各不相同。
2. 错。需求曲线向右上方移动。
3. 对。
4. 错。向左下方移动。
5. 错。不等于，因为需求价格弹性还与每个点的价格与需求量相关，因此每个点都是不一样的。
6. 对。
7. 错。只有对于需求缺乏弹性的商品，卖者提高其商品的售价，才能增加自己的收益。
8. 对。
9. 对。
10. 错。高档商品必需程度弱，所以弹性大。
11. 错。弹性为零。
12. 错。是完全无弹性商品。
13. 对。
14. 错。商品用途越广，需求弹性越大。
15. 错。劣等品就不是。
16. 对。
17. 对。
18. 错。必须是在成本既定的条件下才可以。
19. 错。向右上方移动。
20. 错。应为无限弹性。
21. 对。
22. 错。存在短缺。

23. 错。提高均衡数量，降低均衡价格。
24. 错。均衡价格将下降，均衡数量的变化不一定。
25. 错。倾向于上升。
26. 对。
27. 错。防止价格上涨。
28. 对。
29. 对。
30. 错。向左移动。
31. 对。
32. 错。在需求弹性和供给弹性正常的情况下，买者支付的价格增加将小于 10 美元。

（二）单项选择题

1 B	2 C	3 B	4 C	5 A	6 B	7 A	8 B	9 A	10 D
11 C	12 C	13 C	14 B	15 A	16 A	17 C	18 B	19 A	20 A
21 C	22 A	23 C	24 D	25 A	26 C	27 A	28 B	29 D	30 B
31 A	32 C	33 B	34 B	35 D	36 D	37 D	38 D	39 B	40 A
41 C	42 D	43 C	44 D	45 D	46 C	47 B	48 B	49 D	50 D

（三）简答题

1. 答：（1）对于需求缺乏弹性的产品，其销售收入与其价格之间是同方向变化的；对于需求富有弹性的产品，其销售收入与其价格之间是反方向变化的。

（2）农产品的需求是缺乏弹性的，增加收入应该提价；电视机、录相机等一类高级消费品的需求是富有弹性的，增加收入应该降价。

2. 答：影响需求的因素很多，主要有以下几种：第一，产品价格。第二，相关产品价格。第三，消费者对未来的预期。第四，家庭收入。第五，消费者的个人偏好。第六，其他因素。如人口数量的变动、政府的消费政策、天气的变化等也都影响需求发生一定的变化。具体来讲，比如价格与需求量的关系是，价格上升，需求量减少；价格下降，需求量增多，它们呈反方向变化趋势。还比如，在产品本身价格不变的情况下，相关产品价格发生变化，也会影响到这种产品的需求量。商品之间的关系有两种，一种是互补关系，另一种是替代关系。互补关系是指两种商品相互补充共同满足一种需求。互补商品之间价格与需求呈反方向变动。替代关系是指两种商品可以互相代替来满足同一种需求。替代商品之间价格与需求呈同方向变动。

3. 答：影响需求价格弹性的因素主要有：商品的可替代度；商品的必需程度；支出占收入的比重；时间的长短等。具体来讲，比如一般生活必需品，因为每个人每天都有一定的消费量，所以其价格的变化不会太大影响到需求量的变化，因此，需求价格弹性较小，像食盐、面粉等；相反，奢侈品和耐用消费品，如高级香水、金银首饰、电视机、空调等，其需求价格弹性就较大。

4. 答：需求量的变化和需求的变化都表明了需求数量发生变化，但是又有不同。需求量的变化是指在决定需求量其他因素不变的情况下，只是由于价格变化而引起消费者愿意且能够购买商品数量的变化。需求变化则是指在决定需求量的价格因素不变的情况下，由于其他因素的变化而引起消费者愿意而且能够购买商品数量的变化。它们在图形中的不同表现为前者是需求量沿着需求曲线上各个点的变化，后者则表现为需求曲线整体的左右平行移动。

5. 答：对于富有弹性的商品，适当降价可使收益增加，反之收益减少；对于缺乏弹性的商品，适当提价可使收益增加，反之收益减少；对于单位弹性的商品，商品价格的变化对生产收益影响不大。

6. 答：(1) 是替代品；(3) 什么都不是；(2)、(4)、(5) 是互补品。

7. 答：(1) 啤酒更有需求弹性。因为其必需程度比水要弱。

(2) 未来5年的原油更有需求弹性。因为时间越长，弹性越大。

(3) 武侠小说的需求弹性大。因为其必需程度弱。

8. 答：(1) 三个点的弹性相同。(2) a点弹性、d点弹性、e点弹性。

9. 答：供给是指生产者愿意并且能够提供出售一定数量的商品。

当某一商品的价格下降时，厂商或生产者对这种商品愿意而且能够提供出售的商品数量就会减少；反之，当某种商品的价格上涨时，厂商或生产者对这种商品愿意而且能够提供出售的商品数量就会增加。简言之，供给量与价格呈正向运动。这一规律，就被称为供给定理。

10. 答：供求定理是指需求水平的变动引起均衡价格和均衡产量同方向变动；供给水平的变动引起均衡价格反方向变动，引起均衡数量同方向变动。

11. 答：一般情况下，薄利肯定能多销，但销售收入能否增加，则要看产品的需求弹性。

如果产品的需求是缺乏弹性的，薄利虽然能够多销，但厂商的销售收入反而会减少，显然，缺乏需求弹性的产品不宜实行“薄利多销”。如果产品的需求是富有弹性的，薄利不仅能够多销，而且能使厂商的销售收入增加。显然，富有需求弹性的产品才适宜实行“薄利多销”的策略。

12. 答：最低限价是政府为了支持某一行业的生产而规定的该行业产品最低必须达到的价格。也称为支持价格。实际上是一个高于均衡价格的价格。最高限价是指政府为了限制某些商品价格上涨而规定的这些商品不得超过的最高价格。也称为限制价格。实际上就是低于市场均衡价格的价格。

13. 答：要求航空公司执行的原价相当于最低限价，它高于市场均衡价格，会造成一方面机票价格高，消费者难以承受，会转而乘坐火车和汽车，加剧了铁路和公路运输的紧张；另一方面，由于其产品为富有弹性商品，票价不打折，相当于高价，会导致航空公司客源大幅减少，造成更多空载，使其收益受损。

14. 答：公共巴士和自来水公司之所以一再要求涨价，皆因为这些厂商的需求弹性小，即缺乏弹性。根据厂商的收益与弹性的关系，需求缺乏弹性的商品，提价可以增加收益，因此，它们通过涨价会带来总收益的增加，故它们乐于提高价格。

（四）作图分析题

1. 答：（1）右移，（2）左移，（3）左移，（4）右移，（5）不动。

2. （1）、（2）、（4）导致需求曲线右移。

（5）导致需求曲线左移。

（3）、（6）需求曲线不动。

图略。

3. （1）导致需求曲线左移。（2）、（3）导致需求曲线右移。（4）需求曲线不动。图略。

4. （1）电脑市场供给曲线右移，导致均衡价格下降，均衡数量上升。

（2）电脑价格的下降，使互补品电脑软件市场的需求增加，进而导致电脑软件市场均衡价格上升，均衡数量增加。

图略。

5. （1）需求曲线右移。（2）原油市场供给曲线左移，小汽车市场需求曲线左移。图略。

6. 图略。

7. （1）需求右移，均衡价格和均衡产量均提高。

（2）供给增加，均衡价格降低，均衡产量提高。

（3）替代品导致需求减少，均衡价格和均衡产量均降低。

（4）供给减少，均衡价格提高，均衡产量降低。

（5）需求和供给都减少，均衡产量减少，均衡价格变化不一定。

（6）需求增加，供给减少，均衡价格上升，均衡产量变化不一定。

（7）需求减少，均衡价格和均衡产量都降低。

（五）计算题

1. **解**：（1）因为 $E_d = -\dfrac{\frac{\Delta Q}{Q}}{\frac{\Delta P}{P}}$，而 $E_d = 1.2, \dfrac{\Delta P}{P} = 3\%$ 已知，代入公式可以求出：$\dfrac{\Delta Q}{Q} = -3.6\%$。

（2）根据公式 $E_I = \dfrac{\frac{\Delta Q}{Q}}{\frac{\Delta I}{I}}$，代入 $E_I = 3, \dfrac{\Delta I}{I} = 2\%$，可以求出：$\dfrac{\Delta Q}{Q} = 6\%$。

2. **解**：

（1）根据题设已知，代入交叉弹性公式，可以得出：$E_{xy} = \dfrac{\Delta Qx}{\Delta Py} \cdot \dfrac{Py_1 + Py_2}{Qx_1 + Qx_2} = 4/3$。

（2）根据 $E_d = -\dfrac{\Delta Q}{\Delta P} \cdot \dfrac{P_1 + P_2}{Q_1 + Q_2}$，可得：$2 = -\dfrac{10000 - 8000}{\Delta P} \cdot \dfrac{69 + 69 + \Delta P}{10000 + 8000}$。

求得：$\Delta P=-7.26$。

即甲公司应该降价 7.26 元。

3. **解**：$E_I=\dfrac{\frac{\Delta Q}{Q}}{\frac{\Delta I}{I}}=4\%/10\%=0.4$。

$E_{xy}=\dfrac{\Delta Qx}{\Delta Py}\cdot\dfrac{Py_1+Py_2}{Qx_1+Qx_2}=3/11$。

根据 $E_d=-\dfrac{\frac{\Delta Q}{Q}}{\frac{\Delta P}{P}}$，其中 $E_d=0.5$，$\dfrac{\Delta P}{P}=100\%$，可以求出 $\dfrac{\Delta Q}{Q}=-50\%$。

4. **解**：$E_d=-\dfrac{dQ}{dP}\cdot\dfrac{P}{Q}$，其中 $\dfrac{dQ}{dP}=MnP^{-n-1}$，再将 $Q=M/P^n$ 代入，即可以求出 $E_d=n$。

5. **解**：

（1）$E=(\Delta Q/\Delta P)\times(P_1+P_2)/(Q_1+Q_2)=-5/9$。

（2）价格变化后，企业的总收益增加。$8000\times6-10000\times4=8000$。

（3）不能实行薄利多销，因为弹性系数小于 1，缺乏弹性。

6. **解**：

（1）把各个收入水平代入收入函数分别得出需求量为 500，700，900，1100，1300。

（2）根据点收入弹性公式 $E_I=\dfrac{dQ}{dI}\cdot\dfrac{I}{Q}$，将价格和需求量代入即可得出弹性系数分别为 8/9 和 12/13。

（3）根据收入弹性的弧弹性公式 $E_I=\dfrac{\Delta Q}{\Delta I}\cdot\dfrac{I_1+I_2}{Q_1+Q_2}$，代入相关已知，即可得出收入弧弹性系数分别为 5/6 和 11/12。

7. **解**：根据题意设 $Q_y=kP_y+b$，

根据"X 的需求弹性的绝对值只有 Y 的需求弹性的绝对值的一半"，可以得出：$|E_{dx}|=\dfrac{1}{2}|E_{dy}|$，再根据 $E_d=-\dfrac{dQ}{dP}\cdot\dfrac{P}{Q}$，将已知代入，最终可以求得：$k=-1$　$b=44$　即 Y 的需求函数为 $Q_y=-P_y+44$。

8. **解**：（1）根据供给价格的弧弹性公式 $E_s=\dfrac{\Delta Q}{\Delta P}\cdot\dfrac{P_1+P_2}{Q_1+Q_2}$，可以求出价格在 3 和 5 之间的弧弹性为 1.6。

（2）根据 $E_s=\dfrac{dQ}{dP}\cdot\dfrac{P}{Q}$，可以求出 $P=4$ 时的点弹性为 1.6。

9. **解**：（1）均衡时有 $Q_s=Q_d$，即 $50-5p=-10+5P$，可以得出均衡价格 $P=6$，均衡数量 $Q=20$。

（2）将变化后的需求函数与原供给函数方程联立，可以得出均衡价格 $P=7$，均衡数量 $Q=25$。

（3）将变化后的供给函数与原需求函数方程联立，可以得出均衡价格 $P=5$，均衡数量 $Q=25$。

10. **解：** 均衡时有 $Q_s=Q_d$，即 $14-3p=2+6P$，可以得出均衡价格 $P=4/3$，均衡数量 $Q=10$。再根据 $E_d=-\frac{dQ}{dP}\cdot\frac{P}{Q}$ 和 $E_s=\frac{dQ}{dP}\cdot\frac{P}{Q}$，可以求出均衡点的需求价格弹性为0.4，供给价格弹性为0.8。

11. **解：** 征税前，根据均衡有 $Q_s=Q_d$，即 $260-60p=100+40P$，可以得出均衡价格 $P=1.6$，均衡数量 $Q=164$。

征税后，供给曲线变为 $Q_s=100+40(P-0.5)=80+40P$，根据均衡有 $Q_s=Q_d$，即 $260-60p=80+40P$，可以得出新均衡下，均衡价格 $P=1.8$，均衡数量 $Q=152$。

最后可以得出，税收后均衡产量为152，消费者支付的价格即均衡价格为1.8，而生产者支付的价格为减税后的价格即1.3。

12. **解：**

（1）将收入代入可得出个人1和个人2的需求曲线分别为：$Q_{d_1}=50-2P$，$Q_{d_2}=75-3P$。

两条需求曲线相加即为市场需求曲线，$Q_d=125-5P$。

（2）价格为20时，代入需求曲线可得销量为25，此时的价格弹性为点弹性，根据 $E_d=-\frac{dQ}{dP}\cdot\frac{P}{Q}$，可以得出 $E_d=4$。

（3）将个人1的需求曲线中收入减10，将个人2的需求曲线中收入增加10，可以得出新的个人需求曲线，再次相加可得到新的市场需求曲线 $Q_d=126-5P$。将价格20代入，可以求出新的销量为26，则与原销量的差额为1单位。

13. **解：**

（1）市场交易量为40吨，因为价格为500时，供大于求，只有40吨可以被交易。

（2）市场中盛行的价格为400元/吨。

（3）政府应该收购过剩的大米。

相关考研题解析

一、（分析题）对于厂商来说，其产品的需求弹性大于1和小于1对其价格战略（采取降价还是涨价）将产生何种影响？（南开大学2004年考研题）

详解： 总收益函数为：$TR=P\cdot Q$。

总收益对价格的导数为：$\frac{dTR}{dP}=Q+P\cdot\frac{dQ}{dP}=Q(1-E_d)$，其中 $E_d=-\frac{P}{Q}\cdot\frac{dQ}{dP}$，为需求价格弹性。

由该关系式可知：

当需求价格弹性 $E_d>1$ 时，有 $\frac{dTR}{dP}<0$，从而总收益 TR 与商品价格 P 呈反方向变动；

当需求价格弹性 $E_d<1$ 时，有 $\frac{dTR}{dP}>0$，从而总收益 TR 与商品价格 P 呈同方向变动。

当需求价格弹性 $E_d=1$ 时，有 $\frac{dTR}{dP}=0$，从而商品价格 P 对总收益 TR 没有影响。

因此，需求价格弹性大于1时，为提高产品收益，企业应该采取降价策略；需求价格弹性小于1，为提高产品收益，企业应该采取涨价策略。

二、"谷贱伤农"，粮食丰收反而会带来农民收入的下降，请分析背后的经济学原因，并说明政府在农业领域可以发挥哪些作用。(清华大学2005年考研题)

详解：

(1)"谷贱伤农"的经济学原因分析。

商品的需求价格弹性表示在一定时期内一种商品的需求量变动对于该商品价格变动的反应程度。对于缺乏弹性的商品，降低价格会使厂商的销售收入减少；相反，提高价格会使厂商的销售收入增加，即商品的价格和销售收入呈同方向的变动。其原因在于：对于缺乏弹性的商品，厂商降价引起的需求量增加率小于价格的下降率。这意味着需求量的增加带来的销售收入的增加量并不能全部抵消价格下降所造成的销售收入的减少量。所以，降价最终会使销售收入减少。

造成"谷贱伤农"这种现象的根本原因在于农产品往往是缺乏需求弹性的商品。农产品的丰收使供给曲线右移，由于缺乏弹性的需求曲线的作用，使得农产品的均衡价格大幅度下降，而需求量只少量地增加，即农产品均衡价格的下降幅度大于农产品均衡数量的增加幅度，从而最终导致农民总收入减少。

(2)政府在农业领域可以发挥的作用。

由于农产品是缺乏弹性的商品，农产品的丰收反而会降低农民的收入，这会降低农民生产的积极性，因此，政府需要采取措施保证农民的收入，具体来说，可以采取以下两种措施：

一方面政府可以采取保护价收购的措施。即在农业丰收时，为了避免价格大幅度下降，政府设定农产品收购保护价，这就保证了农民可以以较高的价格出售农产品，从而使得农产品丰收时农民也可以获得更高的收入，保证了农民农业生产的积极性。

另一方面政府也可以对农业生产进行补贴。政府可以采取直接补贴的形式，对进行农业生产的农民进行财政补贴，这种补贴实质上降低了农业生产的成本。农民不会因为农产品的丰收而减少收入，这保证了农民未来农业生产的积极性。

三、公司X和Y公司是机床行业的两个竞争者，这两家公司的主要商品的需求曲线：

分别为：

公司X：$P_x=1000-5Q_x$，公司Y：$P_y=1600-4Q_y$，这两家公司现在的销售量分别为100单位 X 和250单位 Y。

(1)求 X 和 Y 当前的价格弹性。

(2)假定 Y 降价后，使 Q_y 增加到300单位，同时导致 X 的销售量 Q_x 下降到75单位，试问 X 公司产品 X 的交叉价格弹性是多少？

（3）假定 Y 公司目标是谋求销售收入极大，你认为它降价在经济上是否合理？（深圳大学 2007 年考研题）

详解：

（1）根据 X 和 Y 当前的销售量分别代入其需求函数可以求出当前的价格：$P_x=500$ $P_y=600$。则根据 $E_d=-\frac{dQ}{dP}\cdot\frac{P}{Q}$，可以求出当前 X 弹性为 1，当前 Y 弹性为 0.6。

（2）将降价后 Y 的需求量代入需求函数可以求出降价后 Y 的价格为 400，根据需求交叉弹性弧弹性公式 $\frac{\Delta Q_x}{\Delta P_y}\cdot\frac{P_{y1}+P_{y2}}{Q_{x1}+Q_{x2}}$，可以求出 $E_{xy}=5/7$。

（3）由（1）可知，Y 公司的产品 Y 在价格为 600 时的需求价格弹性为 3/5，也就是需求缺乏弹性，因此，在这种情况下，Y 公司降价将减少其销售收入，所以，其降价在经济上是不合理的。

四、（论述题）论述收入弹性和交叉弹性的决定及其经济意义。（山东大学 2007 年考研题）

（1）需求收入弹性和交叉弹性的概念及公式见本章知识点内容。

（2）在影响需求的其他因素既定的前提下，通过需求收入弹性可以判断该商品是正常商品还是劣质品。如果某种商品的需求收入弹性系数是正值，即 $E_m>0$，则表示随着收入水平的提高，消费者对此种商品的需求量增加，该商品就是正常品。如果某种商品的需求收入弹性是负值，即 $E_m<0$，表示随着 Y 商品的价格提高（降低），X 商品需求量减少（增加），则 X，Y 商品之间存在互补关系，为互补品。其弹性系数会越大，互补性越强。如果商品 X，Y 的需求交叉弹性为零，即 $E_{xy}=0$，则说明 X 与 Y 之间没有相关性，是相互独立的两种商品。

五、某产品准备降价扩大销路，若该产品的需求弹性在 1.5～2。试问当该产品降价 10%时，销售量能增加多少？（武汉大学 2001 年考研题）

详解：

根据题意可知，产品的需求弹性在 1.5～2 之间，又根据 $E_d=-\frac{dQ}{dP}\cdot\frac{P}{Q}$ 可以得：

$1.5=-\frac{\frac{\Delta Q}{Q}}{-0.1}$ 则 $\frac{\Delta Q}{Q}=0.15$，

$2=-\frac{\frac{\Delta Q}{Q}}{-0.1}$ 则 $\frac{\Delta Q}{Q}=0.2$。

因此，当产品价格下降 10% 时，销售量将增加 15% 到 20%。

3 第三章 消费者行为

内容导读

本章分析需求背后的消费者行为，它是人们在市场上作出购买决策和购买活动的理论基础。本章介绍消费者在日常生活中决定购买的众多消费品的种类和不同消费品的不同数量，是由哪些因素和根据什么原则来决定的，以及消费者达到均衡状态的条件。通过本章的学习，可以使读者对消费者行为有更深层次的认识，从而能够指导自己的消费行为达到合理的消费状态。

本章要点梳理

一、效用

所谓效用，是消费者从消费某种物品或某组商品时所获得的满足程度。

二、总效用和边际效用

总效用是消费者在特定时期内消费一定量某种物品所获得的满足总和。用 TU 表示总效用，某种商品的消费量为 Q，则总效用函数为 $TU = U(Q)$。

边际效用是指消费者在一定时期内追加一单位某种产品消费所增加的效用。以 MU 表示边际效用，则 $MU = \Delta TU/\Delta Q = dTU/dQ$。

三、基数效用论和序数效用论

西方经济学家有两种测量商品效用的方法，即基数效用论和序数效用论。

基数效用论者认为，效用的大小是可以用基数形式 1、2、3、5 等具体数量来计量和比较的，因为效用是消费者从物品的消费可得到的主观上的满足，而这种满足的程度就如物品的重量一样，通过效用的衡量单位便可以测量。

序数效用论认为，效用不是数量多少的问题，而是顺序先后优劣的问题，故应按消费者对不同物品的偏好程度，用第一、第二、第三等序数加以排列。这样人们不必说出每种商品的绝对效用是多少，而只须按偏好程度排列出相对效用即可。

四、边际效用递减规律

在一定时间内，某商品的边际效用随其数量的增加而不断减少的现象，被称为边际效用递减规律。边际效用是决定商品价值的主观标准。商品价值由边际效用决定，由于边际效用递减，消费数量少，边际效用就高，价值或需求价格也就高；反之，则相反。

五、消费者均衡

所谓消费者均衡，是指能使消费者实现效用最大化的均衡购买行为。

消费者效用最大化受消费者收入水平和商品价格两个方面条件的制约。这样，消费者均衡就是有限制的均衡，即消费者在货币收入和商品价格既定条件下购买商品而获得最大的总效用的消费状态。假设消费者只购买 X、Y 两种商品，那么，上述制约条件就可以表示为：$I = P_x \cdot Q_x + P_y \cdot Q_y$。

消费者均衡的原则或预算分配原则，是指消费者在花掉全部收入的情况下，使花费在每一种商品上的最后一单位货币所提供的边际效用都相等。

$$\frac{MU_1}{P_1} = \frac{MU_2}{P_2} = \cdots = \frac{MU_n}{P_n} = \lambda。$$

六、消费者剩余

消费者剩余是指消费者愿意支付的价格与实际支付的价格之间的差额。愿意支付的价格取决于商品的边际效用；实际支付的价格取决于该商品的市场供求关系。

七、无差异曲线和预算线

无差异曲线是用来表示两种商品的不同数量的组合对消费者所提供的效用是相同的曲线。无差异曲线具有四个特征：第一，无差异曲线是一条向右下方倾斜的曲线；第二，无差异曲线是一曲线族，离原点越远的无差异曲线代表的满足程度越高；第三，在同一平面上任意两条无差异曲线都不能相交；第四，无差异曲线是一条凸向原点的线。

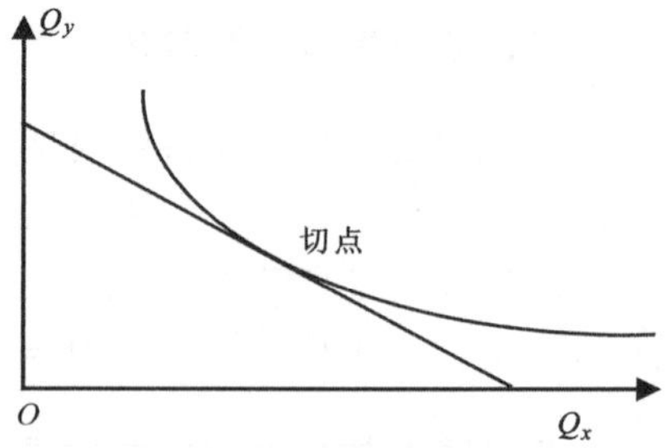

图 3－1 无差异曲线

在无差异曲线上，为保持效用水平不变，一种商品的消费量增加一单位，需要放弃另外一种商品的消费量，即为两种产品的边际替代率。可看出，在无差异曲线上 O 一点处的 MRS 等于该点切线斜率的绝对值，且 MRS 递减（见图 3－1）。

消费者的消费行为，要受到其收入水平和商品价格的限制。表明在收入与商品价格既定的条件下，消费者所能够买到的各种商品数量的最大组合的线即为预算线。

在预算约束下可达到的最大满足即为与预算线相重合的最高位置的无差异曲线所代表的效用水平，也就是相切的曲线代表的效用水平最高，而切点处的消费组合是唯一能够达到最大满足程度的消费选择。此时，无差异曲线在切点的斜率和预算线的斜率相等，即 $MRS_{xy} = P_x/P_y$，可以最终推导出，$MU_x/P_x = MU_y/P_y$，从而得出，基数效用论和序数效用论得到的消费者均衡的条件是一致的。

八、价格—消费曲线和收入—消费曲线

消费者均衡的变动与价格—消费曲线和收入—消费曲线相一致。假定在两种商品的情况下，当一种商品的价格变化后，消费者的预算线随之变化，均衡消费点即无差异曲线与预算线的切点也发生变化，其轨迹即为价格—消费线。它反映了价格与需求量之间的关系，从此线可导出需求曲线。当商品价格不变时，消费者收入的变动会引起预算线平行移动，进而消费者均衡点会随着变动，移动的轨迹就是收入—消费曲线，从此线可以导出反映收入与需求量之间关系的恩格尔曲线。

九、价格效应、替代效应和收入效应

商品价格的变化对一种商品需求的影响，称为价格效应，可以分解为替代效应和收入效应。替代效应是商品相对价格变化引起的商品购买量的变化，实质上是商品间的替代。收入效应是名义收入不变，但价格变化引起实际收入的变化，进而引起商品购买量的变化。

一般情况下，替代效应为负。收入效应取决于商品的性质。正常商品的收入效应大于或等于 0，劣质商品的收入效应小于 0。而对于低档商品和吉芬商品又有不同：低档商品的收入效应小于 0，且其绝对小于替代效应；而吉芬商品的收入效应小于 0，且其绝对小于替代效应。从而造成吉芬商品违背需求规律，出现其需求量与价格同向变动的情况。

本章知识脉络图

- 消费者行为理论
  - 基数效用论
    - 总效用
    - 边际效用→边际效用递减规律→需求曲线
    - 消费者均衡
      - 制约条件：$I=P_xQ_x+P_yQ_y$
      - 均衡原则：$MU_x/P_x=MU_y/P_y$
    - 消费者剩余=愿意支付的价格-实际支付的价格
  - 序数效用论
    - 无差异曲线→斜率的绝对值为边际替代率→边际替代率递减规律
    - 预算线：$I=P_xQ_x+P_yQ_y$
    - 消费者均衡
      - 最佳消费组合→预算线与无差异曲线的切点
      - 均衡的条件：$MRS_{xy}=P_x/P_y\rightarrow MU_x/P_x=MU_y/P_y$
      - 均衡的变动
        - 价格变动
          - 价格—消费曲线→需求曲线
          - 价格效应=替代效应+收入效应
        - 收入变动→收入—消费曲线→恩格尔曲线

本章名词详解

◆ **效用**：效用是指消费者从消费某种商品或商品组合中所得到的需求、欲望的满足程度。

◆ **边际效用**：边际效用是指增加一单位的物品的消费所带来的额外的满足程度（其他条件保持不变）。

◆ **边际替代率**：边际替代率是指消费者为了维持原有的满足程度不变，增加一单位商品的消费量而必须放弃另一种商品的消费量。

◆ **消费者均衡**：消费者均衡就是消费者在货币收入和商品价格既定条件下购买商品而获得最大总效用的消费状态。

◆ **恩格尔系数**：恩格尔系数用来表示居民家庭食物支出在总支出中所占的比例。其计算公式为：恩格尔系数＝用于食物的支出/总收入（总支出）

◆ **吉芬商品**：吉芬商品指需求量与价格之间呈反常变化的一类商品，由英国统计学家罗伯特·吉芬发现而得名。这种商品的价格与需求量的变动违反了需求规律，即价格越低购买的越少，价格提高反而购买的更多，商品需求量与价格呈正比关系。

◆ **替代效应**：替代效应指当一种商品的相对价格下降时，消费者增加对该种商品的消费（以该种商品作为“替代”）；而当一种商品的相对价格上升时，消费者减少对该种商品的消费（该种商品被“替代”）。

◆ **收入效应**：收入效应指商品价格变动会引起消费者实际收入变动，进而会导致商品需求量的变动。

同步练习与精解

一、同步练习题

（一）辨析题

1. 在无差异曲线图上存在无数多条无差异曲线，是因为消费者的收入有时高有时低。
2. 总效用决定产品的价格，而边际效用决定消费的数量。
3. 在同一条预算线上，货币收入是不变的。
4. 达到消费者均衡时，各种商品提供给消费者的边际效用相等。
5. 消费者剩余是消费者的主观感受。
6. 在同一条预算线上，货币收入是不变的。
7. 如果在新的消费者均衡状态下，各种商品的边际效用低于原均衡状态，则意味着消费者的生活状况恶化了。
8. 如果边际效用递减，总效用相应下降。
9. 无差异曲线表示不同消费者选择商品的不同组合所得到的效用是相同的。
10. 如果消费者的效用函数为 $U=XY$，那么他总是把他的一半收入花费在 X 商品上。

11. 一个消费者在超市上购买商品，如果他认为甲商品比乙商品更急需，主要原因是乙商品是一种紧缺商品。

12. 某种商品的效用对所有消费者来说都是一样的，只是价格不一样。

13. 一个消费者对某种商品的数量感到足够了，这说明他对该种商品的边际效用已达到了极大值。

14. 随着商品数量的增加，消费者的全部效用以常数比例增加，说明其边际效用等于零。

15. 对所有人来说，钱的边际效用是不会递减的。

16. 在收入制约的条件下效用最大化在现实中往往难以达到。

17. 两种商品的价格是相同的，根据比价原则，对消费者来说，这两种商品的效用一般是相同的。

18. 两种商品的价格不相同，但对消费者来说，这两种商品每元的边际效用有可能相同。

19. 作为消费者的合理选择，哪一种商品的边际效用最大就应当选择哪一种商品。

20. 吉芬商品是一种低等品，但低等品不一定是吉芬商品。

21. 恩格尔曲线是根据价格消费曲线引致出来的。

22. 价格变化会引起预算线斜率的变化。

（二）单项选择题

1. 一个消费者想要一单位 X 商品的心情甚于想要一单位 Y 商品，原因是（　　）。

A. 商品 X 有更多的效用　　B. 商品 X 的价格较低

C. 商品 X 紧缺　　D. 商品 X 是满足精神需要的

2. 总效用曲线达到顶点时（　　）。

A. 边际效用曲线达到最大点　　B. 边际效用为零

C. 边际效用为正　　D. 不一定

3. 对于一种商品，消费者想要有的数量都已有了，这时，（　　）。

A. 边际效用最大　　B. 边际效用为零

C. 总效用为零　　D. 平均效用最大

4. 某消费者消费一个单位的某商品获得的效用为 50，消费两单位该商品的效用为 90，消费三单位的效用为 121，则该消费者消费第三单位的该商品获得的效用边际效用为（　　）。

A. 87　　B. 40

C. 31　　D. 71

5. 边际效用递减的规律说明（　　）。

A. 随着对商品的消费量增加，该商品的总效用有下降的趋势

B. 随着收入的增加，对该商品的总效用有下降的趋势

C. 随着收入的增加，边际效用有下降的趋势

D. 随着对商品消费量的增加，该商品的边际效用有下降的趋势

6. 已知消费者的收入是 100 元，商品 X 的价格是 10 元，商品 Y 的价格是 3 元。假定他打算购买 7 单位 X 和 10 单位 Y，这时商品 X 和商品 Y 的边际效用分别是 50 和 18。如果获得最大效用，他应该（　　）。

A. 停止购买　　B. 增购 X，减少 Y 的购买量

C. 减少 X 的购买量，增购 Y　　D. 同时增购 X 和 Y

7. 随着收入和价格的变化，消费者的均衡也发生变化。假如在新均衡下，各种商品的边际效用均低于原均衡状态的边际效用，这意味着（　　）。

A. 消费者生活状况有了改善　　B. 消费者生活状况恶化了

C. 消费者生活状况没有变化　　D. 不确定

8. 一位消费者只消费两种商品，即 z 和 y。z 对 y 的边际替代率在任一点（z，y）是 y/z。假定收入为 $I=260$ 元，$P_z=2$ 元，$P_y=3$ 元，消费者消费 40 单位 z 商品和 60 单位 y 商品。（　　）。

A. 消费者实现了效用最大化

B. 消费者可以通过增加 z 商品的消费，减少 y 商品的消费来增加他的效用

C. 消费者可以通过增加 y 商品的消费，减少 z 商品的消费来增加他的效用

D. 消费者可以通过增加 y 商品和 z 商品的消费，来增加他的效用

9. 当总效用以递减的速率增加时，边际效用应该是（　　）。

A. 为正值，且不断增加　　B. 为正值，但不断减少

C. 为负值，且不断减少　　D. 为负值，但不断增加

10. 某种商品的市场价格为 10 元，某人在购买第 1 到第 5 单位的该商品时分别愿意支付的价格为 18 元、16 元、14 元、11 元、9 元，如果购买 4 单位商品，该消费者在消费该商品中所获得消费者剩余为（　　）。

A. 18　　B. 19

C. 68　　D. 50

11. 以下（　　）项指的是边际效用。

A. 张某吃了第二个面包，满足程度从 10 个效用单位增加到 15 个单位，增加了 5 个效用单位

B. 张某吃了两个面包，共获得满足 15 个效用单位

C. 张某吃了四个面包后再不想吃了

D. 张某吃了两个面包，平均每个面包带给张某的满足程度为 7.5 个效用单位

12. 在 MRS 递增的情况下，均衡点是消费者只购买其中一种商品，这一判断是（　　）。

A. 错误　　B. 正确

C. 需依据商品性质而定　　D. 假设与结论没有关系

13. 某条无差异曲线是水平直线，这表明该消费者对（　　）的消费已达饱和。（设 x 由横轴度量，y 由纵轴度量）

A. 商品 Y　　B. 商品 x

C. 商品 x 和商品 y　　D. 货币

14. 同一条无差异曲线上的不同点表示（　　）。

A. 效用水平不同，但所消费两种商品组合比例相同

B. 效用水平相同，但所消费两种商品的组合比例不同

C. 效用水平不同，两种商品组合比例也不相同

D. 效用水平相同，两种商品的组合比例也相同

15. 商品 X 和 Y 的价格按相同的比率上升，而收入不变，预算线（　　）。

A. 向左下方平行移动　　B. 向右上方平行移动

C. 不变　　D. 向左下方或右上方平行移动

16. 从图 3－2 预算线 AB 可知，商品 X 的价格是 2 元，商品 Y 的价格是（　　）。

A. 1 元　　B. 2 元

C. 3 元　　D. 5 元

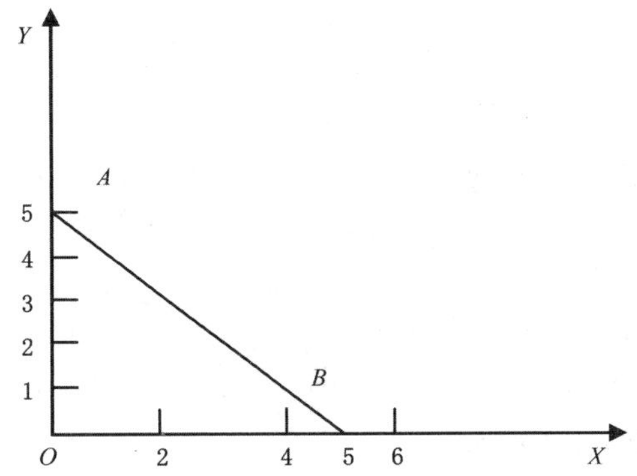

图 3－2

17. 预算线反映了（　　）。

A. 消费者的收入约束　　B. 消费者的偏好

C. 消费者人数　　D. 货币的购买力

18. 假定其他条件不变，如果某种商品（非吉芬商品）的价格下降，根据效用最大化原则，消费者会（　　）这种商品的购买。

A. 增加　　B. 减少

C. 不改变　　D. 增加或减少

19. 假定 X、Y 的价格 P_x、P_y 已定，当 $MRS_{xy} > P_x/P_y$ 时，消费者为达到最大满足，他将（　　）。

A. 增购 X，减少 Y　　B. 减少 X，增购 Y

C. 同时增购 X、Y　　D. 同时减少 X、Y

20. MRS_{xy}递增，MU_x 和 MU_y 必定（　　）。

A. 递增　　B. 递减

C. MU_x 递减，而 MU_y 递增　　D. MU_x 递增，MU_y 递减

21. 若消费者甲的 MU_y/MU_x 小于消费者乙的 MU_y/MU_x，甲可以（　　）来增加效用。

A. 用 X 从乙处换得更多的 Y

B. 用 Y 从乙处换得更多的 X

C. 用 X 从乙处换得更多的 Y 或者用 Y 从乙处换得更多的 X

D. 不确定

22. 某低档商品的价格下降，在其他情况不变时（　　）。

A. 替代效应和收入效应相互加强导致该商品需求量增加

B. 替代效应和收入效应相互加强导致该商品需求量减少

C. 替代效应倾向于增加该商品的需求量，而收入效应倾向于减少其需求量

D. 替代效应倾向于减少该商品的需求量，而收入效应倾向于增加其需求量

23. 消费者预算线发生平移时，连结消费者诸均衡点的曲线称为（　　）。

A. 需求曲线　　B. 价格—消费曲线

C. 收入—消费曲线　　D. 恩格尔曲线

24. 消费品价格变化时，连结消费者诸均衡点的线称为（　　）。

A. 收入—消费曲线　　B. 需求曲线

C. 价格—消费曲线　　D. 恩格尔曲线

25. 恩格尔曲线从（　　）导出。

A. 价格—消费曲线　　B. 收入—消费曲线

C. 需求曲线　　D. 预算线

26. 某消费者需求曲线上的各点（　　）。

A. 表示该消费者的效用最高点

B. 不表示效用最高点

C. 有可能表示效用最高点

D. 既可以表示效用最高点，也可以不表示效用最高点

27. 需求曲线斜率为正的充要条件是（　　）。

A. 低档商品　　B. 替代效应超过收入效应

C. 收入效应超过替代效应　　D. 低档商品且收入效应超过替代效应

28. 某个消费者的无差异曲线群包含（　　）。

A. 少数几条无差异曲线　　B. 许多但数量有限的无差异曲线

C. 无数的无差异曲线　　D. 无数条彼此相交的无差异曲线

29. 无差异曲线的位置和形状取决于（　　）。

A. 消费者的偏好　　B. 消费者的偏好和收入

C. 消费者的偏好、收入以及商品的价格　　D. 商品的价格

30. 预算线的位置和斜率取决于（　　）。

A. 消费者的收入　　B. 消费者的收入和商品的价格

C. 消费者的偏好、收入和商品的价格　　D. 商品的价格

31. 预算线向右上方平行移动的原因是（　　）。

A. 商品 X 的价格下降

B. 商品 Y 的价格下降

C. 商品 X 和 Y 的价格按同样的比率下降

D. 商品 X 价格上升，商品 Y 的价格下降

32. 预算线绕着它与横轴的交点向外移动的原因是（　　）。

A. 商品 X 的价格下降　　B. 商品 Y 的价格下降

C. 消费者的收入增加　　D. 商品 X 价格上升

33. 表明随着消费者收入增加其购买量也增加的恩格尔曲线是（　　）。

A. 正常品的恩格尔曲线　　B. 劣等品的恩格尔曲线

C. 吉芬品的恩格尔曲线　　D. 替代品的恩格尔曲线

34. 一个消费者宣称，他早饭每吃一根油条要喝一杯豆浆，如果给他的油条数多于豆浆杯数，他将把多余的油条扔掉，如果给他的豆浆杯数多于油条数，他将同样处理。那么，（　　）。

A. 他关于这两种食品无差异曲线是一条直线

B. 他的偏好破坏了传递性的假定

C. 他的无差异曲线是直角的

D. 他的无差异曲线破坏了传递性的假定，因为它们相交了

35. 无差异曲线上任一点斜率的绝对值代表了（　　）。

A. 消费者为了提高效用而获得另一些商品时愿意放弃的某一种商品的数量

B. 消费者花在各种商品上的货币总值

C. 两种商品的价格比率

D. 在确保消费者效用不变的情况下，一种商品和另一种商品的交换比率

36. 消费者剩余的概念反映这样的事实：（　　）。

A. 在某些购买量下，消费者从购买中所获利益超过生产者从销售中所得到的利益

B. 对消费者来讲，许多商品的购买非常便宜，如果必要的话，为得到这些商品，他们愿意支付的价格远远大于他们实际支付的价格

C. 当消费者收入增加或者他们必须支付的该商品价格下降时，总效用增加

D. 当需求价格弹性缺乏时，较少的货币支出可使消费者获得更多的商品

37. 当效用达到极大值时，边际效用（　　）。

A. 达到最小　　B. 达到最大

C. 为零　　D. 为正

38. 你为某物付多少钱和你愿意为之付多少钱支付意愿之间的差额叫（　　）。

A. 总效用　　B. 边际效用

C. 消费者需求　　D. 消费者剩余

39. 下列哪种情况不属消费者均衡的条件（　　）。

A. $\frac{MU_x}{P_x}=\frac{MU_y}{P_y}=\frac{MU_z}{P_z}=\cdots=\lambda$　　B. 货币在每种用途上的边际效相等

C. $MU=\lambda P$　　D. 各种商品的边际效用相等

40. 假定消费者的偏好序如下：A 组合比 B 组合好，B 组合比 C 组合好，A、C 组合一样好，则这个消费者的偏好序（　　）。

A. 违反了完备性定理　　B. 违反了反身性定理

C. 违反了传递性定理　　D. 没有违反任何定理

41. 若小王的 MRS_{xy} 小于小张的 MRS_{xy}，对小王来说，要想有所得，就可以（　）。

A. 放弃 X，用以与小张交换 Y　　B. 放弃 Y，从小张处换取 X

C. 或者放弃 X，或者放弃 Y　　D. 保持现状即可

42. 对一个消费者来说古典音乐的磁带对流行音乐的磁带的边际替代率是 1/3，如果（　）。

A. 古典音乐磁带的价格是流行音乐磁带价格的 3 倍，他可以获得最大的效用

B. 古典音乐磁带的价格与流行音乐磁带的价格相等，他可以获得最大的效用

C. 古典音乐磁带的价格是流行音乐磁带的价格的 1/3，他可以获得最大的效用

D. 他用 3 盘流行音乐的磁带交换 1 盘古典音乐的磁带，他可以获得最大效用

43. 生活必需品的需求量和收入的关系可用（　）。

A. 一条陡峭地向右上方倾斜的曲线表示

B. 一条缓慢向右上方倾斜的曲线表示

C. 一条向左上方倾斜的曲线表示

D. 一条向右上方平行移动的曲线表示

（三）简答题

1. 根据基数效用论的消费者均衡条件，若 $MU_1/P_1 \neq MU_2/P_2$，消费者应如何调整两种商品的购买量？为什么？

2. 什么叫消费者剩余？请举例说明。

3. 什么是边际效用递减规律？

4. 简述基数效用下消费者均衡的原则

5. 消费者偏好的三个基本假定是什么？

6. 假设某君花费一定收入消费两种商品 X 与 Y，又知当 X 的价格下跌时，某君对 X 消费的替代效应之绝对值大于收入效应之绝对值。请指出下列命题中正确的命题和不正确的命题。并说明理由。

（1）X 是正常商品。

（2）X 是劣质商品。

（3）X 不是吉芬商品。

（4）Y 是正常商品。

（5）Y 是劣质商品。

7. 什么叫边际替代率及其递减规律？

8. 钻石用处极小而价格昂贵，生命必不可少的水却非常便宜。请用边际效用的概念加以解释。

9. 序数效用理论下消费者均衡的条件是什么？

10. 说明恩格尔定律及恩格尔系数？

11. 某消费者原来每月煤气开支为 50 元，煤气的某些用途如取暖等可用电替代。现在煤气价格上涨 100%，其他商品价格不变，政府给予消费者 50 元作价格补贴，试问该消费

者处境改善了还是恶化了？为什么？

12. 免费发给消费者一定量实物（如食物）与发给消费者按市场价格计算的这些实物折算的现金，哪种方法给消费者带来效用的更高？为什么？试用无差异曲线来说明。

13. 假定货币的边际效用也递减，将高工资者的收入转移给低工资者，能否增加全社会的总效用？

（四）计算题

1. 若某人效用函数为 $U=4X+Y^2$，原先他消费 4 单位 X 和 4 单位 Y，现在 Y 的数量降到 3 单位，问他需要消费多少 X 才能达到与原效用相同的水平？

2. 若需求函数为 $Q_d=30-2P$，求：

（1）当商品价格为 10 元时，消费者剩余是多少？

（2）其价格由 10 元下降到 5 元时，消费者剩余如何变化？

（3）若市场供给函数为 $Q_s=-10+3P$，消费者剩余又如何变化？

3. 把 40 元的收入用于购买两种商品 A 和 B。A 每单位需要 10 元，B 每单位需要 5 元。

（1）写出预算方程。

（2）若把收入全部用于购买 A，能买多少单位 A？

（3）若把收入全部用于购买 B，能买多少单位 B？并绘出预算线。

（4）假设商品 A 的价格降到 5 元，而其他商品的价格不变，写出预算方程并绘出预算线。

（5）又假设收入降到 30 元，两种商品价格都是 5，写出预算线方程并绘出预算线。

4. 一消费者消费 100 单位的 X 和 50 单位的 Y，若 P_x 从 2 元上升到 3 元，P_y 仍然不变，为使消费者情况不变，他的收入需要增加多少？

5. 已知某消费者每年用于商品 X_1 和商品 X_2 的收入为 540 元，两商品的价格分别为 $P_1=20$ 元和 $P_2=30$ 元，该消费者的效用函数为 $U=3X_1X_2^2$，该消费者每年购买这两种商品的数量应各是多少？每年从中获得的总效用是多少？

6. 若甲的效用函数为 $U=XY$，试问：

（1）$X=40$，$Y=5$ 时，他得到的效用是多少？过点（40，5）的无差异曲线是什么？

（2）若甲给乙 25 单位 X 的话，乙愿给此人 15 单位 Y。进行这个交换，此人所得到的满足会比（40，5）的组合高吗？

（3）乙用 15 单位 Y 同此人换取 X，为使此人的满足与（40，5）组合相同，他最多只能得到多少单位 X？

7. 假定某消费者的效用函数为 $U=XY^4$，他会将收入的多少用于商品 Y 上？

二、同步练习题精解

（一）辨析题

1. 错。是因为消费者效用不同。

2. 错。边际效用决定产品价格，总效用决定数量。

3. 对。

4. 错。边际效用除以价格相等。
5. 对。
6. 对。
7. 错。消费者生活改善了。
8. 错。只要边际效用大于零，总效用就增加。
9. 错。是同一消费者消费数量组合不同，但是满足程度相同。
10. 错。不一定。
11. 错。乙对该消费者效用更大。
12. 错。对每个消费者效用都不同。
13. 错。边际效用为零。
14. 错。边际效用是固定值。
15. 错。同样递减。
16. 错。可以达到。
17. 错。效用不相同。
18. 对。
19. 错。应该是哪种商品效用大选择哪种。
20. 对。
21. 错。收入—消费曲线。
22. 对。

（二）单项选择题

1 A	2 B	3 B	4 C	5 D	6 C	7 A	8 B	9 B	10 B
11 A	12 B	13 B	14 B	15 A	16 B	17 A	18 A	19 A	20 D
21 B	22 C	23 C	24 C	25 B	26 A	27 D	28 C	29 A	30 B
31 C	32 B	33 A	34 C	35 D	36 B	37 C	38 D	39 D	40 C
41 A	42 C	43 A							

（三）简答题

1. 答：若 $(MU_1/P_1) \neq (MU_2/P_2)$，消费者没实现均衡，须重新调整其购买组合，原则是增加单位货币边际效用较大的商品购买和消费，同减少单位货币边际效用较小的商品购买，例如 $(MU_1/P_1) > (MU_2/P_2)$，则理性消费者应增加商品 1 的购买，同时减少商品 2 的购买量，原因是，一方面，增加一元钱商品 1 的购买使总效用增加量大于减少一元钱商品 2 的购买使总效用的减少量，保证消费者在总支出不变的条件下总效用是增加的，另一方面，在边际效用递减规律的作用下，商品 1 的边际效用会随其购买量增加而递减，商品 2 的边际效用会随其购买量减少而递增，这样 MU_1/P_1 和 MU_2/P_2 最终会相等，即最后 1 元货币购买两种商品的边际效用相等时，总效用最大，消费者实现均衡。当（MU_1/P_1）<（MU_2/P_2）时，则反之。

2. 答：消费者剩余是指消费者愿意支付的价格与实际支付的价格之间的差额。例如，消费者想花 100 元买了一件衬衣，但实际衬衣的市场价格为 60 元，则其消费者剩余为 40 元。

3. 答：在一定时间内，某商品的边际效用随着其数量的增加而不断减少的现象，被称为边际效用递减规律。边际效用是决定商品价值的主观标准。商品价值由边际效用决定，由于边际效用递减，消费数量少，边际效用就高，价值或需求价格也就高；反之，则相反。

4. 答：消费者花费每一单位货币，比如说每 1 元货币所购买的各种商品的边际效用都相等，即为消费者均衡的原则，其公式为：

$$\frac{MU_1}{P_1}=\frac{MU_2}{P_2}=\cdots=\frac{MU_n}{P_n}=\lambda$$

假设消费者只消费两种商品 X、Y，这样，根据消费者均衡的原则，消费者就应该在

$$\frac{MU_x}{P_x}=\frac{MU_y}{P_y}$$

时达到效用最大的状态。

5. 答：

（1）完备性。有 A、B 两种商品时，消费者对于他们的偏好程度肯定会有明确的判断，要么前者大于后者，要么后者大于前者，或者二者相等。

（2）传递性。假定消费者在 ABC 三种商品中存在这样一个偏爱程度，即对 A 的偏爱大于 B，对 B 的偏爱又大于 C，那么这种偏好可以传递，就得出了消费者对于 A 的偏爱大于 C。

（3）非饱和性。一般说，对于同种但不同数量的商品组合来讲，人们总是倾向于偏好数量多的那一组。但前提是消费者对于该商品的需求没有饱和，而且该商品对于消费者来讲是好东西，而不是坏东西。

6. 答：（1）“X 是正常商品”，不正确，因为正常商品价格下降时，替代效应可大于、等于或小于收入效应。

（2）“X 是劣质商品”，正确，因为非吉芬商品的劣质商品的价格下降时，替代效应大于收入效应。

（3）“X 不是吉芬商品”，不正确，因为 X 不是吉芬商品，可能是正常商品，也可能是劣质商品。如果是正常商品，其价格下降时，替代效应可能会等于或小于收入效应。

（4）“Y 是正常商品”，不正确。因为 X 价格下降时，对 X 消费量的替代效应之绝对值是否大于收入效应之绝对值与 Y 商品是否是正常商品无关。

（5）“Y 是劣质商品”，不正确。因为 X 价格下降时，对 X 消费量的替代效应之绝对值是否大于收入效应之绝对值与 Y 商品是否是劣质商品无关。

7. 答：它是指消费者为了维持原有的满足程度不变，增加一单位商品的消费量而必须放弃的另一种商品的消费量。

由于无差异曲线上任一点的 MRS 等于该点切线斜率的绝对值，这个斜率的绝对值在递

减，这意味着消费者为增加一个单位 X 的消费，而必须放弃的另一种商品 Y 的数量越来越少，这被称为边际替代率递减规律。

8. 答：钻石于人的用处确实远不如水，所以人们从水的消费中所得的总效用远远大于人们从钻石的使用中所得的总效用。但是，商品的需求价格不是由总效用而是由商品的边际效用的大小来决定，即由 $P=(MU/\lambda)$ 决定。虽然人们从水的消费中所得的总效用很大，但是，由于世界上水的数量很大，因此，水的边际效用很小，人们只愿付非常低的价格。相反，钻石的用途虽远不及水大，但世界上钻石数量极少，因此，其边际效用很高，价格昂贵。

9. 答：消费者在既定的预算线与尽可能高的无差异曲线相切的点达到均衡。这一点所代表的商品组合是既定收入条件下能给消费者带来最高效用水平的商品组合。

那么，预算线正好是无差异曲线的切线，此时，预算线的斜率就应该等于无差异曲线在该点的斜率。所以从数值上来讲，边际替代率 MRS_{xy} 就应该等于两种商品的价格之比。在此时达到消费者均衡。即：

$$MRS_{xy}=\frac{P_x}{P_y}$$

另外，由于前面已经知道 $MRS_{xy}=\dfrac{MU_x}{MU_y}$

因此，这里的均衡条件又可以表示为：$MRS_{xy}=\dfrac{MU_x}{MU_y}=\dfrac{P_x}{P_y}$

这个条件正好和前面基数效用论中所分析出来的消费者均衡是一样的。也就说明了基数效用论和序数效用论虽然运用的方法不同，但是它们对于消费者行为的分析是没有本质差别的。

10. 答：无论个人、家庭，还是整个国家，随着收入的增加，收入中用于食物支出的比重将趋于下降。这就是著名的恩格尔定律。

恩格尔系数的公式为：恩格尔系数 = 用于食物的支出/总收入（总支出）。

因为食品的需求收入弹性非常低，因此，一个国家或家庭在食品支出上的比重就标志着其富裕程度，恩格尔系数越低。

11. 答：该消费者处境改善了，因为该消费者得到 50 元补贴后，可以多消费电来替代消费煤气，由于电价未变，他完全可以用多消费电来改善自己的处境，如果煤气价格上涨 100%，价也上涨 100%，他处境就不会改善，如图所示。

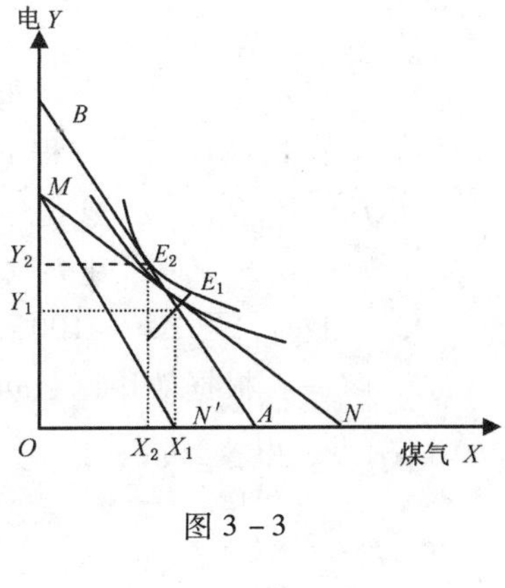

图 3－3

在图 3－3 中，MN 代表原来的预算线，MN' 代表煤气涨价 100% Q 但未给补贴的预算线，AB 代表给了 50 元补贴后的预算线，由于煤气涨价 100% Q，从而该消费者仍要消费 x_1 的煤气，必须支出 100 元，而现在给 50 元补贴，正好是 100 元，因而仍可以消费 x_1 的煤气。因而 AB 必和 MN 相交于 E_1 点，又由于电价未变，因而 AB 必和 MN' 平行，在 AB 预算线上，消费者找到了新的均衡点

E_2，在 E_2 点上，消费者得到的效用为 U_2，大于在原来均衡点 E_1 得到的效用 U_1，从图 3-3 中可见，该消费者用多消费电来代替煤气的消费。

12. 答：发给消费者现金的方法可以给消费者带来更高的效用。因为，给现金后消费者可以根据自己的偏好选择自己需要的商品，而给实物则可能不是消费者所需要的，因此就可能难以实现消费者的效用最大。图略。

13. 答：能够增加全社会的总效用。因为同样的收入在高工资者手中的边际效用较低，而到了低工资者手中边际效用则变高，所以，会使整个社会的效用增加。

（四）计算题

1. **解**：根据 $U=4X+Y^2$，将 4 单位 X 和 4 单位 Y 代入，可以求出总效用为 32，当 Y 将为 3 单位时，在总效用不变的情况下，代入则可以得出 X 的消费量为 5.75。

2. **解**：

（1）价格等于 10 时，需求曲线上高于 10 的部分都是消费者剩余，即为价格 10 以上的三角形面积，通过计算面积，可得消费者剩余为 25。

（2）价格降为 5 时，需求曲线上高于 5 的部分是新的消费者剩余，消费者剩余增加，即用价格 5 以上的三角形面积减去第一问的三角形面积，可得消费者剩余增加了 75。

（3）根据供求相等，可以得出均衡价格为 8，均衡数量为 14，重新计算消费者剩余为 49，因此，消费者剩余增加了 24。

3. **解**：

（1）根据预算线方程 $I=P_xQ_x+P_yQ_y$，将 A 和 B 的价格以及收入的数值代入，即可得出预算方程为：$Q_B=8-2Q_A$。

（2）将收入全部用于购买 A，则用收入除以 A 的价格可得 A 的数量为 4。

（3）将收入全部用于购买 B，则用收入除以 B 的价格可得 B 的数量为 8。

（4）将变化后的 A 的价格重新代入预算方程，其他值不变，则可得出新的预算方程为：$Q_B = 8 - Q_A$。

（5）将变化后的各个量重新代入预算方程，则得出新预算方程为：$Q_B = 6 - Q_A$。

4. **解**：根据预算线方程 $I = P_xQ_x + P_yQ_y$，将各个量代入，可得出两个方程：

① $I = P_{x1}Q_{x1} + P_{y1}Q_{y1}$。

② $I + \Delta I = P_{x2}Q_{x1} + P_{y1}Q_{y1}$。

② - ①即得出 $\Delta I = 100$。

5. 解一：根据效用函数可以求出两种商品的边际效用即为：

$$MU_1 = \frac{\partial U}{\partial X_1} = 3X_2^2,$$

$$MU_2 = \frac{\partial U}{\partial X_2} = 6X_1X_2。$$

同时，$I = P_{x1}Q_{x1} + P_{x2}Q_{x2}$。

三个方程联立，将相关已知带入，即可以得 $x_1 = 9, x_2 = 12$，最后代入效用函数可得总效用为 3888。

解二：根据预算线方程可以得出 x_1 和 x_2 的关系，即 $x_1 = 27 - 1.5x_2$，将其代入效用函数可以得出 $U = 81x_2^2 - 4.5x_2^3$，则求最大效用，即为求该效用函数的最大值，令其导数为零，可以得出 $x_2 = 12$，再代入关系式可得出 $x_1 = 9$，最后代入效用函数可得总效用为3888。

6. **解：**

（1）将数值代入可以得出 $U=200$，则过（40，5）的无差异曲线为 $XY=200$。

（2）交换后，组合为（15，20），总效用为300大于原来的200，因此此人的满足程度提高。

（3）组合变为（X，20），效用仍为200，则 $200=20X$，求出 $X=10$。

7. **解：**由效用函数得出：

$$MU_x = \frac{\partial U}{\partial X} = y^4, MU_y = \frac{\partial U}{\partial Y} = 4xy^3。$$

最佳购买条件为 $MU_x/P_x = MU_y/P_y$。

代入两个边际效用表达式，可以得出 $P_x \cdot X = 1/4\ P_y \cdot Y$。

代入预算线方程，整理后即可以得出 $P_y \cdot Y = 4/5I$，即收入中的4/5用于购买商品 Y。

相关考研题解析

一、用序数效用理论说明消费者均衡。（南开大学2005年考研题）

详解：

（1）序数效用论是指用人们对某种商品主观评价的先后顺序或优劣来表示与分析效用的理论。序数效用论认为效用是用来表示个人偏好的，但个人偏好是心理活动，因此效用在理论上、概念上和实际上是不可计量的，只能根据消费者的偏好程度将它们排列为第一、第二、第三等顺序，而不能用基数1、2等来表示它们量的大小。

（2）序数效用论在分析消费者行为时，将无差异曲线作为分析工具。此外，序数效用论又提出预算线，预算线表明在收入与商品价格既定的条件下，消费者可能购买到的各种商品的全部数量组合。

（3）将无差异曲线与预算线相结合，就可以说明消费者的均衡：只有既定的预算线与无差异曲线族中某条无差异曲线相切的点，才是消费者获得最大效用水平或满足程度的均衡点。消费者的均衡条件是 $MRS_{12} = P_1/P_2$，这个式子表示两种商品的边际替代率等于商品的价格之比，也就是说，消费者愿意用1单位的某种商品去交换另一种商品的数量。

二、消费者行为理论的三个假设公理是什么？（武汉大学2003年考研题）

详解：

根据消费者偏好某一个商品组合，而不喜欢另一种商品组合，以及消费者对所消费商品组合间关系的安排，西方经济学者提出了三个基本的假设。这些假设被称为消费者行为公理。

（1）完备性或顺序性。消费者总是有能力将多种商品的组合按照其偏好大小排列顺序并比较。在这一公理的假设下，消费者对任何两组物品 A 和 B 的偏好程度肯定会有明确的判断，要么前者大于后者，要么后者大于前者，或者二者相等。

（2）传递性。假定消费者在 ABC 三种商品中存在这样一个偏爱程度，即对 A 的偏爱大于 B，对 B 的偏爱又大于 C，那么这种偏好可以传递，就得出了消费者对于 A 的偏爱大于 C。

（3）非饱和性。一般地说，对于同种但不同数量的商品组合来讲，人们总是倾向于偏好数量多的那一组。但前提是消费者对于该商品的需求没有饱和，而且该商品对于消费者来讲是好东西，而不是坏东西。

以上三个公理性假设构成了现代消费者行为理论的基础。它们并没有阐明消费者偏好本身，但它们的确使得这些偏好具有某种程度的合理性。

三、当经济学家观察到一种产品的价格上升而需求增加时，他们会给出什么样的解释？（北京大学 2000 年考研题）

详解：

（1）这可能是一种吉芬商品。

（2）因果关系可能颠倒，是需求的增加推动价格的上升，或者需求的统计有时滞后，而价格的变化观察比较直接迅速。

（3）消费者收入可能增加了，故买得起一些奢侈品，既抬高了价格，又拉动了需求。

四、吉芬商品与劣质商品有何异同？为什么劣质商品的需求价格弹性可能为正、为负、为零？（北京师范大学 2001 年考研题）

详解：

（1）吉芬商品是随着价格下降其需求量也下降，即需求量与价格同方向变化的商品；劣质商品是需求量随收入变化而呈反方向变化，收入增加其需求量反而减少的商品。

（2）相同点。吉芬商品是一种特殊的劣质商品。二者的替代效应与价格呈反方向的变化，收入效应与价格呈同方向变化。当 X 商品价格下降时，从替代效应看，对 X 的需求量会增加，因为消费者总会用多消费 X 来取代其他商品的消费。但从收入效应看，对 X 的需求量会减少，因为 X 的价格下降意味着购买 X 的消费者的实际收入增加，而收入增加时，无论是劣质商品还是吉芬商品，其需求量都会下降。

（3）不同点。对劣质商品，在一般情况下，收入效应的作用小于替代效应的作用，从而总效应与价格呈反向变化，当劣质商品价格下降时，需求量的增加超过需求量的减少，因此，需求量总的说还是增加的，这样使得其需求曲线向右下方倾斜。而对吉芬商品，其收入效应的作用大于替代效应的作用，从而总效应与价格成同向变化，吉芬商品价格下降时，需求量的减少（收入效应）大于需求量的增加（替代效应），因此，需求量总的来说是减少的，这样使得吉芬商品的需求曲线向右上方倾斜。

（4）劣质商品的价格下降时，替代效应倾向于增加这种商品的需求量，而收入效应则倾向于减少这种商品的需求量，两种相反的力量同时发生作用。若替代效应大于收入效应，则需求量随价格下降而增加，此时需求价格弹性为负；若替代效应等于收入效应，则需求量不随价格的变化而变化，此时的需求价格弹性为零；若替代效应小于收入效应，随价格的下降商品需求量也减少，此时需求价格弹性为正，这样的劣质商品就是吉芬商品。

五、（计算题）如果效用函数为科布—道格拉斯型：$u(x,y)=x^{\alpha}y^{\beta}$，其中（$\alpha+\beta$）$=1$。要求：计算对于任意价格（$p_x,p_y$）与收入 Y，使效用最大化的 x，y 的消费量。（上海大学2004年考研题）

详解：消费者效用最大化可以转化为求解下列数学规划：

$$\max_{\{x,y\}} u(x,y)=x^{\alpha}y^{\beta},$$

$$s\cdot t\cdot p_x x+p_y y=Y。$$

上述问题可以转化为：

$$\max_{\{x,y\}} \ln u(x,y)=\alpha\ln x+\beta\ln y,$$

$$s\cdot t\cdot p_x x+p_y y=Y。$$

为求解上述最优规划问题，构造一个拉格朗日函数：

$$\varphi(x,y,\lambda)=\alpha\ln x+\beta\ln y-\lambda(p_x x+p_y y-Y)。$$

效用最大化的一阶条件为：

$$\frac{\partial\varphi}{\partial x}=\frac{\partial}{x}-\lambda p_x=0,$$

$$\frac{\partial\varphi}{\partial y}=\frac{\beta}{y}-\lambda p_y=0,$$

$$\frac{\partial\varphi}{\partial\lambda}=-(p_x x+p_y y-Y)=0。$$

求得均衡消费量分别为：

$$\lambda=\frac{1}{Y},\ x=\frac{\alpha Y}{p_x},\ y=\frac{\beta Y}{p_y}。$$

4 第四章 生产理论

内容导读

本章分析决定供给的生产者行为中的生产理论。在生产过程中，厂商追求的是利润，它们购买和投入生产要素从事生产经营活动的目的就是要实现利润最大化。要实现利润最大化，可从有形物质的实物角度考察投入的生产要素与产量之间的物质技术关系，这些构成了生产理论。生产理论主要分析生产者行为的技术约束关系——生产函数，本章分别从短期和长期两个层面展开相关分析。

本章要点梳理

一、生产函数

生产函数表示在一定技术水平下用于生产一种物品的投入量与该物品产量之间的关系。记为：$Q = f(L,K,N,E)$。

为了分析方便，一般假定投入要素只有两种，即劳动和资本。短期内，一般假定只有一种投入要素可变，如劳动，则生产函数变为：$Q = f(L)$，这被称为短期生产函数。长期内，劳动和资本的投入量都可变，从而生产函数变为：$Q = f(L,K)$，这被称为长期生产函数。这里的短期与长期并没有一个特定的时间标准，要视具体情况而定。

二、总产量、平均产量和边际产量

总产量（Total Product，简称 TP）：以一定量的投入所能生产的产品总量，总产量曲线通常为 S 形。

平均产量（Average Product，简称 AP）：每单位的要素投入平均生产的产量，等于总产量除以要素的投入。劳动的平均产量 $AP = TP/L$。

边际产量（Marginal Product，简称 MP）：增加的一单位投入所引起的产量增加。劳动的边际产量 $MP = \Delta TP/\Delta L$。

三、生产三阶段

第一阶段：平均产量递增（$MP > AP$）属于生产初期。

第二阶段：平均产量递减（$MP < AP$ 且 $MP > 0$）属于生产中期。

第三阶段：边际产量小于零（$MP < AP$ 且 $MP < 0$）属于生产后期。

结论：厂商尽量使生产避免进入第三阶段，一般选择第二阶段作为生产的最佳时期，增加可变要素投入以增加生产是有利可图的（见图 4－1）。

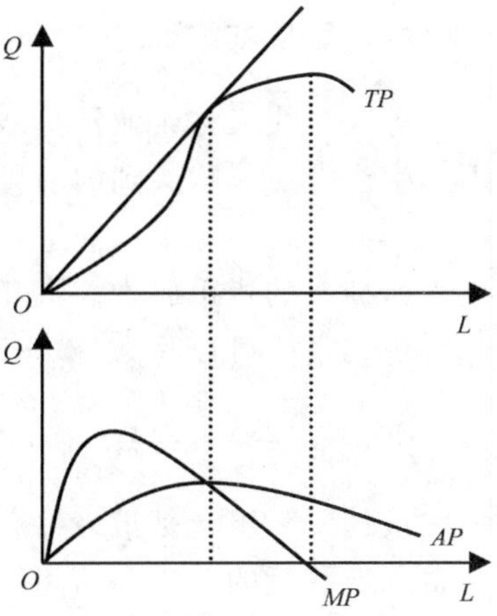

图 4－1 生产三阶段

生产三阶段理论说明，在企业里，劳动力和资本之间应当始终保持合理的比例，资本相对过多（第一阶段）或劳动力相对过多（第三阶段），都会导致经济效益的下降。

四、边际生产力递减规律

其内容为，在其他投入不变的情况下，一种要素的投入量增加到一定水平后，增加的单位投入所带来的总产出的增量递减（边际产量递减）。这是一条经验规律。这一规律在农业中表现得最为典型。例如，如果在固定的土地面积上增施化肥，开始时，每增加 1 公斤化肥所能增加的农作物产量是递增的，但当所施的化肥超过一定量时，每增加 1 公斤化肥所能增加的农作物的产量就会递减。此时，如继续增加化肥，就有可能不仅不增加农作物的产量，反而会导致农作物产量的减少。

这一规律必须满足一定的条件才能发挥作用，其适用条件为：技术不变；投入超过某一点；其他要素的投入量不变，不适用所有投入按相同比例增加时的情况；当然，改变这种投入比例也应该是可能的，即生产函数的技术系数必须是可变的。

五、等产量线与边际技术替代率

等产量线是表示在生产技术不变时生产同一产量的某种产品的不同投入组合的曲线。其特点为：第一，离原点越远的等产量线代表的产量水平越高；第二，任意两条等产量线不能相交；第三，具有负斜率；第四，曲线凸向原点。

边际技术替代率是等产量线上各点切线的斜率值，指的是为保持产量不变，增加 1 单位某种要素投入的使用而必须放弃的另一种投入要素的数量。其表达式为：

$MRTS_{LK} = \dfrac{\Delta K}{\Delta L}$ 或者 $MRTS_{KL} = \dfrac{\Delta L}{\Delta K}$。

由于边际生产力递减规律作用的结果，使得边际技术替代率也存在递减规律，即在产量或其他条件不变的情况下，如果不断增加一种要素以替代另一种生产要素，那么，一单位该生产要素所能替代的另一种生产要素的数量将不断减少。

六、等成本线

等成本线又称企业预算线，它是一条表明在生产者的成本与生产要素价格既定的条件下，生产者所能购买到的两种生产要素数量的最大组合的线。

等成本线表明了厂商进行生产的限制条件，即它所购买的生产要素所花的钱不能大于或小于所拥有的货币成本。大于货币成本是无法实现的，小于货币成本又无法实现产量最大化。等成本线可以写为：$C = P_l \cdot L + P_K \cdot K$。

七、最佳要素组合

最佳要素组合是指为生产一定量产品所需的各种要素组合中总成本最低的组合，或是使花费既定数量的总成本所生产的产量为最大的组合。等产量线与等成本线相切的切点就是投入最优组合点。此时，即投入最优组合的条件。也就是在成本既定前提下，使得所购买的各种生产要素的边际产量与价格之比都相等。

所有等产量线和等成本线的切点都代表一定产量和成本的最佳要素组合，这些切点都是均衡点，连接各均衡点的曲线被称为生产扩展线（见图4－2）。

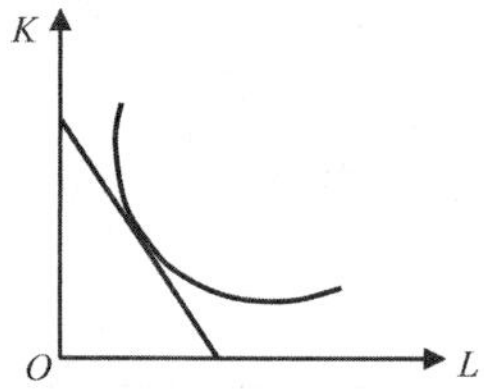

图4－2　最佳要素

八、规模收益

两种（或多种）生产要素按原来的技术系数增加，也就是生产规模的扩大。企业在规模扩张过程中，会产生规模收益问题。所谓规模收益也称规模报酬，是指在技术水平和要素价格不变的条件下，当所有要素都按同一比例变动时产量（即收益）变动的状态。

规模收益分为三种情形：产量增加的比例大于生产要素增加的比例时，称为规模收益递增；产量增加的比例小于生产要素增加的比例时，称为规模收益递减；产量增加的比例等于生产要素增加的比例时，称为规模收益不变。

一个企业在发展过程中会经历规模收益递增、不变和递减三个阶段。企业规模较小时，扩大生产规模表现为规模收益递增。此时，一定的要素投入会产生多倍的产出。这样，就会降低企业产品的平均成本，这种情况被称为规模经济。随着企业规模的持续扩大，当企业大规模生产的优越性已经充分发挥出来后，就会出现规模收益不变的情况。此阶段，再增加更多的要素投入也不能使产出成倍地增加了，规模收益难以提高，停留在一个点。如果此时企业还要继续扩大规模，那么就会出现规模收益递减的情况，导致企业生产效率降低，产品的平均成本提高，从而产生规模不经济的效应。

本章知识脉络图

- 生产理论
  - 生产函数
    - 短期生产函数（一种投入可变）
      - 边际生产力递减规律
      - 生产三阶段理论
      - 一种生产要素的合理投入
    - 长期生产函数（两种投入可变）
      - 等产量线与边际技术替代率
      - 等成本线：$C=P_l \cdot L+P_K \cdot K$
      - （以上两项）→ 最佳要素组合（$MP_L/P_L=MP_K/P_K$）
  - 规模收益
    - 规模收益递增→ $F(\lambda L,\lambda K)=\lambda^n Q, n>1$
    - 规模收益不变→ $F(\lambda L,\lambda K)=\lambda^n Q, n=1$
    - 规模收益递减→ $F(\lambda L,\lambda K)=\lambda^n Q, n<1$

本章名词详解

◆ **生产函数**：生产函数是指在既定的生产条件下，各种可行的生产要素组合和可能达到的最大产量之间的技术联系。

◆ **边际报酬递减规律**：边际报酬递减规律是在其他投入不变的情况下，一种要素的投入量增加到一定水平后，增加的单位投入所带来的总产出的增量递减。

◆ **边际产量**：边际产量是指增加一个单位的要素投入所带来的总产量的增量或者是使用最后一个单位要素投入所带来的产量增量。

◆ **边际技术替代率**：边际技术替代率是指生产者为了维持相同的产量水平，减少一种生产要素的数量与增加的另一种生产要素的数量之比。

◆ **等产量线**：等产量线是表示两种生产要素的不同数量的组合可以带来相等产量的一条曲线，或者说是表示某一固定数量的产品可以用所需要的两种生产要素的不同数量的组合生产出来的一条曲线。

◆ **等成本线：** 等成本曲线是指一定数量的总成本所能购买的两种生产要素最大组合点的轨迹。

◆ **最佳要素组合：** 最佳要素组合是指为生产一定量产品所需的各种要素组合中，总成本最低的那种组合或是使花费既定数量的总成本所生产的产量为最大的那种组合。

◆ **生产扩张线：** 生产扩张线表明了厂商的生产扩张过程，即厂商在不同规模下所能采用的最佳投入组合轨迹。

◆ **规模报酬：** 规模报酬是指在技术水平和要素价格不变的条件下，当所有要素都按同一比例变动时产量（即收益）变动的状态。

◆ **规模经济：** 规模经济是指在技术水平不变的情况下，当两种生产要素按同样的比例增加，即生产规模扩大时，最初这种生产规模扩大会使产量的增加大于生产规模的扩大，从而降低企业产品的平均成本的情形。

同步练习与精解

一、同步练习题

（一）辨析题

1. 等产量线是指在一定技术水平下，为生产一定数量的产品所使用两种生产要素的不同组合方式的坐标点的轨迹。

2. 边际产量达到最大时，平均产量也达到最大。

3. 边际产量为零时，总产量达到最大值。

4. 边际产量与平均产量不可能相等。

5. 理性的生产者将在生产过程的第二阶段进行生产。

6. 生产理论中的长期和短期是针对生产要素是全部可调整还是部分可调整而言的。

7. 既定成本条件下，厂商实现最优要素组合的条件是使得最后一单位的货币成本用于购买任何生产要素所得的边际产量都相等。

8. 等产量线与等成本线相交，说明要保持原有的产出水平不变，应当减少成本开支。

9. 为实现一定量产出的成本最低原则要使每一种投入的边际产量彼此相等。

10. 如果边际技术替代率是常数，说明投入的替代比例是不变的。

11. 在长期中，随着企业扩大其生产设备，它通常先经历规模不经济，然后规模收益不变，最后是规模经济。

（二）单项选择题

1. 生产的第二阶段始于（　　），止于（　　）。

A. $AP_L=0$，$MP_L=0$　　　　B. $AP_L=MP_L$，$MP_L=0$

C. $AP_L=MP_L$，$MP_L<0$　　　　D. $AP_L>0$，$MP_L=0$

2. 总产量曲线的斜率是（　　）。

A. 总产量

B. 平均产量

C. 边际产量

D. 以上都不是

3. 如果连续地增加某种生产要素，在总产量达到最大时，边际产量曲线（　　）。

A. 与纵轴相交

B. 经过原点

C. 与平均产量曲线相交

D. 与横轴相交

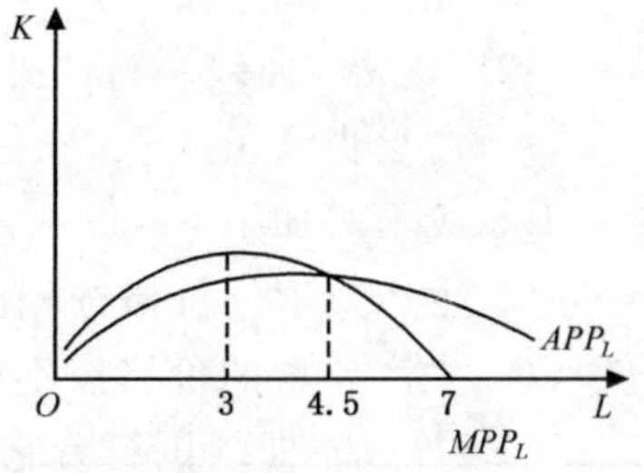

图 4-3

4. 如图 4-3 所示，厂商的理性决策应在（　　）。

A. $3<L<7$　　B. $4.5<L<7$

C. $3<L<4.5$　　D. $0<L<4.5$

5. 下列说法中错误的是（　　）。

A. 只要总产量减少，边际产量一定是负数

B. 只要边际产量减少，总产量一定也减少

C. 随着某种生产要素投入量的增加，边际产量和平均产量增加到一定程度将趋于下降，其中边际产量的下降一定先于平均产量

D. 边际产量曲线一定在平均产量曲线的最高点与之相交

6. 当 MP_L 为负时，我们是处于（　　）。

A. 对 L 的Ⅰ阶段　　B. 对 K 的Ⅲ阶段

C. 对 L 的Ⅱ阶段　　D. 上述都不是

7. 如果以横轴表示劳动，纵轴表示资本，则等成本曲线的斜率是（　　）。

A. P_L/P_K　　B. $-P_L/P_K$

C. P_K/P_L　　D. $-P_K/P_L$

8. 如果某厂商增加一单位劳动使用量能够减少三单位资本，而仍生产同样的产出量，则 $MRTS_{LK}$ 为（　　）。

A. 1/3　　B. 3

C. 1　　D. 6

9. 已知在等产量曲线的某一点上，以生产要素 X 替代 Y 的边际替代率是 2，这意味着（　　）。

A. $MP_y/MP_x=2$　　B. $MP_x/MP_y=2$

C. $AP_y/AP_x=2$　　D. $Q_y/Q_x=2$

E. $P_x/P_y=2$

10. 当生产函数 $Q=f(L,K)$ 的 APL 为正且递减时，MPL 可以是（　　）。

A. 递减且为正　　B. 递减且为负

C. 为零　　D. 以上均正确

11. 生产函数为 $Y=L+2K+5$，则有（　　）。

A. 规模报酬递增　　B. 规模报酬不变

C. 规模报酬递减　　D. 劳动的边际产量递减

12. 等成本曲线平行向外移动表明（　　）。

A. 产量提高了

B. 成本增加了

C. 生产要素的价格按相同比例提高了

D. 生产要素的价格按不同比例提高了

13. 等成本曲线围绕着它与纵轴的交点逆时针移动表明（　　）。

A. 生产要素 K 的价格上升了

B. 生产要素 L 的价格上升了

C. 生产要素 L 的价格下降了

D. 生产要素 K 的价格下降了

14. 在生产者均衡点上，（　　）。

A. $MRTS_{LK}=P_L/P_K$

B. $MP_L/P_L=MP_K/P_K$

C. 等产量曲线与等成本曲线相切

D. 上述都正确

15. 如果等成本曲线与等产量曲线没有交点，那么要生产等产量曲线所表示的产量，应该（　　）。

A. 增加投入　　B. 保持原投入不变

C. 减少投入　　D. 上述三者均不正确

16. 规模报酬递减是在下述（　　）情况下发生的。

A. 按比例连续增加各种生产要素

B. 不按比例连续增加各种生产要素

C. 连续地投入某种生产要素而保持其他生产要素不变

D. 上述都正确

17. 如果规模报酬不变，单位时间里增加了20%的劳动使用量，但保持资本量不变，则产出将（　　）。

A. 增加20%　　B. 减少20%

C. 增加大于20%　　D. 增加小于20%

18. 劳动和资本的投入量增加1倍，引起产量增加1倍这种情况是（　　）。

A. 规模收益不变　　B. 规模收益递增

C. 规模收益递减　　D. 规模负收益

19. 生产者行为理论要说明的问题是（　　）。

A. 追求最大利润的生产者必将以最低成本进行生产

B. 追求最大利润的生产者必将以最优生产要素组合进行生产

C. 追求最大利润的生产者必将以最大收益进行生产

D. 追求最大利润的生产者必将以最高价格进行生产

20. 下列说法中正确的是（　　）。

A. 生产要素的边际技术替代率递减是规模报酬递减造成的

B. 边际收益递减是规模报酬递减造成的

C. 规模报酬递减是边际收益递减规律造成的

D. 生产要素的边际技术替代率递减是边际收益递减规律造成的

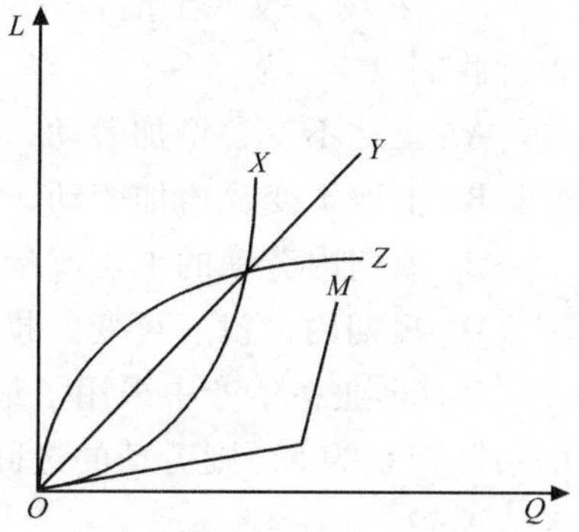

图 4－4

21. 在图 4－4 中，反映了边际收益递减规律作用的曲线是（　　）。

A. X　　B. Y

C. Z　　D. M

22. 对于图 4－5 所示的等产量曲线，下列说法中错误的是（　　）。

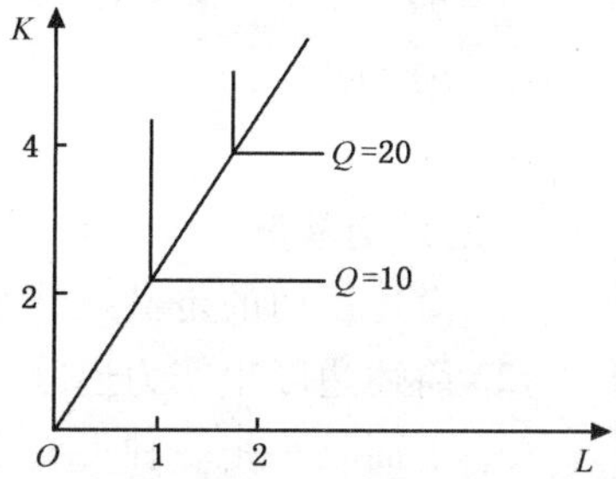

图 4－5

A. 规模报酬不变

B. 固定比例生产函数

C. L 与 K 之间完全可以替代

D. L 与 K 的边际替代率为零

23～27 题见图 4－6。

23. 若厂商总成本为 24 美元，由等成本曲线 AB 可知生产要素 X 和 Y 的价格分别为（　　）。

A. 4 美元和 3 美元

B. 3 美元和 4 美元

C. 8 美元和 6 美元

D. 6 美元和 8 美元

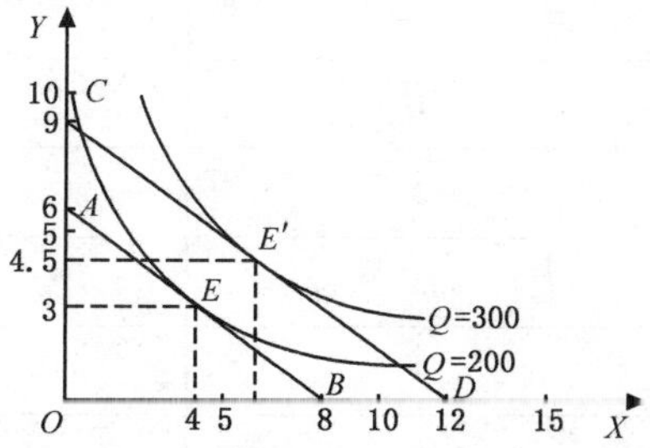

图 4－6

24. 生产 200 单位产量的最低成本是（　　）。

A. 24 美元　　B. 48 美元

C. 12 美元　　D. 36 美元

25. 生产 200 单位产量的最优生产要素组合是（　　）。

A. 3 单位 X 和 4 单位 Y

B. 4 单位 X 和 3 单位 Y

C. 8 单位 X 和 6 单位 Y

D. 6 单位 X 和 8 单位 Y

26. 等成本曲线从 AB 平行移至 CD，表明总成本从 24 美元增至（　　）。

A. 32 美元　　B. 36 美元

C. 48 美元　　D. 60 美元

27. 如果有效地使用 32 美元，则产量（　　）。

A. 小于 200 单位　　B. 大于 300 单位

C. 大于 200 单位小于 300 单位　　D. 300 单位

28. 农场主投入土地和劳动进行生产，他种植了 40 亩地的谷物，边际收益递减的规律告诉我们（　　）。

A. 土地不变，增加劳动，最终土地的边际产量将会下降

B. 土地不变，增加劳动，最终劳动的边际产量将会下降

C. 短期内劳动的平均产量保持不变

D. 短期内，没有可变的投入

29. 企业在生产中采用了最低成本的生产技术，劳动对资本的边际替代率为 0.4，资本的边际产量为 5，则劳动的边际产量为（　　）。

A. 2　　B. 1

C. 3　　D. 5

30. 若生产函数为 $Q=100L^{0.4}K^{0.6}$，则 L 对 K 的边际技术替代率为（　　）。

A. $2K/3L$　　B. $3K/2L$

C. $2L/3K$　　D. $3L/2K$

（三）简答题

1. 简述厂商的定义及其组织形式。

2. 简述边际生产力递减规律

3. 下面是一张一种可变生产要素的短期生产函数的产量表：

可变要素数量	可变要素的总产量	可变要素的平均产量	可变要素的边际产量
1		2	
2			10
3	24		
4		12	
5	60		
6			6
7	70		
8			0
9	63		

（1）在表中填空，用（　　）表示。

（2）该生产要素是否出现边际报酬递减？如果是，是从第几单位的可变要素投入量开始的？

4. 写出等产量线定义、特征并画图表示。

5. 简述边际技术替代率及其递减规律。

6. 简述什么是脊线和生产的经济区。

7. 什么叫规模收益?

8. 生产规模扩大导致收益的变动可分为哪些阶段?

9. 规模报酬的递增、不变和递减这三种情况与可变比例生产函数的报酬递增、不变和递减三种情况的区别何在?“规模报酬递增的厂商不可能也会面临要素报酬递减的现象”这个命题是否正确?为什么?

10. 简述规模收益递减的原因。

11. 说明下列说法是否正确:

(1) 假定生产某产品要用两种要素,如果这两种要素价格相等,则该生产者最好投入同等数量的这两种要素。

(2) 两种要素 A 和 B 的价格如果相等,则产出量一定时,最低成本支出的要素投入组合将决定于等产量曲线斜率为 -1 之点。

(3) 假定生产 X 产品使用 A、B 两要素,则 A 的价格下降必导致 B 的使用量增加。

(4) 在要素 A 和 B 当前的使用水平上,A 的边际产量是 3,B 的边际产量是 2,每单位要素 A 的价格是 5,B 的价格是 4,由于 B 是较便宜的要素,厂商如减少 A 的使用量而增加 B 的使用量,社会将以更低的成本生产出同样多产量。

(5) 扩大企业规模,可取得规模经济效益,因此,企业规模越大越好。

(四) 作图分析题

1. 作图说明 TP、AP、MP 之间的关系。

2. 作图说明一种投入使用量的合理区间。

3. 作图说明最优要素组合。

(五) 计算题

1. 已知某企业的生产函数 $Q=L^{2/3}K^{1/3}$,劳动的价格 $W=2$,资本的价格 $r=1$,求:

(1) 当成本 $C=3000$ 时,企业实现最大产量时的 L、K 和 Q 的值。

(2) 当产量 $Q=800$ 时,企业实现最少成本时的 L、K 和 C 的值。

2. 已知生产函数 $Q=-L^3+24L^2+240L$,求:在生产的三个阶段上,L 的投入量分别应为多少?

3. 已知某厂商的生产函数为 $Q=L^{3/8}K^{5/8}$,又设 $P_L=3$ 元,$P_K=5$ 元。

(1) 求产量 $Q=10$ 时的最低成本支出和使用的 L 与 K 的数量。

(2) 求产量 $Q=25$ 时的最低成本支出和使用的 L 与 K 的数量。

(3) 求总成本为 160 元时厂商均衡的 Q、L 与 K 的值。

4. 已知生产函数为 $Q=4LK^2$。

(1) 作出 $Q=100$ 时的等产量线。

(2) 推导出该生产函数的边际技术替代率函数。

(3) 求出该生产函数的劳动的平均产量和边际产量函数。

5. 已知生产函数为 $Q=2L^{0.6}K^{0.2}$，请问该生产函数的规模报酬情况？

6. 一厂商用资本（K）和劳动（L）生产 x 产品，在短期中资本是固定的，劳动是可变的。短期生产函数是：

$x=-L^3+24L^2+240L$,

x 是每周产量，L 是雇佣劳动量（人）。试计算该厂商在生产的第Ⅰ、Ⅱ和Ⅲ阶段上 L 的数值。

7. 已知：生产函数 $Q=20L+50K-6L^2-2K^2$，其中 $P_L=15$ 元，$P_K=30$ 元，$TC=660$ 元，试求最优的生产要素组合。

二、同步练习题精解

（一）辨析题

1. 对。
2. 错。边际产量达到最大，平均产量不是最大值。
3. 对。
4. 错。边际产量和平均产量相较于平均产量的最大值点。
5. 对。
6. 对。
7. 对。
8. 对。
9. 错。要使花在每一种投入上的一单位货币所带来的边际产量相等。
10. 对。
11. 错。通常先经历规模经济，然后规模收益不变，最后是规模不经济。

（二）单项选择题

1 B	2 C	3 D	4 B	5 B	6 D	7 B	8 B	9 B	10 D
11 C	12 B	13 C	14 D	15 A	16 A	17 D	18 A	19 B	20 D
21 A	22 C	23 B	24 A	25 B	26 B	27 C	28 B	29 A	30 A

（三）简答题

1. 答：生产者称为厂商，厂商是指以盈利为目的，为销售而生产某种物品或劳务的单位。

在西方，厂商的法定的组织形式主要有三种：

（1）单人业主制：个人独资经营的厂商组织。类似于个人独资企业。在美国，这样的企业数目很多，但较小，销售量不大。

（2）合伙制：两个以上人合资经营、共负盈亏（共担风险，共享利润）的厂商组织。这类厂商数目不多，销售量也不大。

（3）公司制：也叫股份制。按照西方的公司法建立的现代厂商组织形式。数量虽然不太多，但总的销售量却很大，占据了全部企业组织形式销量的大部分。

2. 答：又称边际收益递减规律或边际报酬递减规律，它的基本内容是：在技术水平不变的情况下，当把一种可变的生产要素投入到一种或几种不变的生产要素中时，最初这种生产要素的增加会使产量增加，但当它的增加超过一定限度时，增加的产量将要递减，最终还会使产量绝对减少。

3. 答：（1）

可变要素数量	可变要素的总产量	可变要素的平均产量	可变要素的边际产量
1	2	2	2
2	12	6	10
3	24	8	12
4	48	12	24
5	60	12	12
6	66	11	6
7	70	10	4
8	70	8.75	0
9	63	7	−7

（2）该生产要素出现边际报酬递减，是从第5单位开始的。

4. 答：等产量线是表示在生产技术不变时生产同一产量的某种产品的不同投入组合的曲线。其特点为：第一，离原点越远的等产量线代表的产量水平越高；第二，任意两条等产量线不能相交；第三，具有负斜率；第四，曲线凸向原点。图略。

5. 答：边际技术替代率是在维持相同的产量水平时，减少一种生产要素的数量，与增加另一种生产要素的数量之比。

由于边际生产力递减规律作用的结果，使得边际技术替代率也存在递减规律，即在产量或其他条件不变的情况下，如果不断增加一种要素以替代另一生产要素，那么，一单位该生产要素所能替代的另一种生产要素的数量将不断减少。

6. 答：由于技术的限制，某些商品的等产量线上，存在斜率为正的点，在这些点上，边际技术替代率为正，表示保持相同的产量，增加劳动的投入必须同时增加资本的投入，显然这是不经济的。如果把斜率由负变为正的转折点连接起来，可以得到两条曲线，在这两条线以内的区域才是合理的生产区域，称为生产经济区。划分经济区域和不经济区域的两条线称为脊线。

7. 答：所谓规模收益也称规模报酬，是指在技术水平和要素价格不变的条件下，当所有要素都按同一比例变动时，产量（即收益）变动的状态。

8. 答：规模收益分为三种情形：产量增加的比例大于生产要素增加的比例时，称为规模收益递增；产量增加的比例小于生产要素增加的比例时，称为规模收益递减；产量增加的比例等于生产要素增加的比例时，称为规模收益不变。

一个企业在发展过程中，会经历规模收益递增、不变和递减三个阶段。企业规模较小时，扩大生产规模表现为规模收益递增。一定的要素投入会产生多倍的产出。这样，就会降低企业产品的平均成本，这种情况被称为规模经济。随着企业规模的持续扩大，当企业大规模生产的优越性已经充分发挥出来后，就会出现规模收益不变的情况。再增加更多的要素投入也不能使产出成倍地增加了，规模收益难以提高，停留在一个点。如果此时企业还要继续扩大规模，那么就会出现规模收益递减的情况，导致企业生产效率降低，产品的平均成本提高，从而产生规模不经济的效应。

9. 答：规模报酬的递增、不变和递减与可变比例生产函数的报酬递增、不变和递减的区别如下：规模报酬问题论及的是，一厂商的规模本身发生变化（这假定为该厂的厂房、设备等固定要素和劳动、原材料等可变要素发生了同比例变化）相应的产量是不变、递增还是递减，或者说是厂商根据自己经营规模的大小（产销量大小）设计不同的工厂规模；而可变比例生产函数所讨论的则是在该厂的规模已经固定的情况下，即厂房、设备等固定要素既定不变，可变要素的变化引起的产量（报酬）递增、递减及不变等三种情况。

"规模报酬递增的厂商不可能也会面临要素报酬递减的现象。"这个命题是错误的。规模报酬和可变要素报酬是两个不同的概念。规模报酬问题讨论的是一座工厂本身规模发生变化时相应的产量变化，而可变要素报酬问题论及的则是厂房规模已经固定的情况下，增加可变要素时相应的产量变化。事实上，当厂商经营规模较大，在给定技术状况下投入要素的效率提高，即规模报酬递增的同时，随着可变要素投入增加到足以使固定要素得到最有效利用后，继续增加可变要素，总产量的增加同样将会出现递减现象。所以，规模报酬递增的厂商也会同时面临要素报酬递减现象。

10. 答：

（1）投入要素的使用效率存在极限。比如管道和木箱变得更大时，必须用更厚更坚固的材料来建造，因此会增加成本，导致规模收益递减。

（2）管理成本的增加。生产规模扩大到一定程度后，协调和管理大工厂的难度就加大了。企业组织过大，管理层次过多，带来了管理上的困难，会造成企业上下管理层之间信息的不通畅，信息难以很快地从高层传递到底层的工人，而且企业的决策也需要很多时间才能制定出来，另外，各方面的利益也很难协调，这些都会造成规模收益递减，降低企业的生产效率。

11. 答：（1）不对。厂商生产一定产量使总成本最小的条件是花费每1元钱购买的两种生产要素所得的边际产量都相等，即当 PA 等于 PB 时，均衡条件变为 $MPA = MPB$，而这不等同于 $A = B$。例如，对于生产函数，当 $PA = PB$ 时，由均衡条件 $MPL = MPK$，即可知，K 与 L 的投入量并不相等。

（2）对。产出既定时使成本最小的条件可以写成，如果 $PA = PB$，则此均衡点即为等产

量曲线上斜率为 -1 的点。

（3）不对。当要素 A 的价格下降时，由于替代效应厂商会多使用相对便宜的要素 A，少使用相对昂贵的要素 B，即用要素 A 来替代要素 B。同时由于产量效应，厂商对各种要素使用量都将较前增加。基于替代效应与产量效应的综合作用，要素 B 的使用量并不一定增加。

（4）不对。由题设知，这意味着多花 1 元钱买进要素 B 所能增加的产量，小于少花 1 元钱使用要素 A 所减少的产量，也就是说，为了补偿 1 元钱买进 A 所损失的产量，所需增加使用的 B 所费将大于 1 元钱，因而增加要素 B 使用量而同时减少要素 A 使用量将会使总成本增加而产量不变，而并不能够以更低的成本生产出同样多的产量。

（5）不对。扩大企业规模，固然可取得规模经济效益，但各个企业的生产究竟要多大规模，才有规模经济效益，要由产品本身性质决定。如一个钢铁厂，几百名职工规模，通常难有规模经济效益；但一个理发店，也许几十名职工就够大了，可见，不是任何企业的规模越大越好，规模过大，企业管理成本会上升，也可以抵消扩大规模带来的规模经济效益。

（四）作图分析题

1. 答：三条曲线之间的关系为：

（1）在 TP 曲线上任意一点与原点连线的斜率即为平均成本；过任意一点切线的斜率即为边际成本。

（2）$MP = AP$ 时，AP 达到最大；$MP > AP$ 时，AP 递增；$MP < AP$ 时，AP 递减。

（3）$MP = 0$ 时，TP 达到最大；$MP > 0$ 时，TP 递增；$MP < 0$ 时，TP 递减。

（4）边际产量的最高点，位于 TP 曲线的拐点上。

图略。

2. 答：一种投入使用量的合理区间即为生产的中期，其劳动量在边际成本与平均成本交点以后，在边际成本零点以前。图略。

3. 答：最优要素组合即为等产量线与等成本线的切点。满足条件：$MRTS_{LK} = P_L/P_K$ 或者 $MP_L/P_L = MP_K/P_K$。

（五）计算题

1. 已知某企业的生产函数 $Q = L^{2/3}K^{1/3}$，劳动的价格 $W = 2$，资本的价格 $r = 1$，求：

（1）当成本 $C = 3000$ 时，企业实现最大产量时的 L、K 和 Q 的值。

（2）当产量 $Q = 800$ 时，企业实现最少成本时的 L、K 和 C 的值。

解：（1）$MP_L = \partial Q/\partial L = (2/3)L^{-1/3}K^{1/3}$ $MPk = \partial Q/\partial K = (1/3)L^{2/3}K^{-2/3}$，

$$\begin{cases} 2L + K = 3000, \\ MP_L/2 = MPk/1。 \end{cases}$$

$$\begin{cases} 2L + K = 3000, \\ (2/3)L^{-1/3}K^{1/3}/2 = (1/3)L^{2/3}K^{-2/3}/1。 \end{cases}$$

$$\begin{cases}2L + K = 3000, \\ L = K。\end{cases}$$

$\therefore L = 1000 = K$,

$Q = 1000^{2/3} \cdot 1000^{1/3} = 1000$。

（2）$800 = L^{2/3}K^{1/3}$，$L = K$,

$L = 800$，$K = 800$，$C = 2L + K = 3 \times 800 = 2400$。

2. 已知生产函数 $Q = -L^3 + 24L^2 + 240L$，求：在生产的三个阶段上，L 的投入量分别应为多少？

解：在第Ⅰ阶段，AP_L 应达到极大值，即 $AP'_L = 0$,

$AP_L = (Q/L) = -L^2 + 24L + 240$,

$AP'_L = -2L + 24 = 0$，$\therefore L = 12$ 检验当 $L < 12$ 时，AP_L 是上升的。

在第Ⅱ阶段，MP_L 应该等于零。

$MP_L = (dQ/dL) = -3L^2 + 48L + 240$ 令 $MP_L = 0$ 即 $-3L^2 + 48L + 240 = 0$。

解得 $L = 20$ 当 $L > 8$ 时，$(dMP_L/dL) = -6L + 48 < 0$,

所以，MP_L 对于所有的 $L > 20$ 均小于零。

因此，第Ⅰ阶段 $0 < L < 12$；第Ⅱ阶段 $12 < L < 20$；第Ⅲ阶段 $L > 20$。

3. **解**：

（1）由题意可以求出，$MP_L = \dfrac{\partial Q}{\partial L} = \dfrac{3}{8}K^{\frac{5}{8}}L^{-\frac{5}{8}}$，$MP_K = \dfrac{\partial Q}{\partial K} = \dfrac{5}{8}L^{\frac{3}{8}}K^{-\frac{3}{8}}$,

而产量既定时，成本最低的条件为：$MP_L/P_L = MP_K/P_K$。

将所有已知代入，三个方程联立，可以求出：$K = L = 10$，$C = 80$。

（2）仍然是上述三个方程联立，将 $Q = 25$ 代入，可以求出：$K = L = 25$，$C = 200$。

（3）均衡条件不变，仍然是三式联立，将 $C = 160$ 代入，可以求出：$K = L = 20$，$Q = 20$。

4. **解**：

（1）由题意可知，$100 = 4LK^2$，整理后得出，$LK^2 = 25$。列出 L 与 K 对应点的数据，在图形中描点连线即可画出等产量线。图略。

（2）由生产函数可以推导出，$K = \dfrac{1}{2}\sqrt{\dfrac{Q}{L}}$，则可以求出 $MRTS_{LK} = -\mathrm{d}K/\mathrm{d}L = \dfrac{\sqrt{Q}}{4}L^{-\frac{3}{2}}$。

（3）因为 $Q = 4LK^2$，所以 $AP = Q/L = 4K^2$，$MP = Q' = 4K^2$。

5. **解**：假设 L 和 K 同时扩大 n 倍，则变化后的 $Q = 2(nL)^{0.6}(nK)^{0.2} = n^{0.8} \cdot Q > Q$，因此该生产函数为规模报酬递减情况。

6. **解**：可以求出 $MP = AP$ 时，$L = 12$；$MP = 0$ 时，$L = 20$，因此，根据生产三阶段理论，

生产初期：$L < 12$；

生产中期：$12 < L < 20$；

生产后期：$L > 20$。

7. **解**：根据已知可以求出 $MP_L = 20 - 12L$ $MP_K = 50 - 4K$，最优的生产要素组合时满足 $MP_L/P_L = MP_K/P_K$，因此可以求出 $K = 6L + 2.5$。将其代入成本函数最后就可以求出：$L = 3$,

$K=20.5$。

相关考研题解析

一、（简单题）有人认为，考虑技术进步因素之后，边际报酬递减规律会失效，你认为正确吗？（上海大学 2004 年考研题）

详解：

（1）边际报酬递减规律是指在增加变动要素投入量而保持其他要素投入不变的条件下，当产量达到某点后，继续增加变动要素的投入会引起该要素的边际报酬递减。产生边际报酬递减规律的原因是，可变要素和不变要素在生产中有一个最优比例，当可变要素与不变要素的比例小于这个比例时，可变要素的边际报酬递增；当可变要素与不变要素的比例大于这个比例时，可变要素的边际报酬递减。

（2）边际报酬递减规律有一个基本的前提条件是生产技术不变，即在一定技术水平下的边际报酬递减规律。生产技术进步会优化资源配置、提高经济效率，但是边际报酬递减规律并不会失效。因此本题错误。

二、"规模报酬递增的厂商不可能也会面临报酬递减的现象"，这一命题是否正确？为什么？（武汉大学 2002 年考研题）

详解：

规模报酬的递增、不变和递减这三种情况与可变化比例生产函数的报酬递增、不变和递减的区别如下：规模报酬问题论及的是，一厂商的规模本身发生变化时（这假定为该厂的厂房、设备等固定要素和劳动、原材料等可变要素发生了同比例变化）相应的产量是不变、递增还是递减，或者说是厂商根据它的经营规模大小设计不同的工厂规模；而不变比例生产函数所讨论的则是在该厂的规模已经固定下来，即固定要素不变，可变要素的变化引起的产量（报酬）递增、递减及不变等三种情况。

"规模报酬递增的厂商不可能也会面临要素报酬递减的现象。"这个命题是错误的。规模报酬和可变要素报酬是两个不同的概念。规模报酬问题讨论的是一座工厂本身规模发生变化时产量的变化，而可变要素报酬问题论及的则是厂房规模已经固定下来，增加可变要素时相应的产量变化。事实上，当厂商经营规模较大，在给定技术状况下投入要素的效率提高，即规模报酬递增的同时，随着可变要素投入增加到足以使固定要素得到最有效的利用后，继续增加可变要素总产量的增加同样将会出现递减现象。所以，规模报酬递增的厂商可能也会同时面临报酬递减现象。

三、在下列生产函数中，哪些属于规模报酬递增、不变和递减？

（1）$F(K,L)=K^2L$；

（2）$F(K,L)=K+2L$；

（3）$F(bK,bL)=\sqrt{b}\ F(K,L)$。（北京大学 2000 年考研题）

详解：

如果生产函数 $Q=f(L,K)$ 满足 $f(\lambda L,\lambda K)=\lambda^n f(L,K)$，则当 $n>1$ 时，$Q=f(L,K)$ 具有规模报酬递增的性质；当 $n=1$ 时，$Q=f(L,K)$ 具有规模报酬不变的性质；$n<1$ 时，$Q=f(L,K)$ 具有规模报酬递减的性质。

(1) $F(\lambda K,\lambda L)=(\lambda K)^2\lambda L=\lambda^3K^2L=\lambda^3F(K,L)$，由于 $n>1$，所以，$F(K,L)=K^2L$ 呈规模报酬递增。

(2) $F(\lambda K,\lambda L)=\lambda K+2\lambda L=\lambda(K+2L)=\lambda F(K,L)$，由于 $n=1$，所以，$F(K,L)=K+2L$ 呈规模报酬不变。

(3) $F(bK,bL)=\sqrt{b}\ F(K,L)$，由于 $n<1$，所以，$F(K,L)$ 呈规模报酬递减。

5 第五章 成本理论

内容导读

本章分析决定供给的生产者行为中的成本理论。生产者为了实现利润最大化，不仅要考虑其物质技术关系，而且还要考虑成本与收益之间的经济关系。生产一定数量商品所要付出的代价即为成本，将决定厂商如何进行生产。生产成本是厂商的经济约束。本章从短期和长期两个方面对成本理论进行分析，从而为厂商寻求利润最大化提供了理论基础。

本章要点梳理

一、成本与利润

经济分析中，厂商的成本包括直接成本和隐含成本。直接成本是厂商购买生产投入品的支出。隐含成本是厂商生产中使用而未直接支付报酬的自有资源的机会成本。隐含成本即正常利润。经济学的利润即为经济利润，是指超过正常利润的一种超额利润。

从不同的角度，成本可以有多种分类：显性成本和隐性成本；直接成本和间接成本；固定成本和可变成本；长期成本和短期成本；社会成本和生产成本等等。

二、成本函数

成本函数表示厂商的产量与成本之间的关系，由技术和投入要素价格所决定。可以分为短期成本函数和长期成本函数。

三、短期成本

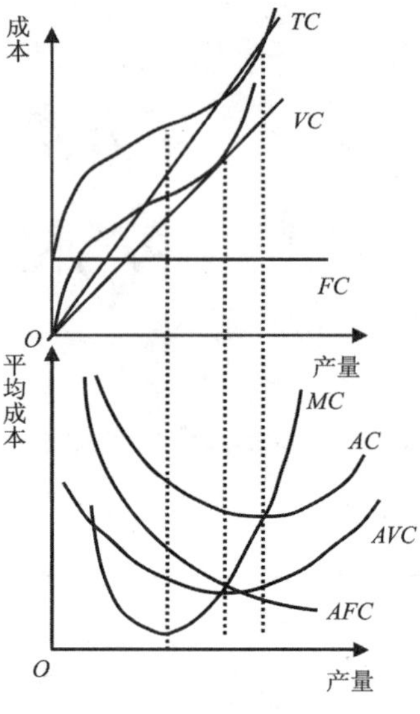

图 5-1　短期成本函数

短期成本函数是指在某些要素投入量不能随产量调整的时期内，厂商的成本与产出量之间的关系（见图 5-1）。短期成本包括短期总成本、短期平均成本和短期边际成本。短期内生产一定量产品所需要的成本总和即短期总成本，又分为固定成本与可变成本，即 $STC = FC + VC$。短期内生产每一单位产品平均所需要的成本即短期平均成本，可以分为平均固定成本与平均可变成本。有：$SAC = AFC + AVC$。在短期内厂商每增加一单位产量所增加的总成本量即为短期边际产量，有：$SMC = \frac{\Delta STC}{\Delta Q}$ 或者 $\frac{dSTC}{dQ}$。

这里要注意的是，短期中固定成本并不随产量的变动而变动，所以，短期边际成本实际是指可变成本而言的。则有，$SMC = \frac{\Delta SVC}{\Delta Q}$ 或者 $\frac{dSVC}{dQ}$。

四、长期成本

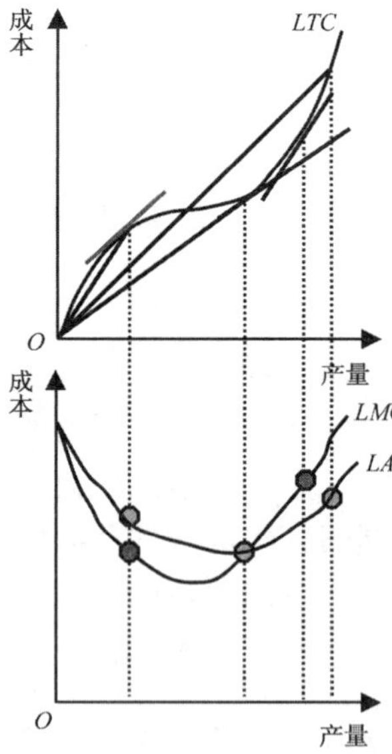

图 5-2　长期成本函数

长期成本函数是厂商在所有投入要素均可随产量调整时的生产函数，因此没有固定成本函数，各种要素的成本都是可变的（见图 5-2）。在长期有三个成本概念，即长期总成本、长期平均成本、长期边际成本。长期总成本曲线，表示长期总成本与产量之间的关系。由于厂商追求成本最小化，在长期成本曲线上的每一点都对应于不同产量水平下的最小成本，因此，可以根据扩展线（不同产出水平下成本最小化对应投入组合）来推出长期总成本曲线。长期平均成本和长期边际成本分别为：

$LAC = LTC/Q$，$LMC = dLTC/dQ$。

可以根据 *LTC* 曲线推出 *LAC* 曲线。*LAC* 曲线就是 *LTC* 曲线上各点与原点连线的斜率值所形成的曲线。也可以根据 *LTC* 曲线推出 *LMC* 曲线。*LMC* 曲线就是 *LTC* 曲线上各点切线的斜率值所形成的曲线。*LAC* 曲线和 *LMC* 曲线的形状与 *AVC* 曲线、*MC* 曲线一样，为 *U* 形曲线。

五、长期成本曲线和短期成本曲线的关系

厂商的长期平均成本为各条短期边际成本的包络线。厂商的生产点既在 *SAC* 曲线上，也在 *LAC* 曲线上。在离散的规模扩张时，*LAC* 由每条 *SAC* 曲线的部分线段组成。如果厂商的规模调整连续进行，则每条 *SAC* 曲线只有一个点与 *LAC* 曲线

重合，即 SAC 曲线与 LTC 曲线相切。在规模收益开始递减的点处，长期成本的最低点与短期成本的最低点重合。从而，在长期形成的平均成本曲线就成为一条平滑的 U 形曲线。

长期边际成本曲线也可由短期边际成本曲线推出。就是长期平均成本曲线同各条短期平均成本曲线切点所代表的产量水平上的短期边际成本值的联结线。

长期总成本曲线也为短期总成本曲线的包络线。

六、成本曲线对市场结构的影响

成本规模的大小决定了参加市场竞争的厂商数目的多少，从而也决定了市场的类型或是市场结构。成本规模小则厂商数目多，市场结构多为高度竞争性的；成本规模大则厂商数目少，市场结构多为不完全竞争或者是垄断性的。

本章知识脉络图

- 成本理论
  - 成本及其分类
    - 会计成本和机会成本
    - 显性成本和隐性成本
    - 社会成本和生产成本
    - 固定成本和可变成本
    - 短期成本和长期成本
    - 利润
      - 会计利润
      - 超额利润
      - 正常利润
  - 短期成本曲线
    - 总成本（STC）
      - 总不变成本（TFC）
      - 总可变成本（TVC）
    - 平均成本（SAC）
      - 平均不变成本（AFC）→$AFC=TFC/Q$
      - 平均可变成本（AVC）→$AVC=TVC/Q$
    - 边际成本（SMC）→$SMC=dSTC/dQ=dTVC/dQ$
  - 长期成本曲线
    - 长期总成本（LTC）→$LTC=f(Q)$
    - 长期平均成本（LAC）→$LAC=LTC/Q$
    - 长期边际成本（LMC）→$LMC=dLTC/dQ$

本章名词详解

◆ **会计成本：** 会计成本是指生产活动中厂商按市场价格支付的所有生产要素的费用。这是在企业经营活动的财务分析中使用的一种成本概念。这些支付要记入厂商会计账面上。

◆ **经济成本：** 经济成本是厂商从事某项经济活动所支付的费用，即会计成本与机会成本之和。

◆ **显性成本：** 显性成本指厂商会计账目上作为成本项目记入账上的各种支出费用。这些成本在账目上一目了然，包括支付给雇员的工资薪金、原料、材料、燃料、动力和运输等费用，以及为借入资金支付的利息。

◆ **隐性成本：** 隐性成本是指厂商自己提供的资源所应该支付的费用。这种费用应该支付，但并没有实际支出，因此也就不反映在账目上，包括作为成本项目记入账目上的厂房、机器等固定设备的折旧费以及企业所有者自己投入的资金的利息和所有者为该企业所提供劳务而应得到的薪金。

◆ **正常利润：** 正常利润是指社会通行的投资收益率，也就是厂商使用其自有生产要素的机会成本，即厂商如果将其自有生产要素投资于其他领域所得到的正常收益。

◆ **经济利润：** 经济利润指企业的收益和经济成本之间的差额，即企业利润超出正常利润的部分，因此经济利润也称为超额利润。

◆ **固定成本：** 固定成本是指厂商在短期内无法改变的那些固定投入带来的成本，其不随着产量变动而变动。

◆ **可变成本：** 可变成本是指厂商在短期内可以改变的那些可变投入带来的成本，其随着产量变动而变动。

◆ **边际成本：** 边际成本是指每多生产一单位产品所引起的总成本的增加量，也就是最后一个单位产量所增加的成本。

◆ **短期成本：** 短期成本是指在生产的短期内发生的成本，可以分为固定成本和可变成本。

◆ **长期成本：** 长期成本是在生产的长期内发生的成本，在长期所有的要素投入都是可变的，因此，没有固定成本和可变成本的区分。

同步练习与精解

一、同步练习题

（一）辨析题

1. 如果“鱼与熊掌不能兼得”，那么，要了鱼，它的机会成本就是熊掌。
2. 因为厂房的折旧是按月提取的，不生产就不打入成本，所以折旧是一种可变成本。
3. 如果有隐性成本，会计利润将大于经济利润。
4. 平均成本曲线与边际成本曲线相交于边际成本曲线的最低点。

5. 平均不变成本决不会随产量的增加而提高。

6. 短期平均成本总是大于长期平均成本。

7. 生产 1000 个单位的平均成本是 20 元，从 1001 ~ 1010 单位的平均成本是 21 元，那么，0 ~ 1010 单位的平均成本有可能比 20 元大，也可能比 20 元小。

8. 长期平均成本实际上就是平均可变成本。

9. 平均收益就是单位商品的价格。

10. 边际收益等于边际成本时，厂商的利润为零。

11. 平均成本先于边际成本而上升。

（二）单项选择题

1. 不随产量变动而变动的成本称为（　　）。

A. 平均成本　　B. 固定成本

C. 长期成本　　D. 总成本

2. 使用自有资金也应计算利息收入，这种利息从成本角度看是（　　）。

A. 固定成本　　B. 隐含成本

C. 会计成本　　D. 生产成本

3. 由企业购买或使用任何生产要素所发生的成本是指（　　）。

A. 显性成本　　B. 隐性成本

C. 变动成本　　D. 固定成本

4. 任何企业在短期内的固定成本包括（　　）。

A. 购买投入品的所有成本

B. 最优生产条件下生产一定产量的最小成本支出

C. 相当长的一段时间内都固定的成本，比如工会组织的长期的工资合约

D. 即便不生产产品也要花费的总的费用

5. 学校里一块新的停车场地的机会成本是什么（　　）。

A. 由此引发的所有费用

B. 由用于其他用途产生的最大价值决定

C. 用于建造停车场的机械设备的折旧的大小

D. 建造停车场的劳动力的薪水

6. 经济成本和经济利润具有的特征是（　　）。

A. 前者比会计成本大，后者比会计利润小

B. 前者比会计成本小，后者比会计利润大

C. 两者都比相应的会计成本和会计利润小

D. 两者都比相应的会计成本和会计利润小

7. 厂商进行生产必须购买投入或生产要素，为此而支付的代价是（　　）。

A. 厂商的损失　　B. 厂商的收益

C. 厂商的痛苦　　D. 厂商的成本

8. 边际成本低于平均成本时，（　　）。

A. 平均成本上升　　B. 平均可变成本可能上升也可能下降

C. 总成本下降　　D. 平均可变成本上升

9. 短期平均成本曲线成为 U 形的原因与（　　）。

A. 规模报酬有关　　B. 外部经济与不经济有关

C. 要素的边际生产率有关　　D. 固定成本与可变成本所占比重有关

10. 当收益递减规律作用时，TVC 曲线（　　）。

A. 以一递减的速率上升　　B. 以一递增的速率下降

C. 以一递减的速率下降　　D. 以一递增的速率上升

11. 在从原点出发的直线（射线）与 TC 曲线的切点上，AC（　　）。

A. 是最小　　B. 等于 MC

C. 等于 $AVC+AFC$　　D. 上述都正确

12. 得到 MC 是由（　　）。

A. TFC 曲线的斜率

B. TVC 曲线的斜率但不是 TC 曲线的斜率

C. TC 曲线的斜率但不是 TVC 曲线的斜率

D. 既是 TVC 又是 TC 曲线的斜率

13. 假如增加一单位产量所带来的边际成本大于产量增加前的平均可变成本，那么在产量增加后平均可变成本（　　）。

A. 减少　　B. 增加

C. 不变　　D. 都有可能

14. 已知产量为 99 单位时，总成本等于 995 元，产量增加到 100 单位时，平均成本等于 10 元，由此可知边际成本为（　　）。

A. 10 元　　B. 5 元

C. 15 元　　D. 7.5 元

15. 随着产量的增加，平均固定成本（　　）。

A. 在开始时下降，然后趋于上升　　B. 在开始时上升，然后趋于下降

C. 一直趋于上升　　D. 一直趋于下降

16. 增加一单位投入所引起的总产品的改变量是（　　）。

A. 总产量　　B. 平均产量

C. 边际产量　　D. 可变产量

17. 假如增加一单位产量所增加的边际成本小于产量增加前的平均成本，那么在产量增加后平均成本将（　　）。

A. 下降　　B. 上升

C. 不变　　D. 都有可能

18. 某工厂 1000 个单位的日产出水平，总的成本为 4900 美元，如果产量减少一单位，则总的成本为 4890 美元，在这个产出的范围内（　　）。

A. 平均成本高于边际成本

B. 平均成本和边际成本大致相等

C. 边际成本高于平均成本

D. 由于给定的条件中无法得到边际成本，因此不能比较平均成本和边际成本的大小

19. 在长期中，下列成本中不存在的成本是（　　）。

A. 可变成本　　B. 平均成本

C. 机会成本　　D. 隐含成本

20. 长期平均成本曲线成为 *U* 形的原因与（　　）。

A. 规模报酬有关　　B. 外部经济与不经济有关

C. 要素的边际生产率有关　　D. 固定成本与可变成本所占比重有关

21. 长期总成本曲线是各种产量的（　　）。

A. 最低成本点的轨迹　　B. 最低平均成本点的轨迹

C. 最低边际成本点的轨迹　　D. 平均成本变动的轨迹

22. 如果一个企业经历规模报酬不变阶段，则 *LAC* 曲线是（　　）。

A. 上升的　　B. 下降的

C. 垂直的　　D. 水平的

23. *LAC* 曲线（　　）。

A. 当 $LMC > LAC$ 时下降，而当 $LMC < LAC$ 时上升

B. 通过 *LMC* 曲线的最低点

C. 随 *LMC* 曲线下降而下降

D. 随 *LMC* 曲线上升而上升

24. 生产理论中的扩展线类似于消费者理论中的（　　）。

A. 恩格尔曲线　　B. 收入—消费曲线

C. 价格—消费曲线　　D. 预算约束线

25. 长期成本曲线上的每一点都与短期成本曲线上的某一点相对应，但短期成本曲线上并非每一点都与长期成本曲线上的某一点相对应。这句话（　　）。

A. 总是对的　　B. 有时对

C. 总是错的　　D. 无法判断

26. 经济学分析中所说的短期是指（　　）。

A. 3 年之内

B. 2 年之内

C. 全部生产要素都可随产量而调整的时期

D. 只能根据产量调整可变成本的时期

E. 以上均不正确

27. 固定成本是指（　　）。

A. 厂商在短期内必须支付的不能调整的生产要素的费用

B. 厂商要增加产量所要增加的费用

C. 厂商购进生产要素时所要支付的费用

D. 厂商支付的工资

28. 已知产量为 9 单位时，总成本为 95 元，产量增加到 10 单位时，平均成本为 10 元，

由此可知边际成本为（　　）。

A. 5 元　　B. 10 元

C. 15 元　　D. 20 元

E. 以上均不正确

29. 如果生产 10 单位产品的总成本是 100 美元，第 11 单位的边际成本是 21 美元，那么：（　　）。

A. 第 11 单位产品的 *TVC* 是 21 美元　　B. 第 10 个单位的边际成本是 21 美元

C. 第 11 单位的平均成本是 11 美元　　D. 第 12 单位的平均成本是 12 美元

（三）简答题

1. 某企业打算投资扩大生产，其可供选择的筹资方法有两种：一是利用利率为 10% 的银行贷款，二是利用企业利润。该企业的经理认为应该选择后者，理由是不用付利息因而比较便宜，你认为他的话有道理么？

2. 分析为何 *SAC* 的最低点一定在 *AVC* 的最低点的右侧？

3. 为什么短期成本中平均成本有 *AC*、*AVC* 和 *AFC* 三种，边际成本只有一种？

4. 在经济学中厂商的成本都包括哪些？

5. 简述边际成本与平均成本曲线的关系。

6. 某人决定暑假去参加一个计算机培训班，这样，他就不能去打工赚 2000 元。参加这个培训班学费 2000 元，书本费 200 元，生活费 1400 元。参加这个培训班的机会成本是多少？

7. 简述长期成本曲线与短期成本曲线的关系。

8. 当边际成本递增的时候，平均成本也是递增的么？

9. 长期平均成本曲线与短期平均成本曲线都是 *U* 形的，但是两者形成的原因不同，请加以解释。

（四）作图分析题

1. 作图说明 *TC*、*TVC*、*TFC* 之间的关系。

2. 作图说明 *ATC*、*AVC*、*AFC*、*MC* 之间的关系。

3. 试用扩展线推导长期总成本曲线。

4. 试作图说明 *LTC* 与 *STC*、*LAC* 与 *SAC*、*LMC* 与 *SMC* 曲线的关系。

（五）计算题

1. 已知某企业短期总成本函数是 $STC(Q)=0.04Q^3-0.8Q^2+10Q+5$，求最小的平均可变成本值。

2. 假定某厂商只有一种可变要素劳动 L，产出一种产品 Q，固定成本为既定，短期生产函数 $Q=-0.1L^3+6L^2+12L$，求解：

（1）劳动的平均产量为极大时雇佣的劳动人数；

（2）劳动的边际产量为极大时雇佣的劳动人数；

（3）平均可变成本极小时的产量；

（4）假如每人工资 $W=360$ 元，产品价格 $P=30$ 元，求利润极大时雇佣的劳动人数。

3. 填表

产量 Q	TFC	TVC	TC	MC	AFC	AVC	ATC
1	100	50					
2				30			
3						40	
4			270				
5							70

4. 对于生产函数 $Q=\dfrac{10KL}{K+L}$，在短期中令 $P_L=1$，$P_K=4$，$K=4$。请：

（1）推导出短期总成本、平均成本、平均可变成本及边际成本函数；

（2）证明当短期平均成本最小时，短期平均成本和边际成本相等。

5. 已知 $MC=9Q^2+4Q+5$，$Q=10$，$TC=4000$，分别求 TC、AC、TVC 和 AVC 的函数形式。

6. 已知总成本函数为 $TC=5Q^3-35Q^2+90Q+120$。自哪一点起 TC 和 TVC 遵循边际报酬递减规律？

7. 令某个生产者的生产函数为 $Q=\sqrt{KL}$，已知 $K=4$，其总值为 100，L 的价格为 10，求：

（1）L 的投入函数和生产 Q 的总成本函数、平均成本函数和边际成本函数；

（2）如果 Q 的价格为 40，生产者为了获得最大利润应生产多少 Q 及利润。

8. 一个企业每周生产 100 单位产品，成本状况如下：机器 200 元，原料 500 元，抵押租金 400 元，保险费 50 元，工资 750 元，废料处理费 100 元，求企业总固定成本和平均可变成本。

9. 假设某厂商的边际成本函数 $MC=3Q^2-30Q+100$，且生产 10 单位产量时的总成本为 1000。求：

（1）固定成本的值；

（2）总成本函数、总可变成本函数，以及平均成本函数、平均可变成本函数。

二、同步练习题精解

（一）辨析题

1. 对。

2. 错。不生产也要提取折旧，它是固定成本。

3. 对。

4. 错。相交于平均成本曲线的最低点。

5. 对。
6. 错。大于或等于。
7. 错。平均成本比 20 元大，同时比 21 元小。
8. 对。
9. 对。
10. 对。
11. 错。边际成本先于平均成本而上升。

（二）单项选择题

1 B	2 B	3 A	4 D	5 B	6 A	7 D	8 B	9 C	10 D
11 D	12 D	13 B	14 B	15 D	16 C	17 A	18 C	19 A	20 A
21 A	22 D	23 C	24 B	25 A	26 D	27 A	28 A	29 C	

（三）简答题

1. 答：利用企业利润还要考虑其机会成本，如果其机会成本大于银行利息则贷款投资是合适的，否则就不合适。

2. 答：因为平均成本 AC 是平均固定成本 AFC 和平均可变成本 AVC 之和。当 AVC 达到最低后开始上升时，AFC 仍在下降。只要 AFC 下降的幅度大于 AVC 上升的幅度，AC 就会继续下降；只有当 AVC 上升的幅度和 AFC 下降的幅度相等时，AC 才达到最低点。故 AVC 总是比 AC 先达到最低点，也就是说，AC 的最低点总是在 AVC 的最低点的右边。

3. 答：平均成本是单位产出的成本，由总成本 C、可变成本 VC 和固定成本 FC 分别除以产量得到。边际成本是成本的增量与产量的增量之比，由于固定成本不随产量变化，其边际成本为零，因此，边际可变成本与边际总成本相等，故只有一种边际成本。

4. 答：经济分析中，厂商的成本包括直接成本和隐含成本。直接成本是厂商购买生产投入品的支出。隐含成本是厂商生产中使用而未直接支付报酬的自有资源的机会成本。隐含成本即正常利润。经济学的利润即为经济利润，是指超过正常利润的一种超额利润。

从不同的角度，成本可以有多种分类：显性成本和隐性成本；直接成本和间接成本；固定成本和可变成本；长期成本和短期成本；社会成本和生产成本等等。

5. 答：边际成本在平均成本的最低点与其相交。两条曲线在交点的前后变化趋势是不一样的。即：当 $MC > AC$ 时，AC 曲线上升；$MC < AC$ 时，AC 曲线下降；$MC < AC$ 时，AC 曲线达到最低点。

6. 答：该人参加计算机学习班的机会成本应该包括他为了参加学习所放弃的打工收入和学习所需的费用。但应该注意生活费不应包括在学习费用中，因为他不参加学习班也需要这笔生活费用（假定他无论是学习还是打工，生活费用都一样）。因此，机会成本就是 2000 元 + 2000 元 + 200 元 = 4200 元。

7. 答：厂商的长期平均成本为各条短期边际成本的包络线。厂商的生产点既在 SAC 曲线上，也在 LAC 曲线上。在离散的规模扩张时，LAC 由每条 SAC 曲线的部分线段组成。如果厂商的规模调整连续进行，则每条 SAC 曲线只有一个点与 LAC 曲线重合，即 SAC 曲线与 LTC 曲线相切。在规模收益开始递减的点处，长期成本的最低点与短期成本的最低点重合。从而，在长期形成的平均成本曲线就成为一条平滑的 U 形曲线。

长期边际成本曲线也可由短期边际成本曲线推出。就是长期平均成本曲线同各条短期平均成本曲线切点所代表的产量水平上的短期边际成本值的联结线。

长期总成本曲线也为短期总成本曲线的包络线。

8. 答：因为平均成本是平均固定成本和平均可变成本之和。当 AVC 达到最低点后开始上升时，AFC 仍在下降。只要 AFC 下降的幅度大于 AVC 上升的幅度，AC 就会继续下降；只有当 AVC 上升的幅度和 AFC 下降的幅度相等时，AC 才达到最低点。故 AVC 总是比 AC 先达到最低点，也就是说，AC 的最低点总是在 AVC 的最低点的右边。

9. 答：SAC 先下降后上升是因为一开始随着可变要素的投入和产量的增加，固定要素生产效能的发挥和专业化程度的提高使得边际产量增加。但当产量增加到一定程度时，由于边际收益递减规律的作用，SAC 曲线必将上升；而 LAC 呈 U 形则由规模经济或不经济决定。产出水平位于 LAC 递减的阶段，意味着在长期内企业资源利用不足，此时若扩大生产规模，其长期平均成本就会递减。但若产出水平超过了 LAC 的最低点，意味着企业过度利用，LAC 上升必对应着规模报酬的递减。

（四）作图分析题

1. 答：

短期内生产一定量产品所需要的成本总和即短期总成本，又分为固定成本与可变成本，即 $STC = FC + VC$。总固定成本就是一个常数，因此表现为一条平行于横轴的直线。总可变成本是一条随产量增加而增加的曲线。起点在原点。呈现倒 S 形。总成本就是可变成本曲线上每一个点共同上移一个固定成本的数值所形成的曲线。在形式上与可变成本类似。

图略。

2. 答：平均成本与平均固定成本、平均可变成本三者关系是：平均成本一直位于平均可变成本和固定成本的上方，同时平均成本的最低点的产量值要大于平均可变成本的最低点的产量值。另外，由于 $AC = AVC + AFC$，所以平均曲线就是在平均可变曲线上各点加上一个平均固定成本的数值。

边际成本在平均可变成本和平均成本的最低点分别于两条曲线相交。其中，与平均成本的交点在于平均可变成本交点的右上方。另外，两条曲线在与边际成本交点的前后变化趋势是不一样的，从而得到了一个边际—平均规则。即：当 $MC > AC$ 时，AC 曲线上升；$MC < AC$ 时，AC 曲线下降；$MC < AC$ 时，AC 曲线达到最低点。

短期边际成本与平均可变成本的关系和平均成本的关系相同。这就是说，SMC 与 AVC 相交于 AVC 的最低点。在此点上，$SMC = AVC$，即短期边际成本等于平均可变成本。在此点之左，AVC 在 SMC 之上，AVC 一直递减，$AVC > SMC$，即短期边际成本小于平均可变成本。

在此点之右，AVC 在 SMC 之下，AVC 一直递增，$AVC < SMC$，即短期边际成本大于平均可变成本。

图略。

3. 答：长期总成本曲线，表示长期总成本与产量之间的关系。由于厂商追求成本最小化，在长期成本曲线上的每一点，都对应于不同产量水平下的最小成本，因此，可以根据扩展线（不同产出水平下成本最小化对应投入组合）来推出长期总成本曲线。

图略。

4. 答：厂商的各条长期成本线分别是对应的短期成本曲线的包络线。

图略。

（五）计算题

1. **解**：根据 $AVC = TVC/Q$ 和题设已知，可以求得：$AVC = 0.04Q^2 - 0.8Q + 10$，求其最小值，按照数学的极限求法，当 $(AVC)' = 0$ 时，其数值为最小。则最终得出 $Q = 10$ 时满足这一条件。将 $Q = 10$ 代入 AVC 函数即可得出其最小值为 6。

2.

解一：

（1）由题设可以得出：$AP = Q/L = -0.1L^2 + 6L + 12$，

使其最大，则 $(AP)' = 0$ 即 $-0.2L + 6 = 0$，最后得出 $L = 30$。

（2）由题设可以得出：$MP = dQ/dL = -0.3L^2 + 12L + 12$，

使其最大，则 $(MP)' = 0$ 即 $-0.6L + 12 = 0$，最后得出 $L = 20$。

（3）AVC 最小时对应着 AP 的最大值，因此，$L = 30$ 时 AP 的最大也即 AVC 最小。

将这一数值代入总产量函数可以得出：$Q = 3060$。

（4）经过整理后可以得出，利润 $= PQ - WL = -3L^3 + 180L^2$，求其最大值，即为其导数为零时。则最终可以得出：$L = 40$ 时利润最大。

解二：（1）中求 AP 最大值也可以通过 $MP = AP$ 时 AP 最大来求出。即 $-0.1L^2 + 6L + 12 = -0.3L^2 + 12L + 12$，得出 $L = 30$。其他小问解法相同。

3. **解**：

产量 Q	TFC	TVC	TC	MC	AFC	AVC	ATC
1	100	50	150	50	20	50	150
2	100	80	180	30	25	40	90
3	100	120	220	40	100/3	40	220/3
4	100	170	270	50	25	42.5	67.5
5	100	350	450	80	20	50	70

4. **解**：

（1）由生产函数 $Q = \frac{10KL}{K+L}$ 以及 $K=4$，得 $Q = \frac{40L}{4+L}$，

因此 $L = \frac{4Q}{40-Q}$，代入成本方程得

$TC = P_L L + P_K K = L + 4 \times 4 = \frac{4Q}{40-Q} + 16$。　　总成本函数

从中得

$AC = \frac{TC}{Q} = \frac{4}{40-Q} + \frac{16}{Q}$；　　平均成本函数

$AVC = \frac{VC}{Q} = \frac{4}{40-Q}$；　　平均可变成本函数

$MC = \frac{dTC}{dQ} = \frac{d}{dQ}\left(\frac{4Q}{40-Q} + 16\right) = \frac{160 - 4Q + 4Q}{(40-Q)^2} = \frac{160}{(40-Q)^2}$。　　边际成本函数

（2）短期平均成本最小时，其一阶导数值为零，即

$\left(\frac{4}{40-Q} + \frac{16}{Q}\right)' = 0$，

化简得，$\frac{4}{(40-Q)^2} = \frac{-16}{Q^2}$，得 $Q = 80$。

当 $Q = 80$ 时，$AC = \frac{4}{40-80} + \frac{16}{80} = 0.1$。

当 $Q = 80$ 时，$MC = \frac{160}{(-40)^2} = 0.1$。

可见，短期成本最小时，短期平均成本和边际成本相等。

5. **解**：根据题设，可以求得：

$TC = \int MC = 3Q^3 + 2Q^2 + 5Q + C$，

将 $Q=10$，$TC=4000$ 代入上式，可以得出：$C=750$。

因此，$TC = 3Q^3 + 2Q^2 + 5Q + 750$；

$AC = 3Q^2 + 2Q + 5 + 750/Q$；

$TVC = 3Q^3 + 2Q^2 + 5Q$；

$AVC = 3Q^2 + 2Q + 5$。

6. **解**：根据题设，要找到 TC 和 TVC 自哪点起遵循边际报酬递减规律，也就是要找到两条线数学上的拐点。

根据题意可以求出 $MC = dTC/dQ = 15Q^2 - 70Q + 90$，$MC$ 由递减变为递增时是开始遵循边际报酬递减规律，也就是 $(MC)' = 0$，可以求出此时，$Q = 7/3$。

将 $Q = 7/3$ 分别代入 TC 和 TVC 函数式，可以求得此时的 $TC \approx 202.96$，$TVC = 82.96$。

因此，TC 自（7/3，202.96）点、TVC 自（7/3，82.96）点开始起遵循边际报酬递减规律。

7. **解**：

（1）因为 K 总值为 100，可得 $K \cdot P_K = 100$，将 $K=4$ 代入，得出 $P_K = 25$。

又有 $MP_L = \frac{\partial Q}{\partial L} = \frac{1}{2}K^{\frac{1}{2}}L^{-\frac{1}{2}}$，$MP_K = \frac{\partial Q}{\partial K} = \frac{1}{2}L^{\frac{1}{2}}K^{-\frac{1}{2}}$，同时根据 $MP_L/P_L = MP_K/P_K$ 可以得出：

$K = 2/5L$，将其代入生产函数最终可以得出 L 的投入函数即为 $L = \frac{\sqrt{10}}{2}Q$。

$TC = P_L \cdot L + P_K \cdot K = 100 + 10L$，代入 L 的投入函数，即可以得出：$TC = 100 + 5\sqrt{10}Q$。

所以，$AC = 100/Q + 5\sqrt{10}$，$MC = 5\sqrt{10}$。

（2）均衡时利润最大，此时 $K = 2/5L$，代入 $K = 4$，可以得出 $L = 10$，

而 $Q = \sqrt{KL} = 2\sqrt{10}$，所以利润 $= PQ - TC = 80\sqrt{10} - 200 \approx 53$。

8. **解**：$TFC = 200 + 400 + 50 = 650$ 元，

$AVC = (500 + 750 + 100)/100 = 13.5$。

9. **解**：（1）根据边际成本函数，对其进行积分，可得总成本函数为

$TC = Q^3 - 15Q^2 + 100Q + C$(常数)，

又知道，当 $Q = 10$ 时，$TC = 1000$，代入上式可求得　$C = 500$，

即总成本函数为　$TC = Q^3 - 15Q^2 + 100Q + 500$。

固定成本是不随产量而变化的部分，因此，固定成本为 500。

（2）可变成本是随产量变化的部分，因此，总可变成本函数 $TVC = Q^3 - 15Q^2 + 100Q$；

平均成本函数 $AC = TC/Q = Q^2 - 15Q + 100 + 500/Q$；

平均可变成本函数 $AVC = TVC/Q = Q^2 - 15Q + 100$。

相关考研题解析

一、简述 *TC* 曲线上与过原点直线切点的意义。（复旦大学 2001 年考研题）

详解：

TC 曲线指总成本曲线，它表示每一单位生产要素的投入所带来的产量与所需要花费的总成本的关系。该曲线上任意点与原点的连线的斜率值，就表示在该点上的产量上所对应的平均成本，即 *AC*。*TC* 曲线上与过原点直线切点表示 *AC* 的最小值，这点的意义在于，随着产量的不断增加，切点之前的 *AC* 是递减的，切点之后的 *AC* 是递增的，在切点处的平均成本 *AC* 是最小值。

二、简要说明短期和长期平均成本曲线形成 *U* 形的原因。（厦门大学 2011 年考研题）

详解：

（1）短期平均成本曲线呈先降后升的 *U* 形，这是由边际报酬递减规律造成的，即最初阶段递减之后又转入递增阶段。之所以产生这种现象是由于产量达到一定产量前，每增加 1 单位的可变要素所增加的产量超过先前每单位要素的平均产量。这表现为，平均可变成本随产量的增加而递减。当产量达到一定数量后，随着投入可变要素的增加，每增加 1 单位可变要素所增加的产量小于先前可变要素的平均产量，即短期平均可变成本曲线自此点开始转入

递增。

（2）长期平均成本曲线呈先降后升的 U 形，这是由于长期生产中的规模经济和规模不经济决定的。在企业生产扩张的开始阶段，厂商由于扩大生产规模而使经济效益得到提高，这叫规模经济。当生产扩张到一定规模后，厂商继续扩大成产规模，就使经济效益下降，这叫规模不经济。或者说，厂商产量增加的倍数大于成本增加的倍数，为规模经济；相反，厂商产量增加的倍数小于成本增加的倍数，为规模不经济。一般来说，在企业的生产规模由小到大的扩张过程中，会先后出现规模经济和规模不经济。正是由于规模经济和规模不经济的作用，决定了长期平均成本 LAC 曲线表现出先下降后上升的 U 形特征。

$Q = 4L^{0.5}K^{0.5}$。

三、（计算题）设某厂商的生产函数为 $Q=4L^{0.5}K^{0.5}$，Q 为每月产量，K，L 为每月投入的生产要素。

（1）在短期，K 为固定投入，投入量为1；L 为可变投入，其价格分别为 $P_L=2$，$P_K=1$。求厂商短期总成本函数和边际成本函数。

（2）在长期，K 和 L 均为可变投入，其价格同上，求厂商长期总成本函数和边际成本函数。

（3）若不论短期还是长期，L 和 K 均按照边际产量支付报酬，则当 K 与 L 取得报酬以后，厂商还剩余多少？（东南大学2006年考研题）

详解：

（1）根据生产函数 $Q = 4L^{0.5}K^{0.5}$，当固定投入 $K=1$ 时，生产函数简化为 $Q=4L^{0.5}$，可得 $L=Q^2/16$。根据成本定义，厂商短期成本函数为 $C=2L+K$，代入有关参数可得厂商短期成本函数为 $C=Q^2/8+1$，从而边际成本函数 $MC=Q/4$。

（2）根据生产函数 $Q = 4L^{0.5}K^{0.5}$，可得劳动边际产量 $MP_L=2L^{-0.5}K^{0.5}$，资本边际产量为 $MP_K=2L^{0.5}K^{-0.5}$。厂商长期均衡条件为 $MP_L/MP_K=P_L/P_K$，代入有关参数可得 $K/L=2$，即 $K=2L$。代入生产函数可得 $Q = 4L^{0.5}K^{0.5} = 4\sqrt{2}L$，可得 $L = Q/4\sqrt{2}$。

厂商成本为 $C=2L+K$，代入有关参数可得长期总成本函数 $C=4L=4\times Q/4\sqrt{2}=Q/\sqrt{2}$，从而边际成本函数 $MC=\sqrt{2}/2$。

（3）如果 L 和 K 均按照边际产量支付报酬，则支付总报酬为 $L\cdot MP_L+K\cdot MP_K$，代入有关参数得总报酬 $2L^{0.5}K^{0.5}+2L^{0.5}K^{0.5}=4L^{0.5}K^{0.5}=Q$。因此当 K 与 L 取得报酬以后，厂商没有剩余。

6 第六章 完全竞争条件下的价格和产量

内容导读

每个企业都面临着不同的市场。因此，不同市场上的企业家就要决定自己应该如何确定自己的产量与价格，以便实现利润最大化。“市场理论”则是要解决这一问题的。经济学家根据市场上竞争与垄断的程度把现实中的市场分为四种类型：完全竞争市场、垄断竞争市场、寡头垄断市场和完全垄断市场。本章主要分析完全竞争市场条件下企业如何实现其经济利润的最大化，从而找出利润最大化的原则，指导企业的决策行为。

本章要点梳理

一、市场、厂商和行业

市场从本质上来讲就是一个商品交易的场所。它通过商品的买卖，联系着消费者和厂商。市场上的众多厂商生产的产品是不一样的，生产同类商品的厂商就构成了一个行业，从而市场上存在许多行业。而从狭义的角度来讲，一个行业也可能就是一种类型的市场。例如，农产品市场、服装市场、汽车市场等。

根据市场上的厂商和行业的不同特点，我们将市场分为四种市场结构：完全竞争市场、垄断竞争市场、寡头垄断市场和完全垄断市场。完全竞争市场和完全垄断市场是两个极端。垄断竞争市场和寡头垄断市场是介于这两种极端之间的状态，是竞争和垄断不同程度的结合，又称不完全竞争或不完全垄断市场。

二、完全竞争市场含义及条件

完全竞争，也称为纯粹竞争，完全竞争市场是指不存在任何垄断因素只有厂商之间自由竞争的市场结构。确切地讲，一个市场要成为完全竞争的市场必须具备四个基本条件：存在着大量的买者和买者；产品是同质的；资源的流动不受任何限制；市场信息是完全的，也就是市场信息充分畅通。

显然，这四个条件相当严格，现实世界中没有一个行业能够满足所有的条件，我们只能找到一些近似的例子，比如，农产品市场基本满足前三个条件，所以，我们认为某些农产品市场在现实中比较接近完全竞争。

三、完全竞争市场的行业需求和厂商需求

在某种商品市场上，需求一方对这类产品的总需求，就是对该行业所有厂商产品的需求（所有厂商的产品都具有可替代性）。如果整个行业内只有一家厂商，那么对行业的需求（市场总需求就是对该厂商产品的需求）即厂商所面对的需求等于市场需求。在完全竞争市场中，整个行业内有相当多的厂商，以至于对任一厂商来说，其供给量只占对行业的需求的极小部分，因而在一个特定的价格水平上，厂商所面对的需求具有无限弹性。因此，完全竞争市场的厂商需求曲线是一条价格水平线。

四、完全竞争市场的厂商收益

厂商收益是厂商销售产品取得的货币收入。完全竞争厂商收益分为总收益、平均收益和边际收益三个概念。

总收益（TR）是指厂商出售商品后所获得的总的货币收入。$TR = PQ$，其中价格 P 为一固定值。因此，总收益曲线表现为一条从原点出发斜率为价格的直线。

平均收益（AR）是指厂商在出售一定量商品后，从每单位商品中得到的货币收入。$AR = TR/Q = PQ/Q = P$，由于价格为一定值，因此，平均收益曲线就是一条平行于横轴的水平线。

边际收益（MR）是指厂商每多销售一单位商品而带来的总收益的增加值。$MR = \Delta TR/\Delta Q = dTR/dQ = P$，因此，边际收益曲线和平均收益曲线重合。

五、完全竞争厂商的短期均衡

短期均衡就是要分析个别厂商产量的决定与盈利状况。厂商为了实现利润最大化就要使边际收益等于边际成本，即 $MR = MC$。因此，边际收益曲线与边际成本曲线的交点就决定了产量。这时，厂商的总收益为平均收益乘以产量。总成本为平均成本乘以产量。二者的差额就是最大的利润。但是，个别厂商是从自己利润最大化的角度来决定产量的，而如果整个行业市场价格低，就会使个别厂商按照利润最大化原则决定的产量水平不一定存在经济利润，从而导致厂商的短期均衡出现存在超额利润、实现正常利润、实现最小亏损、停止营业的四种情况（见图 6－1）。

六、完全竞争厂商的长期均衡

在长期中，各个厂商都可以根据市场价格来调整全部生产要素和生产，也可以自由进入或退出该行业。这样，整个行业供给的变动就会影响市场价格，从而影响各个厂商的均衡。

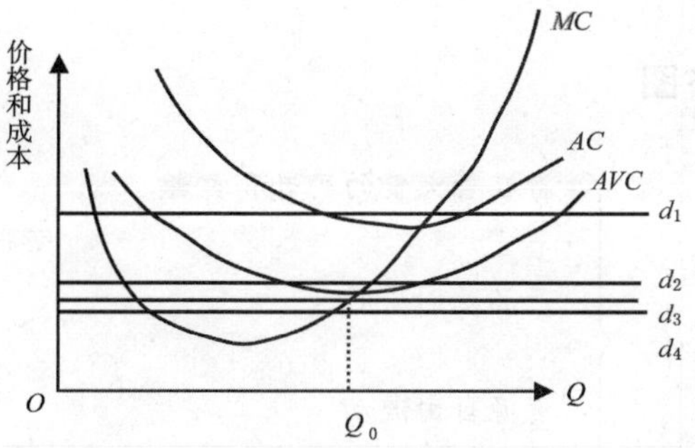

图 6－1　完全竞争厂商的短期均衡

具体来说，当供给小于需求，价格高时，各厂商会扩大生产，其他厂商也会涌入该行业，从而整个行业供给增加，价格水平下降。当供给大于需求，价格低时，各厂商会减少生产，有些厂商会退出该行业，从而整个行业供给减少，价格水平上升。最终价格水平会达到使各个厂商既无超额利润又无亏损的状态。这时，整个行业的供求均衡，各个厂商的产量也不再调整，于是就实现了长期均衡。长期均衡的条件是：$AR = MR = P = SMC = SAC = LMC = LAC$。

在理解长期均衡时要注意两点：第一，长期均衡的正点就是上一章中所说的收支相抵点。在完全竞争市场上，竞争激烈，长期中厂商无法实现超额利润。只要获得正常利润就是实现了利润最大化。第二，实现了长期均衡时，平均成本与边际成本相等。在完全竞争条件下，可以实现成本最小化，从而也就是经济效率最高。这正是经济学家把完全竞争作为最优状态的理由。

七、行业长期供给曲线

由于在长期行业的供给是随着厂商规模和数量的变化而不断变化的，这样就形成了长期的行业供给曲线。在长期，由于行业成本的变化情况不同，因此，可以将行业的长期供给曲线分为三种：一是行业生产变动时投入要素的价格不变，因而产品平均成本不变从而供给价格不变，形成成本不变行业的长期供给曲线；二是行业生产变动时投入要素的价格上升，使产品平均成本增加从而供给价格上升，形成成本递增行业的长期供给曲线；三是行业生产扩大时，由于规模经济而使成本下降，形成成本递减行业的长期供给曲线。

本章知识脉络图

- 完全竞争市场理论
  - 完全竞争市场的条件
    - 存在着大量的买者和卖者
    - 产品是同质的
    - 资源自由流动
    - 完全信息
  - 需求曲线
    - 行业需求曲线：向右下方倾斜的曲线
    - 厂商需求曲线：与市场均衡价格线重合
  - 厂商收益曲线
    - 总收益曲线：$TR=PQ$
    - 平均收益曲线：$AR=TR/Q$
    - 边际收益曲线：$MR=dTR/dQ$
  - 厂商均衡（均衡的条件：$MR=MC$）
    - 短期均衡
      - 利润最大
      - 收支相抵
      - 亏损最小
      - 停止营业
    - 长期均衡→行业内厂商均无超额利润
  - 供给曲线
    - 厂商供给曲线→厂商 $SMC \geqslant AVC$ 的部分
    - 行业供给曲线
      - 行业短期供给曲线：厂商供给曲线之和
      - 行业长期供给曲线
        - 成本不变行业长期供给曲线
        - 成本递增行业长期供给曲线
        - 成本递减行业长期供给曲线

本章名词详解

◆ **市场结构**：市场结构是指按照市场竞争程度划分的不同市场组织形式，包括完全竞争市场、完全垄断市场、垄断竞争市场和寡头垄断市场等四种类型。

◆ **完全竞争市场**：完全竞争市场是指存在众多生产相同产品的厂商，而不存在任何干扰因素的市场。

◆ **总收益**：总收益是指厂商出售商品后所获得的总的货币收入。

◆ **平均收益**：平均收益是指厂商在出售一定量商品后，从每单位商品中得到的货币收入。

◆ **边际收益**：边际收益是指厂商每多销售一单位商品而带来的总收益的增加值。

◆ **竞争均衡**：竞争均衡是指以完全竞争为特征的市场或经济中供给和需求的平衡。由于完全竞争中单独的买者和卖者都没有力量（支配性地）影响市场，价格将趋向等于边际成本和边际效用的水平。

◆ **厂商均衡**：厂商均衡指一个厂商在其所面临的各种约束下，利润达到最大化时的产出的水平或状态。此时厂商没有改变其产出或价格水平的动机。在规范的厂商理论中，这意味着厂商选择了一个边际收益恰好等于边际成本的产出水平。

◆ **停止营业点**：在厂商理论中，市场价格恰恰可以弥补平均可变成本且无多余的点就是停止营业点。这时，企业每期的损失恰好等于它的固定成本，与停业关门的后果一样。

同步练习与精解

一、同步练习题

（一）辨析题

1. 市场竞争程度的强弱是微观经济学划分市场类型的标准。

2. 完全竞争厂商只能被动地接受既定的市场价格。

3. 所有完全竞争的企业都可以在短期均衡时实现经济利润最大化。

4. 完全竞争厂商的短期供给曲线是短期边际成本曲线上等于和高于停止营业点的部分。

5. 完全竞争厂商的平均收益曲线和边际收益曲线与需求曲线是相同的。

6. 如果一个企业的平均销售收入低于平均成本，则该企业应当停产。

7. 企业在停止经营时，$TR = TVC$，亏损则不能确定。

8. 在一般情况下，厂商得到的价格若低于平均变动成本就停止营业。

9. 当行业处于长期均衡状态时，同一行业的所有厂商必须具有相同的成本曲线，且各厂商只能获得正常利润。

10. 一个行业长期处于均衡，相应的短期也处于均衡。

11. 完全竞争条件下，厂商在长期均衡时有可能获得超额利润。

12. 如果一个企业的平均成本达到了最小值，说明它已获得了最大利润。

13. 完全竞争厂商面临的价格和边际收益相等。

14. 如果产品价格低于最低平均成本，企业就会停止营业。

（二）单项选择题

1. 根据完全竞争市场的条件，下列行业中接近完全竞争的行业是（　　）。

A. 自行车行业　　B. 玉米行业

C. 糖果行业　　D. 服装行业

2. 若生产要素的价格和数量变化方向相同，则该行业是（　　）。

A. 成本不变行业　　B. 成本递增行业

C. 成本递减行业　　D. 以上任何一个

3. 在 $MR=MC$ 的均衡产量上，企业（　　）。

A. 必然得到最大的利润

B. 不可能亏损

C. 必然得到最小的亏损

D. 若获利润，则利润最大；若亏损，则亏损最小

4. 如果在厂商的短期均衡产量上，AR 小于 SAC，但大于 AVC，则厂商（　　）。

A. 亏损，立即停产　　B. 亏损，但继续生产

C. 亏损、生产或不生产都可以　　D. 获得正常利润，继续生产

5. 在厂商的停止营业点上，应该有（　　）。

A. $AR=AVC$　　B. 总亏损等于 TFC

C. $P=AVC$　　D. 以上说法都对

6. 在一般情况下，厂商得到的价格若低于（　　）成本就停止营业。

A. 平均成本　　B. 平均可变成本

C. 边际成本　　D. 平均固定成本

7. 假定完全竞争行业内某厂商在目前产量水平上的边际成本，平均成本和平均收益等于1美元，则这家厂商（　　）。

A. 肯定只得到正常利润　　B. 肯定没得到最大利润

C. 是否得到了最大利润还不能确定　　D. 肯定得到了最少利润

8. 在完全竞争的条件下，如果厂商把产量调整到平均成本曲线最低点所对应的水平，那么，（　　）。

A. 它将取得最大利润　　B. 它没能获得最大利润

C. 它是否获得最大利润仍无法确定　　D. 它一定亏损

9. 竞争厂商的"收支相抵点"发生在（　　）产出水平上。

A. $MC=AC$　　B. $AVC=AFC$

C. $MC=AVC$　　D. $AC=AVC$

10. 竞争厂商的"停止营业点"发生在（　　）产出水平上。

A. $MC=AC$　　B. $AVC=AFC$

C. $MC = AVC$　　D. $AC = AVC$

11. 完全竞争市场的厂商短期供给曲线是指（　　）。

A. $AVC > MC$ 中的那部分 AVC 曲线　　B. $AC > MC$ 中的那部分 AC 曲线

C. $MC \geqslant AVC$ 中的那部分 MC 曲线　　D. $MC \geqslant AC$ 中的那部分 MC 曲线

12. 总利润达到最大是在（　　）。

A. $TR = TC$ 处

B. TR 曲线和 TC 曲线平行处

C. TR 曲线和 TC 曲线平行，且 TC 超过 TR 处

D. TR 曲线和 TC 曲线平行，且 TR 超过 TC 处

13. 在最好或最优短期产出水平，厂商将（　　）。

A. 取得最大利润　　B. 使总损失最小

C. 使总损失最小或使总盈利最大　　D. 使单位产品中所获利润最大

14. 厂商在倒闭点（　　）。

A. $P = AVC$　　B. $TR = TVC$

C. 企业总损失等于 TFC　　D. 以上都对

15. 一厂商必须以 1.9 元的价格卖出产品，其成本参数如下：平均成本 2 元，边际成本 1.5 元，平均可变成本 1.5 元，总固定成本 500 元。追求利润最大化的厂商将（　　）。

A. 扩大产出　　B. 减少产出

C. 保持当前产出　　D. 停产

16. 当完全竞争厂商处于长期均衡时，（　　）。

A. $P = MR = SMC = SAC$

B. $P = MR = LMC = LAC$

C. $P = MR = SMC = LMC$，$SAC = LAC$，但前后二等式并不相等，即 $P \neq SAC$

D. $P = MR = SMC = SAC = LMC = LAC$

17. 当完全竞争厂商和行业都处于长期均衡时，（　　）。

A. $P = MR = SMC = LMC$　　B. $P = MR = SAC = LAC$

C. $P = MR = LAC$ 的最低点　　D. 以上都对

18. 一完全竞争的厂商每天的总收入为 8000 元，这是其利润最大化的产出。厂商的平均成本是 8 元，边际成本是 10 元，平均可变成本是 5 元，其每天的产出为（　　）。

A. 200 单位　　B. 400 单位

C. 625 单位　　D. 800 单位

19. 假定在某一产量水平上，某厂商的平均成本达到了最小值，这意味着（　　）。

A. 边际成本等于平均成本　　B. 厂商获得了最大利润

C. 厂商获得了最小利润　　D. 厂商的超额利润为零

20. 在完全竞争市场上，已知某厂商的产量是 500 单位，总收益是 500 美元，总成本是 800 美元，总不变成本是 200 美元，边际成本是 1 美元，按照利润最大化原则，它应该（　　）。

A. 增加产量　　B. 停止生产

C. 减少产量　　D. 以上任一个措施都采取

21. 在任何市场中，厂商的平均收益曲线可以由（　）。

A. 它的产品的供给曲线表示　　B. 它的产品需求曲线表示

C. 行业的产品供给曲线表示　　D. 行业的产品需求曲线表示

22. 第 18 题中厂商的总固定成本是（　　）。

A. 3 元　　B. 100 元

C. 500 元　　D. 2400 元

23. 第 18 题中厂商每天的利润为（　　）。

A. －800 元　　B. 0 元

C. 800 元　　D. 1600 元

24. 一个完全竞争企业利润最大化的条件是（　　）。

A. 边际成本等于价格，价格高于最低平均变动成本

B. 边际成本等于价格，价格低于最低平均变动成本

C. 总收益最大化

D. 平均变动成本最小

（三）简答题

1. 完全竞争市场的含义和条件。你认为下列哪种饮料市场可以最好地用这些特征描述？其他饮料市场为什么不行？

A. 自来水　　B. 瓶装水

C. 可乐　　D. 啤酒

2. 简述完全竞争市场上单个厂商面临的市场需求曲线是平行于 X 轴的一条直线的原因。

3. 什么叫“停止营业点”？

4. 什么叫“收支相抵点”？

5. 为什么利润最大化原则 $MR=MC$ 在完全竞争条件下可表达了 $MC=P$？

6. 如果在短期，一完全竞争的厂商发现无论它选择何种产出水平（产出大于零）都会蒙受亏损，那么这个厂商还会继续经营吗？

7. 为什么完全竞争厂商的需求曲线、平均收益曲线和边际收益曲线是重叠的？

8. “虽然很高的固定成本会是厂商亏损的原因，但永远不会是厂商关门的原因。”你同意这一说法么？

9. 完全竞争在现实经济生活中存在吗？为什么西方经济学家首先需要研究完全竞争模型？

10. 为什么完全竞争厂商的短期供给曲线是 SMC 曲线上等于和高于 AVC 曲线最低点的部分？

（四）作图分析题

1. 作图说明完全竞争市场上整个行业面临的需求曲线和单个企业面临的需求曲线。

2. 作图说明完全竞争市场上单个企业的总收益曲线、平均收益曲线和边际收益曲线。

3. 作图说明完全竞争厂商短期利润最大、获得正常利润、亏损最小和停止营业的四种均衡情况。

4. 作图说明完全竞争厂商长期均衡的情况。

（五）计算题

1. 已知某完全竞争行业中的单个厂商的短期成本函数为 $STC=0.1Q^3-3Q^2+10Q+200$。当市场上产品价格 $P=100$ 时，求厂商的短期均衡产量和利润。

2. 某完全竞争市场中一个小企业的短期成本函数为 $STC=0.1Q^3-2Q^2+30Q+40$。当市场价格下降至多少时，该企业须停产吗？

3. 已知某完全竞争的成本不变行业中的单个厂商的长期总成本函数 $LTC=Q^3-12Q^2+40Q$。

试求：

（1）当市场商品价格是 $P=100$，厂商实现 $MR=LMC$ 时的产量，平均成本和利润的数量；

（2）该行业长期均衡时的价格和单个厂商的产量；

（3）市场的需求函数为 $Q=660-15P$ 时，行业长期均衡时的厂商数量。

4. 某完全竞争的成本固定不变行业包含多家厂商，每家的长期总成本函数为 $LTC=0.1q^3-4q^2+50q$（q 是厂商年产量）。产品的市场需求函数是 $Q=9000-100P$（Q 是该行业年销售量，P 是产品价格）。

（1）计算厂商长期平均成本为最小时的产量和销售价格；

（2）求该行业的长期均衡价格；

（3）该行业长期均衡时有多少家厂商？

5. 假定完全竞争市场的需求函数和供给函数分别问 $Q_D=50000-2000P$ 和 $Q_S=40000+3000P$。求：

（1）市场均衡价格和均衡产量；

（2）厂商的需求函数是怎样的？

6. 完全竞争厂商的短期成本函数 $STC=0.04Q^3-0.8Q^2+10Q+5$，试求厂商的短期供给函数。

7. 已知某完全竞争行业中的单个厂商的短期成本函数为 $STC=0.1Q^3-2Q^2+15Q+10$。试求：

（1）当市场上产品的价格为 $P=55$ 时，厂商的短期均衡产量和利润；

（2）当市场价格下降为多少时，厂商必须停产；

（3）厂商的短期供给函数。

二、同步练习题精解

（一）辨析题

1. 对。

2. 对。

3. 错。企业不一定获得最大利润，盈利时，是获得最大利润，亏损时是亏损最小。
4. 对。
5. 对。
6. 错。低于平均可变成本时，企业才应该停产。
7. 错。处于短期均衡时，二者都有可能出现上升的情况。
8. 错。亏损能够确定为 TFC。
9. 对。
10. 对。
11. 错。长期均衡时没有超额利润。
12. 错。最大利润由边际收益与边际成本相等时决定，平均成本不一定为最小值。
13. 对
14. 错。只有低于平均可变成本时才会停止营业。

（二）单项选择题

1 B	2 B	3 D	4 B	5 D	6 B	7 A	8 C	9 A	10 C
11 C	12 D	13 C	14 D	15 A	16 D	17 D	18 D	19 A	20 B
21 B	22 D	23 D	24 A						

（三）简答题

1. 答：完全竞争，也称为纯粹竞争，完全竞争市场是指不存在任何垄断因素只有厂商之间自由竞争的市场结构。确切地讲，一个市场要成为完全竞争的市场必须具备四个基本条件：存在着大量的买者和卖者；产品是同质的；资源的流动不受任何限制；市场信息是完全的，也就是市场信息充分畅通。

A. 自来水一般为完全垄断。B. 瓶装水可以用这些特征来描述。C. 可乐。D. 啤酒为垄断竞争。

2. 答：在完全竞争市场中，整个行业内有相当多的厂商，以至于对任一厂商来说，其供给量只占对行业的需求的极小部分，因而在一个特定的价格水平上，厂商所面对的需求具有无限弹性。因此，完全竞争市场的厂商需求曲线是一条平行于 X 轴的水平线。

3. 答：在厂商理论中，市场价格恰恰可以弥补平均可变成本且无多余的点就是停业点。这时，企业每期的损失恰好等于它的固定成本，与停业关门的后果一样。

4. 答：当价格线降到与平均成本线只有一个交点时，即相切时，此时，除了此点外，其他产量位置平均收益均小于平均成本，出现经济亏损，因此，只有此点是利润最佳的状态，此时，仍然是 $MC = MR$。但此时也仅仅是经济利润为零，厂商仅仅能够获得正常利润，因此，此点被称为收支相抵点。

5. 答：因为在完全竞争市场中，边际收益曲线、平均收益曲线和价格线三线是重合的，所以 $MR = MC$ 也可以表达为 $MC = P$。

6. 答：厂商在短期出现亏损不一定就会马上停止营业。因为厂商还要考虑到固定成本的分摊，只要能够收回部分固定成本，企业的生产就是有意义的。因此，只有企业亏损到无法补偿任何固定成本的时候，即固定成本全部损失，这和企业停产时的损失一样，企业也就没有生产的必要了，此时企业就会停止营业。

7. 答：由于完全竞争市场的特点决定了单个厂商面对的是一条具有完全价格弹性的水平需求曲线。平均收益与价格在任何市场条件下均相等，即 $AR = TR/Q = P \cdot Q/Q = P$。边际收益 $MR = P = AR$ 只有在完全竞争市场条件下才能成立，因为在完全竞争市场中，厂商是价格的接受者，产品价格是常数，$MR = dTR/dQ = dP \cdot Q/dQ = P \cdot dQ/dQ = P$。所以，完全竞争厂商的需求曲线、平均收益曲线和边际收益曲线是重叠。

8. 答：同意。在短期，不管固定成本有多高，只要销售收益能补偿可变成本，厂商总可以营业。在长期，一切成本都是可变的，不存在固定成本高不高的问题，因此无论在短期还是在长期，高固定成本都不可能是厂商停业的原因。

9. 答：从严格意义上讲，完全竞争在现实中并不存在，即使像农产品市场也只是类似于完全竞争市场而已。尽管完全竞争市场只是一种理想的状况，但对一般企业来讲，当它们对市场价格几乎没有什么影响力时，也可以视为完全竞争企业，以便简化对市场竞争问题的分析。不仅如此，由于完全竞争市场理论是各种类型市场理论的基础，弄清完全竞争市场中产品价格和产量是如何确定的，再去分析其他类型市场产品价格和产量的决定也就不再困难。因此，西方经济学家在分析市场结构时首先分析完全竞争市场。

10. 答：厂商的供给曲线是指在不同的销售价格水平上，厂商愿意生产和销售的产量变动曲线。它表示的是短期内厂商最有利润可图（或亏损最小）的产量水平与产品价格之间的关系。随着市场价格的变动，厂商为使利润最大，必将遵循 $MR = MC$ 定理，使自己产品的边际成本恰好等于市场价格，即均衡的产量点总在边际成本曲线上变动。因此，完全竞争厂商的短期供给曲线即为该厂商边际成本曲线停止营业点以上（$P > AVC$）的那部分线段。（参见本系列教材）

（四）作图分析题

1. 答：完全竞争市场上整个行业面临的需求曲线就是市场需求曲线，为一条向右下方倾斜的曲线。图略。

在完全竞争市场中，整个行业内有相当多的厂商，以至于对任一厂商来说，其供给量只占对行业的需求的极小部分，因而在一个特定的价格水平上，厂商所面对的需求具有无限弹性。因此，完全竞争市场单个企业面临的需求曲线是一条价格水平线。图略。

2. 答：完全竞争市场中，总收益曲线表现为一条从原点出发斜率为价格的直线。平均收益曲线就是一条平行于横轴的水平线。边际收益是指厂商每多销售一单位商品而带来的总收益的增加值。由于，$MR = \Delta TR/\Delta Q = dTR/dQ = P$，因此，边际收益曲线、平均收益曲线、价格线三线合一，是同一条平行于横轴的水平线。图略。

3. 答：完全竞争厂商短期利润最大、获得正常利润、亏损最小和停止营业的四种均衡状态都满足 $MR = MC$，只要找到这个交点，就可以找到对应的均衡状态。图略。

4. 答：完全竞争场上长期均衡的条件是：$AR = MR = P = SMC = SAC = LMC = LAC$，也就是长期平均成本曲线的最低点与价格线相切的位置。图略。

（五）计算题

1. **解**：根据题设可以求出：$MC = dTC/dQ = 0.3Q^2 - 6Q + 10$。

由 $MC = P$ 的均衡条件，可以得出：$100 = 0.3Q^2 - 6Q + 10$，从而求出：$Q = 4$。此时，$PQ - TC = 2500$，即最大利润为 2500。

2.

解一：

当价格降到平均可变成本的最低点时厂商须停产，即 $P = AVC$ 最小值。

根据题设可以求出：$AVC = 0.1Q^2 - 2Q + 30$。

利用数学的极限求法，当 $(AVC)' = 0$ 时其值最小。即：$0.2Q - 2 = 0$，得出 $Q = 10$。

将这一结论代入 AVC 函数，求出 AVC 的最小值为 20，因为 $P = AVC$ 最小值时停产，也就是价格为 20 时停产。

解二：也可以利用 $MC = AVC$ 时 AVC 最小来求得其最小时的产量。其他各问解法相同。

3. **解**：

（1）$LTC' = LMC = 3$，$Q^2 - 24Q + 40 = MR = P = 100$。

此时，$3Q^2 - 24Q + 60 = 0$，$\therefore Q = 10$ 或 $Q = -2$（舍去）；$LAC = Q^2 - 12Q + 40 = 20$；利润 $= (P - LAC)\ Q = 800$。

（2）LAC 最低点 $= P$，$LAC' = 2Q - 12 = 0$，$\therefore Q = 6$　LAC 最低点 $= 4$。

即该行业长期均衡时的价格为 4，单个厂商的产量为 6。

（3）成本不变行业长期均衡时价格是市场均衡价格，所以市场需求为 $Q = 660 - 15 \times 4 = 600$，则厂商数量为 $600/6 = 100$。

4.

解一：

（1）根据题设可求出：$LAC = LTC/Q = 0.1q^2 - 4q + 50$。

$(LAC)' = 0$ 时，LAC 最小。即 $0.2q - 4 = 0$，得出 $q = 20$，此时销售价格 $P = LAC$ 最小值，将 $q = 2$ 代入即可求出销售价格为 10。

（2）行业长期均衡和厂商长期均衡状态一样，因此其均衡价格仍为 10。

（3）根据题设，市场需求 $Q = 9000 - 100 \times 10 = 8000$。

由于完全竞争市场中每个企业情况相同，因此长期均衡时厂家数量 $= Q/q = 8000/20 = 400$。

解二：（1）中 $LAC = LMC$ 时，LAC 同样最小。因此，也可以根据这一公式求出 LAC 最小时的产量。其他各个小问解法与解一相同。

5. **解**：

（1）根据市场均衡条件 $Q_s = Q_d$，即 $50000 - 2000P = 40000 + 3000P$，就可以求出均衡价格 $= 2$，均衡数量 $= 46000$。

（2）厂商的需求函数即为一条水平的价格线，也就是 $P = 2$。

6.

解一：

厂商的短期供给曲线就是位于厂商短期平均可变成本线以上的部分短期边际成本曲线。

根据题设，可以求出：$MC = dTC/dQ = 0.12Q^2 - 1.6Q + 10$　$AVC = TVC/Q = 0.04Q^2 - 0.8Q + 10$。

当 $AVC = MC$ 时，AVC 最小，代入已知，可以得出 $Q = 10$。

则厂商的短期供给函数为 $P = 0.12Q^2 - 1.6Q + 10(Q \geqslant 10)$。

解二：也可以根据数学的极限求法，即 $(AVC)' = 0$ 得出其值最小的状态。其他各问解法相同。

7.

解：

（1）$P = MR = 55$。

短期均衡时 $SMC = 0.3Q^2 - 4Q + 15 = MR = 55$。

$0.3Q^2 - 4Q - 40 = 0, \therefore Q = 20$　或 $Q = -20/3$（舍去）。

利润 $= PQ - STC = 55 \times 20 - (0.1 \times 8000 - 2 \times 400 + 15 \times 20 + 10) = 790$。

（2）厂商停产时，$P = AVC$ 最低点。

$AVC = SVC/Q = (0.1Q^3 - 2Q^2 + 15Q)/Q = 0.1Q^2 - 2Q + 15$。

AVC 最低点时，$AVC' = 0.2Q - 2 = 0, \therefore Q = 10$。

此时 $AVC = P = 0.1 \times 100 - 2 \times 10 + 15 = 5$。

（3）短期供给函数为 $P = MC = 0.3Q^2 - 4Q + 15$（取 $P > 5$ 一段）。

相关考研题解析

一、“在长期均衡点，完全竞争市场中每个厂商的利润都为零。因而，当价格下降时，所有这些厂商就无法继续经营。”这句话对吗？（武汉大学 2007 年考研题）

详解：

这句话前半部分是对的，后半部分是错的。在长期均衡点，完全竞争市场中每个厂商的利润为零，也即每个厂商只能获得正常利润，得不到超额利润。当产品的价格下降时，会引起部分厂商退出该行业，由于部分厂商的退出，使得该行业的供给量减少，供给曲线向左上方移动，从而使价格上升到原来的水平。当恢复到原来的价格水平时，留存下来的厂商又达到新的均衡。因而，不能说当价格下降时所有这些厂商都无法继续经营。

二、完全竞争行业中，某厂商的成本函数为 $STC = Q^3 - 6Q^2 + 30Q + 40$。

（1）假设产品价格为 66 元，求利润极大时的产量及利润总额。

（2）由于竞争市场供求发生变化，由此决定的新的价格为 30 元，在新的价格下，厂商是否会发生亏损？如果会，最小的亏损额为多少？

（3）该厂商在什么情况下会停止生产？

（4）厂商的短期供给函数。（厦门大学 2006 年考研题）

详解：

（1）根据题设可以求出：$MC = dTC/dQ = 3Q^2 - 12Q + 30$。

利润最大时，有 $MC = P$，将相关已知代入，可以得出：$Q = 6$ 时利润最大。此时，最大利润 $= PQ - TC = 176$。

（2）由 $MC = P$ 的均衡条件，可以得出：$30 = 3Q^2 - 12Q + 30$，从而求出：$Q = 4$。此时，$PQ - TC = -8$，说明厂商出现亏损，最小亏损额为 8。

（3）厂商退出行业的条件是 P 小于 AVC 的最小值。

根据题设可以求出：$AVC = Q^2 - 6Q + 30$。

当其一阶导数为零时其值最小，即 $(AVC)' = 2Q - 6 = 0$，解得：$Q = 3$。

因此，当 $Q = 3$ 时，$AVC = 21$，可见只要价格小于 21，则厂商就会停止生产。

（4）根据题设可以求得：$MC = dTC/dQ = 3Q^2 - 12Q + 30$。

由于完全竞争厂商的短期供给曲线既为 MC 曲线大于和等于停止营业点以上的部分，所以有：$P = 3Q^2 - 12Q + 30$ 即为厂商的短期供给曲线，经过整理可最终得出：

$$Q = \frac{6 + \sqrt{3P - 54}}{3}(P \geqslant 21)。$$

三、（计算题）假设某完全竞争行业有 100 个相同的企业，企业的短期成本函数为 $TC = 0.1q^2 + q + 10$。

（1）求市场供给函数。

（2）市场需求函数为 $Q_d = 4000 - 400P$，求市场均衡价格与产量。

（3）如果对每单位产品征税 0.9 元，求新市场均衡价格和产量。（南开大学 2006 年考研题）

详解：

（1）根据代表性厂商的短期成本函数 $TC = 0.1q^2 + q + 10$，可以得到平均可变成本 $AVC = \frac{TVC}{Q} = 0.1q + 1$，边际成本 $SMC = \frac{dTVC}{dQ} = 0.2q + 1$。由于边际成本始终大于平均可变成本，因此代表性厂商的短期供给函数为 $P = MC$，即 $P = 0.2q + 1$，反供给函数为 $q = 5p - 5$。

由于行业供给曲线是各个厂商供给曲线水平加总。因此，行业短期供给函数为 $Q = 500P - 500$。

（2）市场需求函数为 $Q_d = 4000 - 400P$。联立求解供给函数和需求函数，可得均衡价格和产量分别为：$P = 5$，$Q = 2000$。

（3）征收单位产品税，意味着产品的成本增加，从而供给价格上升。也就是说，同样的价格水平上，现在的供给更少了。因此，对每单位产品征税 0.9 元后，行业的供给函数为 $Q_s' = 500(P - 0.9) - 500 = 500P - 950$。

联立求解供给函数和需求函数可得到均衡价格和产量为：$P = 5.5, Q = 1800$。

7 第七章 不完全竞争条件下的价格和产量

内容导读

不完全竞争市场是指那些或多或少带有一定的垄断因素的市场组织。其通常包括三种市场结构：完全垄断市场、垄断竞争市场和寡头垄断市场。本章以完全竞争市场条件下所得出的理论为参照，展开分析不完全竞争市场条件下企业的均衡价格和产量的决定问题。

本章要点梳理

一、完全垄断的性质、特点及成因

1. 性质：完全垄断又称垄断或独占，是指一家厂商控制整个行业，不存在任何竞争的市场类型。

2. 特点。

（1）厂商即行业或产业；

（2）供给不能替代的产品；

（3）新厂商不能进入；

（4）独自定价并实行差别价格。

3. 成因。

（1）政府法律、法令规定，特许个别厂商在某种产品生产或经营上垄断；

（2）专利发明；

（3）对投入的控制；

（4）规模经济。

二、垄断厂商的需求曲线、收益曲线

完全垄断市场由于只有一家厂商，所以，市场需求曲线就等于厂商所面临的需求曲线，即一条斜向下倾斜的曲线。

完全垄断厂商也存在总收益、平均收益和边际收益三条曲线。它们的含义与完全竞争厂商相同，但具体曲线的形状却不一样。总收益曲线是一条倒 U 形曲线；平均收益曲线实际上就是价格线，因为 $AR = TR/Q = PQ/Q = P$，也就是需求曲线与平均收益曲线仍然是重合的；边际收益曲线是一条斜向下倾斜、斜率是需求曲线的两倍的曲线。

三、垄断总收益与价格的关系

由于垄断厂商的需求曲线向右下方倾斜，即只有价格下降才能引起销售量增加，因此，总收益与价格变动的关系要由需求价格弹性决定：$|E_d|>1$ 时，$MR>0$ 此时，TR 递增，也就是降低价格能使总收益增加；$|E_d|<1$ 时，$MR<0$ 此时，TR 递减，也就是降低价格反而使总收益减少；$|E_d|=1$ 时，$MR=0$ 此时，TR 最大，降低价格不会使总收益发生变化。

四、垄断厂商的短期与长期均衡

在完全垄断市场上，厂商可以通过对产量和价格的控制来实现利润最大化。但居于完全垄断地位的厂商也并不能为所欲为，要受市场需求状况的限制。如果价格太高，消费者会减少其需求，或购买其他替代商品。在短期内，厂商对产量的调整也要受到限制，因为在短期内，产量的调整同样要受到固定生产要素（厂房、设备等）无法调整的限制。在完全垄断市场上，厂商仍然根据边际收益与边际成本相等的原则来决定产量，这种产量决定后，短期中难以完全适应市场需求进行调整。这样，也可能出现供大于求或供小于求的状况，当然也可能是供求相等。在供大于求的情况下，会有亏损；在供小于求的情况下，会有超额利润；供求相等时，则只有正常利润。

在长期中，垄断厂商可以通过调节产量与价格来实现利润最大化。这时厂商均衡的条件是边际收益与长期边际成本和短期边际成本都相等，即 $MR = LMC = SMC$。在短期中，垄断厂商无法调整全部生产要素，因此不一定能实现利润最大化。但在长期中，厂商可以调整全部生产要素，因此可以实现利润最大化。这时就存在垄断利润。在长期中，垄断厂商在高价少销与低价多销中进行选择，以便使所达到的产量能实现利润最大化。

五、垄断厂商的价格歧视

完全垄断市场上是一家厂商垄断整个市场，所以，它就可以实行价格歧视，即在同一时间对同一种产品向不同的购买者索取不同的价格。

实行价格歧视是为了获得超额利润，要使价格歧视得以实行，一般要具备三个条件：第一，市场存在不完善性。当市场不存在竞争，信息不畅通，或者由于种种原因被分割时，垄断者就可以利用这一点实行价格歧视。第二，各个市场对同种产品的需求弹性不同。这时垄断者就可以对需求弹性小的市场实行高价格，以获得垄断利润。第三，有效地把不同市场之间或市场的各部分之间分开。

一般根据价格差别的程度把价格歧视分为三种类型：

1. 一级价格歧视，又称完全价格歧视。这就是假设垄断者了解每一消费者为了能购进每一单位产品所愿付出的最高价格，并据此来确定每一单位产品的价格。完全价格歧视就是每一单位产品都有不同的价格。

2. 二级价格歧视。这就是垄断厂商了解消费者的需求曲线，把这种需求曲线分为不同段，根据不同购买量确定不同的价格。这种情况下，垄断厂商可以把部分消费者剩余转变为超额利润。

3. 三级价格歧视。这就是垄断厂商对不同市场的不同消费者实行不同的价格。这种情况下，就可以在实行高价格的市场上获得超额利润，即把这个市场上的消费者剩余变为超额利润。

六、垄断竞争的含义与条件

垄断竞争是指一种既有垄断又有竞争，既不是完全竞争又不是完全垄断的市场结构。

引起这种垄断竞争的基本条件是产品差别的存在。每一种有差别的产品都可以以自己的产品特色在一部分消费者中形成垄断地位。这样，产品差别就会引起垄断。但是，产品差别是同一种产品的差别，这样各种有差别的产品之间又存在替代性，即它们可以互相代替，满足某些基本需求。有差别产品之间的这种替代性就引起这些产品之间的竞争。所以说，产品差别既会产生垄断，又会引起竞争，从而形成一种垄断竞争的状态。

经济中许多产品都是有差别的，因此，垄断竞争是一种普遍现象，而最明显的垄断竞争市场是轻工业品市场。

七、垄断竞争市场上厂商的需求曲线

垄断竞争市场上，厂商面临着两条需求曲线。这就涉及每个厂商与其行业中其他厂商的关系。一条需求曲线表示，当一个厂商改变自己产品的价格，而该行业中其他与之竞争的厂商并不随它而改变价格时，该厂商的价格与销售量的关系。在这种情况下，该厂商的销售量会大幅度变动。如果该厂商在其他厂商价格不变的情况下降价，就把对其他厂商的需求吸引过来了。这条需求曲线比较平坦，表示价格小有变动，则需求量变动大。另一条需求曲线表示，当一个厂商改变自己产品的价格，该行业中其他与之竞争的厂商也随之改变价格时，该厂商的价格与销售量的关系。在这种情况下，该厂商的销售量变化不大。

八、垄断竞争市场上的短期与长期均衡

除了有两条需求曲线之外，垄断竞争市场上厂商的短期均衡与完全垄断市场上相同。均衡条件是：$MR=MC$。和完全垄断市场上一样，垄断竞争市场上实现了短期均衡时也可能有超额利润、收支相抵，或亏损。

在垄断竞争市场上，长期中厂商也可以调整自己的产量，其他厂商也可加入或退出某一行业。通过这些变动会最终实现长期均衡。这种均衡状态的条件就是：$MR=MC$，$AR=LAC$。

九、寡头垄断的含义与条件

寡头垄断又称寡头，其原意是指为数不多的销售者。寡头垄断就是指少数几家厂商垄断了某一行业的市场，控制了这一行业的供给。在这种市场上，几家厂商的产量在该行业的总

供给中占了很大的比例，每家厂商的产量都占有相当大的份额，从而每家厂商对整个行业价格与产量的决定都有举足轻重的影响。而这几家厂商之间又存在着不同形式的竞争。

寡头垄断市场不受产品差别的影响，生产无差别产品的寡头称为纯粹寡头（例如，钢铁、石油行业的寡头），生产有差别产品的寡头称为差别寡头（例如，汽车、香烟、造船行业的寡头）。

寡头垄断市场在经济中占有十分重要的地位。在这种行业中，大规模生产的经济特别明显。这些行业中每个厂商的产量都十分大，这就决定了只要几家厂商存在，它们的产量就可以满足市场的需求。此外，在开始建厂时所需投资的巨大，也使其他厂商很难进入这一行业，已有的几家寡头也会运用各种方法阻止其他厂商的进入。因此，应该说，寡头垄断的形成首先是某些产品的生产与技术要求决定的。此外，这些寡头本身所采取的种种排他性措施，以及政府对这些寡头的扶植与支持，也促进了寡头垄断市场的形成。

十、寡头垄断市场的特征

寡头垄断市场具有其他市场结构所没有的一个重要特征：几家寡头之间的相互依存性。在寡头垄断市场上，厂商数量很少，每家厂商都占有举足轻重的地位。它们各自在价格或产量方面决策的变化都会影响整个市场和其他竞争者的行为。因此，寡头垄断市场上各厂商之间存在着极为密切的关系。每家厂商在作出价格与产量的决策时，不仅要考虑到本身的成本与收益情况，而且还要考虑到这一决策对市场的影响，以及其他厂商可能作出的反应。这就是寡头之间的相互依存性。

十一、寡头垄断市场上产量的决定

各寡头之间有可能存在相互之间的勾结，也有可能不存在勾结。在这两种情况下，产量的决定是有差别的。

当各寡头之间存在勾结时，产量是由各寡头之间协商确定的。而协商确定的结果有利于谁，则取决于各寡头实力的大小。这种协商可能是对产量的限定（例如，石油输出国组织对各产油国规定的限产数额），也可能是对销售市场的瓜分，即不规定具体产量的限制，而是规定各寡头的市场范围。当然，这种勾结往往是暂时的，当各寡头的实力发生变化之后，就会要求重新确定产量或瓜分市场，从而引起激烈的竞争。勾结的形式主要表现为卡特尔和价格领先制。

在不存在勾结的情况下，各寡头是根据其他寡头的产量决策来调整自己的产量，以达到利润最大化的目的的。这要根据不同的假设条件进行分析。经济学家曾作了许多不同的假设，并得出了不同的答案，因此，也就形成了许多寡头模型，诸如古诺模型、斯威齐模型、张伯伦模型等等。

十二、不同市场结构的比较

关于不同市场结构的比较见表 7 – 1。

表 7 – 1　　不同市场结构的比较表

市场结构	厂商数目	产品性质	对价格的控制程度	行业进入难易程度	现实中的近似例子
完全竞争	很多	同质商品	完全不能控制	非常容易	某些农产品市场
完全垄断	一个	不可替代的商品	完全控制	不能进入	公用事业

续表

市场结构	厂商数目	产品性质	对价格的控制程度	行业进入难易程度	现实中的近似例子
垄断竞争	较多	可替代的差异产品	能在一定程度上控制	较容易进入	轻工业、服务业
寡头垄断	很少	同质或差异产品	能在较大程度上控制	较困难进入	某些重工业汽车、钢铁

本章知识脉络图

- 不完全竞争市场理论
  - 完全垄断市场
    - 完全垄断的特征
    - 完全垄断的成因
    - 厂商需求曲线=市场需求曲线
    - 市场收益曲线：*TR*、*AR*、*MR*
    - 垄断厂商的均衡：短期与长期均衡→条件：*MR*=*MC*
    - 价格歧视
      - 一级价格歧视
      - 二级价格歧视
      - 三级价格歧视
    - 垄断的政府管制：边际成本定价、平均成本定价、双重定价等等
  - 垄断竞争市场
    - 垄断竞争的特征
    - 垄断竞争市场的需求曲线：主观需求曲线和实际需求曲线
    - 垄断竞争市场的均衡
      - 短期均衡：三种情况
      - 长期均衡：*AR*与*LAC*相切
    - 垄断竞争市场的效率
  - 寡头垄断市场
    - 寡头垄断市场的特征
    - 寡头垄断市场的价格和产量决定
      - 不勾结：古诺模型、斯威齐模型等
      - 勾结：价格领先和卡特尔

本章名词详解

◆ **完全垄断市场**：完全垄断市场是指没有任何竞争因素，市场处于一家厂商控制的状态。

◆ **垄断竞争市场**：垄断竞争市场是指市场中有许多卖者，它们所提供的产品接近、但不可以完全替代。在这样的市场上，每一厂商对其产品的价格都能施加一定的影响。

◆ **寡头垄断市场**：寡头垄断市场是指少数几家企业垄断了一个市场，控制了这一行业的供给。

◆ **自然垄断**：一个厂商或一个行业的产品的平均成本，在其规模扩大的整个过程中都明显下降，例如，地方电力传输。在这种场合，该行业若由一个厂商或由一个垄断厂商来经营，就会比多个企业能更有效率地提供全部产出，从而形成自然垄断。

◆ **价格歧视**：价格歧视或价格差别，是指厂商对同一种商品向不同的购买者索取两种或两种以上的价格。

◆ **价格管制**：价格管制是指政府一般对一些自然垄断企业实施价格上的限制，以维护消费者的利益。

◆ **卡特尔**：卡特尔是指厂商之间为了勾结而签订公开和正式协议这样一种市场结构形态，属于勾结形式的寡头垄断。

◆ **价格领导**：价格领导是指在寡头垄断的行业中制定价格并且其他厂商愿意跟随的厂商。

同步练习与精解

一、同步练习题

（一）辨析题

1. 完全竞争厂商与垄断厂商的基本差别是后者可以影响产品的价格。

2. 自然垄断产生的原因之一是规模经济。

3. 对于单一价格垄断者来说，平均收益总等于价格。

4. 对单一价格垄断来说，在达利润最大化的产量时价格低于边际收益。

5. 一个垄断厂商面临着一条需求曲线，平均收益曲线与边际收益曲线的关系是后者斜率是前者斜率的两倍。

6. 垄断总可以获得经济利润。

7. 一个垄断厂商长期获得经济利润的原因可能是由于它受到政府的保护，别的厂商不能进入。

8. 当一个厂商对同一种物品向一个消费者集团收取的价格高于另一个消费者集团，或者实行“数量折扣”（即大量购买收取低价格）时，就存在价格歧视。

9. 如果垄断者实行完全的价格歧视，它就可以获得所有消费者剩余。

10. 为了对不同消费者集团实行价格歧视，垄断者就应该向需求富有弹性的消费者集团收取高价格。

11. 对学生和其他身份的人实行不同价格折扣的厂商不能实现利润最大化。

12. 价格歧视只适用于那些不能转手出售的商品。

13. 垄断厂商是不会发生亏损的。

14. 一个垄断厂商可以随心所欲地定价，以取得最大利润。

15. 垄断厂商是市场的唯一供给者，所以不必进行推销努力。

16. 垄断厂商长期均衡的价格总是比竞争状态高，而均衡产出则比竞争状态低。

17. 垄断者是价格接受者。

18. 垄断竞争企业短期内不一定存在利润，长期中一定不存在利润。

19. 无论完全竞争和不完全竞争，企业短期均衡时生产都安排在合理阶段。

20. 古诺独立行动模型双头垄断的均衡产量，高于双头互相勾结时的均衡产量。

（二）单项选择题

1. 下列情况中最不可能成为垄断者的是（　　）。

A. 小镇上唯一的一名医生　　B. 麦当劳

C. 某地区的电力公司　　D. 某地区的自来水公司

2. 对完全垄断厂商来说（　　）。

A. 提高价格一定能够增加收益

B. 降低价格一定会减少收益

C. 提高价格未必能增加收益，降低价格未必减少收益

D. 以上都不对

3. 在短期，完全垄断厂商（　　）。

A. 无盈亏　　B. 取得最大利润

C. 发生亏损　　D. 以上任何一种情况都可能出现

4. 在完全垄断厂商的最好或最优产量处是（　　）。

A. $P=MC$　　B. $P=SAC$ 的最低点的值

C. P 最高　　D. $MR=MC$

5. 完全垄断厂商达到长期均衡的条件是（　　）。

A. $MR=MC$　　B. $MR=SMC=LMC$

C. $MR=SMC=LMC=SAC$　　D. $MR=SMC=LMC=SAC=LAC$

6. 如果完全垄断厂商处于（　　）。

A. 长期均衡时，一定处于短期均衡　　B. 长期均衡时，不一定处于短期均衡

C. 短期均衡时，一定处于长期均衡　　D. 以上都不是

7. 如果垄断者的长期平均成本超过市场价格，则厂商将（　　）。

A. 停留在这一营业水平上，因为它使资本得到了一个正常报酬

B. 停留在这一营业水平上，尽管其固定成本没有得到补偿

C. 歇业并清理资产

D. 暂时停业

8. 一个实行价格歧视的垄断厂商，将在需求（　　）的市场索取最高的价格。

A. 价格弹性最大　　B. 价格弹性最小

C. 缺乏价格弹性　　D. 有单元价格弹性

9. 如果完全垄断厂商在两个分割市场中具有相同的需求曲线，那么垄断厂商（　　）。

A. 可以施行差别价格　　B. 不能施行差别价格

C. 施行不施行差别价格都可以　　D. 以上都不对

10. 完全垄断市场中，如果 A 市场的价格高于 B 市场的价格，则（　　）。

A. A 市场的需求弹性大于 B 市场的需求弹性

B. A 市场的需求弹性小于 B 市场的需求弹性

C. 两个市场的需求弹性相等

D. 以上都正确

11. 一个厂商的产品分销于 A、B 两个市场，在相同的价格上，A 的需求价格弹性大于 B，厂商要取得最大利润，要求（　　）。

A. 市场 A 的价格大于市场 B　　B. 市场 B 的价格大于市场 A

C. 两个市场价格要一样　　D. 很难定论

12. 对完全垄断厂商来说（　　）。

A. 提高价格一定能够增加收益

B. 降低价格一定会减少收益

C. 提高价格未必能增加收益，降低价格未必能减少收益

D. 以上都不对

13. 完全垄断厂商的总收益与价格同时下降的前提条件是（　　）。

A. $E_d > 1$　　B. $E_d < 1$

C. $E_d = 1$　　D. $E_d = 0$

14. 一个垄断厂商长期获得经济利润的最有说服力的主要原因是（　　）。

A. 它比竞争厂商更注重效率

B. 它比竞争厂商更重视定价策略

C. 它比竞争厂商更重视推销策略

D. 它受到政府的保护，别的厂商不能进入

15. 一个独家垄断厂商，具有很大的垄断，所以（　　）。

A. 通过提价一定增加销售收入和利润

B. 如果降价，必定会减少销售收入和利润

C. 要固定价格才能使销售收入和利润最大

D. 三种说法都错

16. 垄断生产的产量处于（　　）情况下才能实现利润最大。

A. 边际收益等于价格　　B. 边际收益等于边际成本

C. 边际成本等于价格　　D. 边际成本等于平均收益

17. 无论完全竞争还是不完全竞争，当企业利润最大化时，总能满足的条件是（　　）。

A. 价格等于长期平均成本的最低点　　B. 价格等于边际成本
C. 边际收益等于边际成本　　D. 价格等于平均成本

18. 广告作用最大的是（　　）。
A. 完全竞争市场　　B. 垄断竞争市场
C. 寡头垄断市场　　D. 完全垄断市场

19. 古诺模型中企业追求的目标是（　　）。
A. 成本最小　　B. 市场份额
C. 价格稳定　　D. 利润最大

20. 在斯威齐模型中，拐点两边的需求弹性是（　　）。
A. 左大，右小　　B. 左小，右大
C. 左右相等　　D. 不确定

21. 寡头垄断和垄断竞争之间的主要区别是（　　）。
A. 厂商的广告支出不同　　B. 非价格竞争的数量不同
C. 厂商之间相互影响的程度不同　　D. 以上都不对

22. 寡头垄断厂商的产品是（　　）。
A. 同质的
B. 有差异的
C. 既可以是同质的，也可以是有差异的
D. 以上都不对

（三）简答题

1. 简述完全垄断的定义和成因。

2. 简述完全垄断厂商短期均衡的条件。

3. 垄断厂商一定能保证获得超额利润吗？如果在最优产量处亏损，他在短期内会继续生产吗？在长期内又会怎样？

4. 简述价格歧视的定义及其形式。

5. 武汉黄鹤楼的入场券采取差别价格政策，国内游客的入场祟价为 2 元，外国人的入场券为 5 元，试用经济理论分析：

（1）为什么采用差别价格？

（2）在怎样的条件下，施行这种政策才能有效？

6. 完全垄断厂商既可以控制价格，又可以控制产量，为何不能任意定价？

7. 论述完全垄断的利与弊。

8. 为什么在垄断竞争市场上企业面对着两条需求曲线？它们各自在什么情况下有效？

9. 与产品销售相比，劳务的销售中价格歧视或称差别价格的现象更普通，如医疗服务可按人们收入的不同收取不同的费用；交通运输服务可按年龄不同定价。请解释这种现象。

（四）作图分析题

1. 作图说明完全垄断的厂商在短期均衡的情况。

2. 作图说明完全垄断厂商长期均衡的情况。

（五）计算题

1. 已知某些垄断者的成本函数为 $TC=0.5Q^2+10Q$，产品的需求函数为 $P=90-0.5Q$，试计算利润最大时的产量、价格和利润。

2. 假定垄断者面临的需求曲线为 $P=100-4Q$，总成本函数为 $TC=50+20Q$，求：

（1）垄断者利润极大化时的利润、产量和价格。

（2）假设垄断者遵从完全竞争法则，那么厂商的利润、产量及价格如何？并与第（1）问进行比较。

3. 已知垄断者成本函数为 $TC=6Q+0.05Q^2$，产品需求函数为 $Q=360-20P$，求：

（1）利润最大的销售价格、产量和利润。

（2）如果政府试图对该垄断企业采取规定产量措施使其达到完全竞争行业所能达到的产量水平。求解这个产量水平和此时的价格，以及垄断者的利润。

（3）如果政府试图对垄断企业采取限价措施使其只能获得生产经营的正常利润。求解这个限价水平以及垄断企业的产量。

二、同步练习题精解

（一）辨析题

1. 对。
2. 对。
3. 对。
4. 错。应该是高于边际收益。
5. 对。
6. 错。垄断厂商也会在市场低迷时，即价格较低的情况下出现亏损。
7. 对。
8. 对。
9. 对。
10. 错。应该收取低价格。
11. 错。能够实现最大利润，其均衡的原则仍然是 $MR=MC$。
12. 对。
13. 错。当市场价格较低时，垄断厂商也会发生亏损。
14. 错。垄断厂商的定价也要以市场供求状况为依据。
15. 错。为了提高消费者的需求水平，垄断厂商也需要进行必要的推销努力。
16. 对。
17. 错。垄断厂商是价格的制定者。
18. 对。
19. 错。完全竞争企业短期均衡时，生产安排在合理阶段，但不完全竞争企业短期均衡时，生产有可能安排在边际成本上升阶段，即不合理的第一阶段。

20. 对。

（二）单项选择题

1 B	2 C	3 D	4 D	5 B	6 A	7 C	8 B	9 B	10 B
11 B	12 C	13 B	14 D	15 D	16 B	17 C	18 B	19 D	20 A
21 C	22 C								

（三）简答题

1. 答：完全垄断又称垄断或独占，是指一家厂商控制整个行业，不存在任何竞争的市场类型。其成因有：政府法律、法令规定，特许个别厂商在某种产品生产或经营上垄断；专利发明；对投入的控制；规模经济。

2. 答：在完全垄断市场上，厂商可以通过对产量和价格的控制来实现利润最大化。在完全垄断市场上，厂商仍然根据边际收益与边际成本相等的原则来决定产量，即均衡的条件仍为 $MR=MC$。但居于完全垄断地位的厂商也并不能为所欲为，要受市场需求状况的限制。如果价格太高，消费者会减少其需求，或购买其他替代商品。在短期内，厂商对产量的调整也要受到限制，因为在短期内，产量的调整同样要受到固定生产要素（厂房、设备等）无法调整的限制。根据利润最大化原则确定产量后，短期中有时会难以完全适应市场需求进行调整。这样，也可能出现供大于求或供小于求的状况，当然也可能是供求相等。在供大于求的情况下，会有亏损；在供小于求的情况下，会有超额利润；供求相等时，则只有正常利润。

3. 答：垄断厂商不一定获得超额利润。能否获得超额利润取决于市场需求。如果对该产品的需求者能接受垄断厂商制定的大于平均成本的价格，那么该厂商能获得超额利润；如果对该产品的需求者只能接受小于平均成本的价格，那么该厂商就会发生亏损。即使在最优产量处亏损，在短期内厂商既有可能继续生产，也有可能停止营业。在短期内，若产品价格低于平均成本，但高于平均可变成本的最低点时，生产将会继续进行下去，因为其生产仍能补偿部分固定成本投入。但只要价格小于平均可变成本的最小值，则该厂商就会停止生产，如不停止生产，其损失会更大，不仅损失全部固定成本，甚至可变成本投入的一部分也无法无偿。

但在长期，如果厂商出现亏损则就会退出该行业。因为长期内没有固定成本的补偿问题。

4. 答：完全垄断市场上是一家厂商垄断整个市场，所以，它就可以实行价格歧视，即在同一时间对同一种产品向不同的购买者索取不同的价格。

一般根据价格差别的程度把价格歧视分为三种类型：

第一，一级价格歧视，又称完全价格歧视。这就是假设垄断者了解每一消费者为了能购进每一单位产品所愿付出的最高价格，并据此来确定每一单位产品的价格。完全价格歧视就是每一单位产品都有不同的价格。

第二，二级价格歧视。这就是垄断厂商了解消费者的需求曲线，把这种需求曲线分为不同段，根据不同购买量确定不同的价格。这种情况下，垄断厂商可以把部分消费者剩余转变为超额利润。

第三，三级价格歧视。这就是垄断厂商对不同市场的不同消费者实行不同的价格。这种情况下，就可以在实行高价格的市场上获得超额利润，即把这个市场上的消费者剩余变为超额利润。

5. 答：

（1）因为国外游客的收入一般比国内游客要高，采取差别定价策略能使该旅游景点获得更多的收益。如果对国外游客也收取国内游客同样的价格，则旅游景点的收入就会减少。

（2）要使得施行这种策略有效，必须具备以下条件：

第一，必须是完全垄断的市场。黄鹤楼景点全国仅此一家，没有第二个黄鹤楼与其竞争。因此，即使票价高一点，外国游客也不会放弃到此一游的机会。

第二，必须能够把不同市场或市场的各个部分有效分割开来。该景点可以根据国籍、肤色、语言的不同来区分国内和国外游客，对他们实行差别价格。

第三，各个市场必须有不同的需求价格弹性。国外游客的需求弹性比较小，因此，定高一点的价格并不会影响国外游客的游览。

6. 答：从理论上讲，完全垄断者是市场价格的制定者。实际上，面对既定的市场需求曲线，完全垄断企业只能在一定范围内，以较高价格销售较低产量，或者以较低价格销售较高产量。如果垄断企业定价过高，购买量就会大幅下降而减少总收益。同时，国家也会对垄断企业的定价加以管制。此外，完全垄断仅仅说明某种产品现在有唯一的供给者，但并不能排斥潜在的竞争者，包括依靠技术创新的新进入者和类似产品的替代者。

7. 答：完全垄断对经济的不利表现在：

第一，生产资源的浪费。这就表现为，与完全竞争相比，平均成本与价格高，而产量低。完全垄断市场上，资源浪费，经济效率低于完全竞争市场。

第二，社会福利的损失。垄断厂商实行价格歧视，消费者所付出的价格高，就是消费者剩余的减少。这种减少则是社会福利的损失。

第三，垄断者凭借其垄断地位而获得超额利润加剧了社会收入分配不平等，也阻碍了技术进步。

完全垄断对于经济也有其有利的地方。首先，有些完全垄断，尤其是政府对某些公用事业的垄断，并不以追求垄断利润为目的。这些公用事业往往投资大、投资周期长而利润率低，但它又是经济发展和人民生活所必需的。这样的公用事业由政府进行完全垄断，会给全社会带来好处。其次，对于完全垄断下的技术进步问题，经济学家有不同看法。有一种意见认为，垄断厂商具有更雄厚的资金与人力，从而能更有力地促进技术进步，从近年来的事实看，这种观点似乎更有道理。

8. 答：在垄断竞争市场上，厂商降价时，它会设想其他厂商不会采取降价措施，因而认为其不仅可以增加对原有客户的销售量，而且会把较多的顾客从其他厂商那吸引过来，所以其销售量会大幅度增加，即其面临着弹性较大、斜率相对较小的需求曲线，这是它的想象中的需求曲线，也就主观需求曲线；但实际上，在它采取降价措施时，其他厂商也会同时降价，这样，厂商无法将其他厂商的顾客吸引过来，只能提高其原有顾客的购买数量，而此时每一个厂商所占据的市场份额基本是不变的，所以厂商面临的实际需求曲线弹性较小、斜率较大，即客观需求曲线。

9. 答："价格歧视"也叫差别定价，是指企业为了获得更大的利润，把同一产品按购买者不同而规定的不同价格，一部分购买者所支付的价格高于另一部分购买者所支付的价格。

实行"价格歧视"的目的是为了获得较多的利润。如果按较高的价格能把商品卖出去，生产者就可以多赚一些钱。因此生产者将尽量把商品价格买得高些。但是如果把商品价格定得太高了，又会赶走许多支付能力较低的消费者，从而导致生产者利润的减少。如何采取一种两全齐美的方法。既以较高的商品价格赚得富人的钱，又以较低的价格把穷人的钱也赚过来。这就是生产者所要达到的目的，也是"价格歧视"产生的根本动因。青壮年是能挣钱的社会群体，而退休工人的收入通常就低得多。以较高的价格赚得了青壮年这个社会群体的钱，再以较低的价格向退休工人提供服务；航空公司以正常票价向公差人士提供服务，同时用低得多的机票价格让"可去可不去"的旅客也花钱进入旅游市场，这就是价格歧视现象共同的经济学伦理。当然，"价格歧视"也有更好听的说法和理由。如在中国，"尊老爱幼"被说成是中华民族的传统美德。在美国，"尊老爱幼"被标榜为体现他们文明社会的温馨。

"价格歧视"的前提是市场分割。市场分割包括边界分割、距离分割和身份分割。如果生产者不能分割市场，就只能实行一个价格。如果生产者能够分割市场，区别顾客，而且要分割得不同市场具有明显不同的支付能力。这样企业就可以对不同的群体实行不同的商品价格，尽最大的可能实现企业较高的商业利润。

大学生要放假要回家，如果铁道部坚持价格无歧视，取消学生票半价，结果可想而之。

（四）作图分析题

1. 答：完全垄断厂商短期均衡存在利润最大、正常利润、亏损最小和停止营业四种情况，同样是在 $MR=MC$ 时实现均衡。

图略。

2. 答：完全垄断厂商长期均衡条件是 $MR=LMC=SMC$。这是短期平均成本等于长期平均成本。需要注意，垄断厂商长期均衡时可能会有超额利润，这取决于市场需求状况。

图略。

（五）计算题

1. **解：**

题设已知可以求得：$MC=(TC)'=10+Q, MR=90-Q$，

再根据利润最大化原则：$MR=MC$，

得出：$10+Q=90-Q$，　因此，$Q=40$ 时利润最大。

将其代入需求函数，得出价格 $=70$。

最大利润 $=PQ-TC=1600$。

2. **解：**

（1）根据利润最大化原则和题设已知可以求出利润最大时 $Q=10$，

将其代入需求函数，得出价格 $=60$。

最大利润 $=PQ-TC=350$。

（2）如果垄断者遵从完全竞争法则，完全竞争利润最大的条件是：$P=MC$，即

$100-4Q=20$，从而得出 $Q=20$，

将其代入需求函数，得出价格 $=20$。

最大利润 $=PQ-TC=-50$。

与第一问比较可以看出，完全竞争与完全垄断相比，产量增加 10，价格下降 20，利润较少 400。在完全垄断情况下垄断者可以获得垄断超额利润 350，而在完全竞争条件下垄断者却亏损 50。说明完全竞争比完全垄断资源配置优、效率高。

3. **解：**（1）利润最大时，$MR=MC$。

由 $Q=360-20P$，得 $P=18-0.05Q$，则，$TR=18Q-0.05Q^2$，$MR=18-0.1Q$，

由 $TC=6Q+0.05Q^2$，得 $MC=6+0.1Q$，

$18-0.1Q=6+0.1Q$，得 $Q=60$，$P=15$，$\pi=360$。

（2）政府对垄断企业限产，使其达到完全竞争行业所能达到的产量，则需 $MC=P$，

即，$6+0.1Q=18-0.05Q$，得 $Q=80$，$P=14$，$\pi=320$。

（3）政府限价，当 $LAC=P$ 时，垄断企业只能得正常利润。

即，$6+0.05Q=18-0.05Q$，得 $Q=120$，$P=12$。

相关考研题解析

一、（论述题）目前，在北京的一些购物中心、地铁站等处，出现了不少优惠券终端机，顾客在终端机前选择商户，打印优惠券，凭借优惠券在消费时可享受 5～9 折不等的优惠。每天有不少年轻人光顾这些优惠券终端机，体验省钱消费之道。厂商为什么要发这些优惠券？为什么它不简单地降低产品的价格，并省下印制和回收这些优惠券的成本？（对外经济贸易大学 2010 年考研题）

详解：

（1）优惠券提供了一种价格歧视的方法。

（2）研究表明只有 20%～30% 的消费者有心去剪下、保存并在购物时使用优惠券。这些消费者比那些忽略优惠券的消费者对价格更敏感，通常他们需求的价格弹性更高而保留价格较低。因此通过发优惠券，一个公司能够将它的顾客分成两组，并且实际上对那些对价格更敏感的顾客索取比对其他顾客较低的价格。

（3）回扣方案以同样的方法起作用。例如，柯达公司有一个回扣方案是只要消费者寄回一张表格并附上购买三卷胶卷的证明，就能收到 1.5 美元的回扣。为什么不只是将一卷胶卷的价格降低 50 美分？这是因为只有那些具有相对价格敏感的需求的消费者才会不嫌麻烦寄回东西并要求回扣。该方案同样也是价格歧视的一种方法。

二、什么是垄断竞争市场？垄断竞争市场的条件有哪些？（中南财经大学 2000 年考研题）

详解：

垄断竞争市场就是在这个市场中有许多厂商生产和销售有差别的同种产品的市场结构。垄断竞争市场的条件主要有以下四个：

（1）每个厂商的产品是不同质的，这些产品彼此之间都是非常接近的替代品。

（2）市场上有很多厂商，可以凭借产品的有限差别对市场施加有限的影响，是市场价格的影响者，但却无法互相勾结控制市场价格。

（3）由于每个厂商所占的市场份额不大，厂商自以为可以不考虑其他厂商的反应而独立行事。

（4）厂商的生产规模比较小，因此，厂商进入和退出比较容易。

三、试解释超额利润的来源。（北方交通大学 2001 年考研题）

详解：

超额利润是厂商利润中超过正常利润的部分。对超额利润的来源，西方经济学的解释是：第一，超额利润是创新的报酬。创新是企业家对生产要素的重新组合，它包括以下五个方面的内容：引起一种新产品；引进一种新技术；开辟一个新市场；获得一种原材料的新的供给；生产组织方法上的一种新发明及其应用。第二，超额利润是垄断利润，专卖和专买可以产生垄断利润。专卖，是指生产者在出售产品时可以规定价格，而买方只是价格的接受者。专买，是指购买者在购买产品时可以规定价格，卖方只是价格的接受者。这种超额利润被认为是牺牲一部分生产要素供给者或消费者的利益而引起的，是社会收入再分配的结果。专卖和专买在西方经济学家的著作中通常是受到指责的，因为它们被认为使社会收入的分配有利于专卖者和专买者，而不利于消费者或生产要素的一般供给者。

8 第八章 要素市场理论

内容导读

本章主要讨论生产要素的价格和使用量的决定问题。由于生产要素价格就是要素所有者的收入，因此，生产要素价格决定理论也被称为收入分配理论。生产要素的价格与产品的价格一样，是由供求关系决定的。这就是说，生产要素的需求与供给决定了生产要素的价格。因此，分配理论是价格理论在分配问题上的应用，分配是由价格决定的。本章主要从分配角度找出各类生产要素所有者要素收入的最大状态。

本章要点梳理

一、生产要素的价格

生产要素包括土地、劳动、资本、企业家才能等。作为要素的所有者就可以通过要素的占有量，按照要素的价格得到收入。在生产中，工人提供了劳动，获得了工资；资本家提供了资本，获得了利息；地主提供了土地，获得了地租；企业家提供了企业家才能，获得了利润。简言之，各种生产要素都根据自己在生产中所作出的贡献而获得了相应的报酬。

要素价格确定，收入分配也就确定了。因此，要素价格理论也就是收入分配理论。收入的多少主要取决于要素价格，而要素价格的决定，与商品价格一样，由供求关系决定。那么要素价格就由要素市场的供求来决定。

二、生产要素的需求

生产要素市场上对于各个生产要素的需求不同于产品市场上对于具体产品的需求。在产品市场，需求来自消费者，供给来自生产者；要素市场情形正好相反，要素需求来自生产者，而要素供给通常来自普通的消费者。由此可见，在产品市场，产品需求属于直接需求，而要素市场的需求则属于一种派生需求。生产要素需求具有派生性、联合性和相互依存性的特点。

三、完全竞争市场条件下要素价格的决定

厂商为了使利润最大化，在使用生产要素时遵循边际成本等于边际收益的原则，即边际收益产品等于边际要素成本的原则。

边际收益产品即增加一单位要素所增加的收益。它用 MRP 表示，即 $MRP = MR \times MP$。因为，对于完全竞争厂商来说，$MR = P$，从而得到：$MRP = P \times MP$。定义 $P \times MP$ 为边际产品价值 VMP，而边际要素成本（MFC）是指每追加一单位投入要素所引起的总成本的增量。因而完全竞争厂商使用要素的原则为：边际产品价值等于边际要素成本，即 $VMP = MFC$。

要素价格决定于该要素在市场上的供给与需求。在完全竞争条件下，要素的边际产品价值等于要素的边际收益产品，厂商的要素需求曲线可由该生产要素的边际产品价值曲线表示。鉴于 $VMP = P \times MP$，而完全竞争厂商面临不变的价格，加之边际收益递减规律的作用，使得 VMP 呈递减趋势，从而要素需求曲线也向右下方倾斜。

在完全竞争条件下，单个厂商对要素的购买不影响要素的价格，即要素供给弹性无限大。因此，厂商的要素供给曲线是一条水平线。因而，厂商的边际要素成本和要素价格相等。

这样，要素市场需求与供给的均衡，也即边际要素成本等于边际产品价值，也就符合厂商利润最大化的条件，同时也决定了厂商使用要素的数量。

四、不完全竞争市场条件下要素价格的决定

不完全竞争市场分为垄断、垄断竞争和寡头。现分为三种情况分析一种生产要素在垄断条件下的价格决定问题。

1. 某厂商的产品市场是垄断的，而要素市场是完全竞争的。在此情况下，厂商的要素供给曲线是水平线，要素需求曲线则由 MRP 曲线表示。该厂商的产品需求曲线是市场对该产品的需求曲线，市场的要素需求曲线是使用该要素的产品市场垄断厂商的要素需求曲线的总和。要素市场价格由市场的供求曲线决定，厂商对要素的购买量则决定于市场价格和垄断厂商的要素需求曲线。即厂商使用生产要素的原则是 $W = MRP$。

2. 某厂商的产品市场是完全竞争的，但要素市场是买方垄断。在这种情况下，厂商使用生产要素的边际收益是 VMP，边际成本是 MFC，要素的供给曲线 $W(L)$ 是向右上方倾斜的市场供给曲线。要素价格由要素供给曲线决定，厂商对要素的购买量决定于 VMP 和 MFC 的均衡点。即此种情况下，厂商使用要素的原则是 $VMP = MFC$。

3. 产品市场的卖方垄断和要素市场的买方垄断共存条件下要素价格的决定。此时，厂商使用要素的边际收益是 MRP，边际成本是 MFC，厂商对要素的购买量决定于 MRP 曲线和 MFC 曲线的均衡点，并与 AFC 曲线一起决定均衡价格。即厂商使用要素的原则是 $MFC = MRP$。

五、工资、地租、利息和利润

西方经济学者根据生产要素价格由供求决定，供求平衡时的价格等于要素边际生产力的一般原理，解释在完全竞争条件下工资、地租、利息和利润的决定。

均衡工资率（W）由劳动的供给和需求共同决定。劳动供求平衡时的价格等于最后一单位的劳动生产出来的物质产品的销售价值，即 $W = VMP$。

地租率的高低决定于土地的供求，对土地的需求由土地的边际生产力决定，需求曲线即土地的边际生产力曲线。土地的供给在经济分析中被假定是固定不变的，其供给弹性为零，故是一条垂直于横轴的直线。土地供求曲线之交点决定单位面积土地的地租。

地租的概念可以进行扩展，从而产生了准地租和经济租的概念。准地租又称准租金，是指固定资产在短期内所得到的收入。经济租是指由于需求的增长，生产要素的供给者获得的超过他所要求得到的收入。

利息率的高低取决于资本的供求，对资本的需求决定于资本的边际生产力，资本的供给决定于人们的收入用于消费之后的余额即储蓄，供求均衡时就决定了利率水平。

西方经济学者将利润区分为正常利润和超额利润，认为正常利润是企业家才能这一生产要素的报酬，他们把正常利润归入成本，看作是工资的一种特殊形式，其高低由企业家才能的供求决定。超额利润是指超过正常利润的那部分利润，这主要来源于企业家才能的创新、冒险经营的风险以及市场竞争的不完全性。

六、洛伦兹曲线和基尼系数

洛伦兹曲线是用来衡量社会收入分配（或财产分配）平均程度的曲线。根据洛伦斯曲线可以计算出反映收入分配平等程度的指标，这一指标称为基尼系数（G）。

计算基尼系数的公式为：

$$\text{基尼系数} = \frac{A}{A+B}。$$

实际基尼系数总是大于零而小于 1。基尼系数越小，收入分配越平均；基尼系数越大，收入分配越不平均。

按国际上通用的标准，基尼系数小于 0.2 表示绝对平均，0.2 ~ 0.3 表示比较平均，0.3 ~ 0.4 表示基本合理，0.4 ~ 0.5 表示差距较大，0.5 以上表示收入差距悬殊。

运用洛伦兹曲线与基尼系数可以对各国收入分配的平均程度进行对比，也可以对各种政策的收入效应进行比较。作为一种分析工具，洛伦兹曲线与基尼系数是很有用的。

本章知识脉络图

- 要素市场理论
  - 生产要素的使用原则
    - 完全竞争厂商：$VMP=W$，$MP\times P=W$
    - 完全垄断厂商：$MRP=W$，$MR\times MP=W$
    - 买方垄断厂商：$VMP=MFC$
    - 一般表达式：$MRP=MFC$
  - 工资率、地租和利息的决定
    - 劳动供给曲线与工资率的决定
    - 土地供给曲线与地租的决定
    - 资本供给曲线与利息的决定
  - 收入分配程度
    - 洛伦兹曲线
    - 基尼系数：$G-A/A+B$

本章名词详解

◆ **引致需求**：引致需求又称派生需求，是指由于消费者对产品的需求而引起企业对生产要素的需求，这种需求来自厂商。

◆ **边际收益产品**：边际收益产品是指在其他投入要素不变的情况下，增加一单位某种要素所引起的总收益的增加。

◆ **边际要素成本**：边际要素成本是指在其他投入要素不变的情况下，厂商为增加一单位生产要素投入而增加的总成本。

◆ **卖方寡头**：卖方寡头是垄断的一种，是指在市场上，只有少数几家厂商供给该行业生产的大部分产品，这几家厂商的产量占有了该行业总产量的绝大部分份额。

◆ **买方寡头**：买方寡头也称为买方寡头垄断，是对于一种商品（或劳务）市场上只有少数几个买者的市场结构。

◆ **准租金**：准租金又称准地租。指那些生产要素的租金，在一定条件下只取决于该生产要素的需求方面，而与其供给无关。一般来说，准地租是某些质量较高的生产要素，在短期内供给不变的情况下所产生的一种超额收入。

◆ **经济地租**：经济地租是准地租的一种特殊形式。经济地租是指质量较差的生产要素，在长期内由于需求增加而获得的一种超额收入。

◆ **洛伦兹曲线**：洛伦兹曲线是指以它的发明者美国统计学家洛伦兹命名的用以描述社会收入分配平均程度的曲线。

◆ **基尼系数**：基尼系数（G）是衡量一个国家贫富差距的指标。它是由意大利经济学家基尼根据洛伦兹曲线作出的衡量社会收入分配平等程度的指标。有：基尼系数 $=\dfrac{A}{A+B}$。

同步练习与精解

一、同步练习题

（一）辨析题

1. 边际生产力有两种表现形式：实物表现形式和价值表现形式。

2. 厂商对劳动的需求曲线总是具有负斜率，而劳动供给曲线总是具有正斜率。

3. 当资本的边际效率大于利息率时，厂商继续借款进行投资仍有利可图。

4. 全体厂商对某种要素的需求曲线，与单个厂商对这种要素的需求曲线相比，前者比后者平缓。

5. 如果一个熟练工人每小时的生产量是不熟练工人的两倍，并且假定所有的市场是完全竞争和长期均衡的，则这个熟练工人的工资率将是不熟练工人的两倍。

6. 劳动的市场供给曲线是先向左上方倾斜后转向右上方倾斜的后弯的曲线。

7. 地租不属于经济租。

8. 假如用某种生产要素所生产的商品的需求增加了，这种生产要素的需求曲线将向左方移动。

9. 收入分配越平均，洛伦兹曲线的弯曲程度越大。

10. 任意一种资源，如果只能用于某种用途，而无其他用途，则该资源对该用途的供给曲线就一定是垂直的。

11. 准地租在短期内仍然存在。

12. 基尼系数的增大将表明收入不平均程度减少。

13. 基尼系数等于0时，洛伦兹曲线变成了一条直线。

（二）单项选择题

1. 生产要素的需求是一种（　　）。

A. 派生的需求　　B. 联合的需求
C. 最终产品的需求　　D. A 和 B

2. 完全竞争的产品市场中某厂商仅用要素 L 去生产产品，则该厂商对要素 L 的需求曲线与下列曲线中重合的是（　　）。

A. VMP_L 曲线　　B. MP_L 曲线
C. MFL_L 曲线　　D. 以上都不是

3. 单个厂商对生产要素的需求曲线与行业对生产要素的需求曲线相比（　　）。

A. 前者与后者重合　　B. 前者比后者陡峭
C. 前者比后者平坦　　D. 无法确定

4. 在完全竞争条件下，生产要素的供给曲线是一条与（　　）重合的水平线。

A. MRP 曲线　　B. MFC 曲线
C. MP 曲线　　D. VMP 曲线

5. 假设某足球队员的年薪为 100 万元，但若他从事其他职业，最多只能挣得 10 万元，那么该足球队员所获的经济租金为（　　）。

A. 100 万元　　B. 10 万元
C. 90 万元　　D. 以上都不对

6. 下列情况中，有可能带来经济利润的情况是（　　）。

A. 商品的供给量很大　　B. 商品的需求量很小
C. 厂商有效地控制了商品的供给　　D. 以上都对

7. 下述说法中，最贴切地表明了“派生需求”的含义的是（　　）。

A. 当收入增加时，对农产品的需求会增加较少的数量
B. 人造奶油的价格下降将减少对奶油的需求
C. 对皮鞋的需求减少会导致对皮革的需求下降
D. 当照相机的价格上升时，对胶卷的需求会下降

8. 对于某种资源的需求主要取决于（　　）。

A. 该资源的供给
B. 使用该资源进行生产的产品和劳务的需求状况
C. 该资源的价格
D. 可用于替代该资源的投入品的供给弹性

9. 在市场经济中，（　　）。

A. 劳动得到工资　　B. 资本得到利息
C. 土地得到地租　　D. 都对

10. 当厂商面对的产品市场和要素市场都是完全竞争的市场时，（　　）。

A. 边际收益等于产品价格　　B. 边际要素成本等于要素价格
C. 边际产品价值等于要素价格　　D. 都对

11. 如果产品价格为 10 单位，目前增加 1 单位劳动的边际产品是 2 单位产品，那么，该厂商的边际产品价值等于（　　）。

A. 10　　B. 5

C. 20　　D. 100

12. 如果某厂商目前的边际收益为 8 元，产品价格为 10 元，劳动的边际产品为 2 个，那么，该厂商的边际收益产品等于（　　）。

A. 10　　B. 8

C. 16　　D. 20

13. 厂商对劳动的需求主要取决于（　　）。

A. 工资率　　B. 劳动的边际收益产品

C. 劳动在生产中的重要性　　D. 劳动的供给量

14. 厂商要素需求线向下倾斜是因为（　　）。

A. 规模报酬递减　　B. 边际产品递减

C. 产品价格上升　　D. 要素价格上升

15. 劳动力的边际收益产品曲线（　　）。

A. 从上方与企业劳动力需求曲线相交

B. 就是企业的劳动力需求曲线

C. 位于企业的劳动力需求曲线下方

D. 位于企业的劳动力需求曲线上方

16. 劳动供给曲线最终向后弯会的原因是（　　）。

A. 人们最终厌恶劳动　　B. 人们本来是喜爱劳动的

C. 工资上升的收入效应　　D. 工资上升的替代效应

17. 如果劳动市场是完全竞争的，那么，（　　）。

A. 工资由市场供求决定　　B. 工资由工会决定

C. 工资由厂商决定　　D. 没有均衡工资

18. 地租不断上升的原因是（　　）。

A. 土地的供给与需求同时增加　　B. 土地供给不断减少

C. 对土地的需求日益增加　　D. 对土地的需求和土地供给同时减少

19. 地租的存在是因为（　　）。

A. 对土地的占有　　B. 土地是稀缺的

C. 土地的数量是固定的　　D. 土地有生产力

20. 任何投入要素的边际产品收入都是指：（　　）。

A. 新增一单位该种投入要素的成本

B. 由于增加一单位该要素而导致利润的增加量

C. 由于增加一单位该要素而导致产量的增加量

D. 由于增加一单位该要素而导致收益的增加量

21. 在下述哪种情况下，企业增加某种资源的使用量可能增加利润（　　）。

A. 该资源的价格下降　　B. 该资源的生产力提高

C. 使用该资源生产的产品价格上升　　D. 上述任何一种情况都可能

22. 当利率上升时（　　）。

A. 资本的供给量增加　　B. 证券的价格下降

C. 消费减少　　　　　　　　　　D. 都对

23. 假定某企业的生产技术使其能够用不同的劳动力和资本的组合生产既定的产出。如果劳动力的价格相对于资本的价格有所下降，企业决定在生产中使用更多的劳动力。之所以做出这样的决定（　　）。

A. 仅仅是替代效应的作用结果

B. 仅仅是产出效应的作用结果

C. 可能是替代效应和产出效应共同作用的结果

D. 既不是替代效应也不是产出效应的作用结果

24.（　　）情况会使对劳动力的需求曲线向左移动。

A. 使用劳动力生产的产品价格上升

B. 劳动力的价格上升

C. 资本的价格下降带来的产出效应超过替代效应

D. 劳动力的生产力下降

25. 假定劳动力的生产力提高，同时作为劳动力的互补投入品的资本的价格上升，由此可知，对劳动力的需求（　　）。

A. 会增加　　　　　　　　　　B. 可能增加，也可能减少或不变

C. 会减少　　　　　　　　　　D. 会保持不变

26. 工资率的上升所导致的替代效应系指（　　）。

A. 工作同样长的时间可以得到更多的收入

B. 工作较短的时间也可以得到同样的收入

C. 工人宁愿工作更长的时间，用收入带来的享受替代闲暇带来的享受

D. 以上均对

27. 某工人在工资率为每小时 2 美元的时候每周挣 80 美元，每小时 3 美元的时候每周挣 105 美元，由此可以断定（　　）。

A. 收入效应起着主要作用　　　　B. 替代效应起着主要作用

C. 收入效应和替代效应都没有发生作用　　D. 无法确定

28. 如果政府大力提倡用先进的机器来替代劳动，这将导致（　　）。

A. 劳动供给曲线向右移动　　　　B. 劳动的需求曲线向右移动

C. 劳动的供给曲线向左移动　　　D. 劳动的需求曲线向左移动

29. 既要提高工资又要避免失业增加，在（　　）情况下比较容易实现。

A. 劳动的需求富有弹性　　　　　B. 劳动的供给富有弹性

C. 劳动产品的需求富有弹性　　　D. 劳动产品需求缺乏弹性

30. 当要素 A 供给价格弹性为零时：（　　）。

A. 该要素的供给量是固定的且与该要素价格无关

B. 该要素的需求曲线单独决定均衡价格

C. 要素 A 的全部支付都为租金

D. 以上全对

（三）简答题

1. 试述消费者要素供给原则？

2. 厂商利润极大化的条件 $MC = MR$ 为什么可以重新表达为 $MFC = MRP$？完全竞争条件下出售产品的利润极大化 $MC = P$ 能否重新表述为 $MFC = MRP$，为什么？

3. 有一种观点认为应对演员的高额收入征收高额的累进税，你的意见如何？

4. 一种意见是“是土地价格的上涨导致房屋价格的上涨”；另一种意见是“是房屋的价格上涨导致了土地价格的上涨”。你的观点如何？

5. 劳动供给曲线为什么向后弯曲？

（四）计算题

1. 设某厂商只使用可变要素 L 进行生产，其生产函数为 $Q = -0.01L^3 + L^2 + 36L$，Q 为厂商每天产量，L 为工人的日劳动小时数。所有市场均为完全竞争的，单位产品价格为 0.1 美元，小时工资率为 4.8 美元。试求当厂商利润极大时：

（1）厂商每天将投入多少劳动时间？

（2）如果厂商每天支付的固定成本为 50 美元，厂商每天生产的纯利润是多少？

2. 假设一垄断者只使用一种可变的投入要素 L，去生产单一产品。该可变要素的价格为 $w = 5$，产品需求函数和生产函数分别为：$P = 85 - 3Q$，$Q = 2\sqrt{L}$，求该垄断者利润最大时使用的 L 的数量、产品数量和产品价格。

3. 一个垄断厂商只用劳动 Z 来生产 Y，它在一个竞争的市场中出售商品。价格固定为 1 元。生产函数和劳动供给函数为：

$Y = 12Z - 6Z^2 + 0.2Z^3$，

$W = 6 + 2Z$。

请计算厂商利润最大时的 Z 和 W 值。其中成本函数为 $C = 12Z + 6Z^2$。

4. 假定某劳动市场的供求曲线分别为：$S_L = 100W$，$D_L = 60000 - 100W$，则：

（1）均衡工资为多少？

（2）假如政府对工人提供的每单位劳动课以 10 美元的税，则新的均衡工资为多少？

（3）实际上对单位劳动征收的 10 美元由谁支付？

（4）政府征收到的总税收额为多少？

二、同步练习题精解

（一）辨析题

1. 对。

2. 错。劳动供给曲线既可能具有正斜率，也可能具有负斜率。

3. 对。

4. 错。前者比后者陡峭。

5. 对。

6. 错。劳动的市场供给曲线是先向右上方倾斜后转向左上方倾斜的后弯的曲线。

7. 错。地租属于经济租。
8. 错。将向右方移动。
9. 错。收入分配越平均，洛伦茨曲线的弯曲程度越小。
10. 对。
11. 错。准地租在短期内不存在。
12. 错。基尼系数的增大将表明收入不平均程度增加。
13. 对。

（二）单项选择题

1 D	2 A	3 C	4 B	5 C	6 C	7 C	8 B	9 D	10 D
11 C	12 C	13 B	14 B	15 B	16 C	17 A	18 C	19 A	20 D
21 D	22 D	23 C	24 D	25 A	26 C	27 A	28 D	29 D	30 D

（三）简答题

1. 答：消费者又是要素所有者，其要素供给原则可以从要素所有者的最大化行为出发来分析。由于要素所有者拥有的资源总是一定的，全部既定资源中除去供给市场的生产要素外，剩下部分即“自用”，因而要素供给问题其实是要素所有者在一定的要素价格水平上将其既定资源在“要素供给”和“保留自用”两种用途上进行了分配以获得最大效用。利润最大化原则要求两种用途上分配的原则应是要素供给的边际效用等于保留自用的边际效用。

2. 答：从不同的考察角度出发，厂商利润极大化的条件既可以表述为 $MC=MR$，也可以表述为 $MFC=MRP$，这两者都可以保证厂商利润极大化目标的实现。我们知道，为了实现最大限度的利润，厂商需要对投入要素量、产出量作出某种抉择。如果厂商把产量作为选择变量，将总收益、总成本进而总利润视为产量的函数，那么实现最大利润的条件是，厂商把产出量调整到一定数量，使得这一产出量下的最后一个单位的产品所提供的总收益的增加量（即边际收益 MR），恰好等于增加这最后一个单位的产品引起的总成本的增加量（即边际成本 MC），即使得这一产出量下的 $MR=MC$。

如果厂商把投入的生产要素（如劳动）作为选择变量，将总收益、总成本进而总利润视为投入要素的函数，那么实现最大限度利润的条件就可以表述为 $MFC=MRP$，也就是厂商把雇用的劳动投入量调整到一定数量，使得这一雇用劳动总量下的最后一个单位劳动带来的总收益的增加量（即边际收益产品 MRP），恰好等于增加这最后一个单位劳动雇用量引起的总成本的增加量（即边际要素成本 MFC）。理由是：假如 $MRP>MFC$，这表示每增加一个单位的劳动投入带来的总收益的增加量超过雇用这个单位劳动引起的总成本的增加量，也就意味着继续增加劳动投入量，增加的每单位劳动投入量都可获得些许利润，从而增加劳动投入可使总利润有所增加；反之，假如 $MRP<MFC$，这意味着最后增加雇用的那个单位劳动反而造成损失，从而导致总利润较前减少。所以，如果厂商把投入要素如雇用的劳动量作

为选择变量，实现利润极大化的条件便是它雇用的劳动量的 $MRP=MFC$。

事实上，$MC=MR$ 和 $MFC=MRP$ 这两个式子可以相互转换。由于 $MRP=MPP\times MR$，因此，$MRP/MPP=MR$，同样，$MFC/MPP=MC$。这是因为，MFC 表示多使用 1 单位要素所多支出的成本，MPP 表示多使用 1 单位要素所多生产的产量，因而 MFC/MPP 就表示多生产 1 单位产品所多使用的成本，即 MC，于是从 $MRP/MPP=MFC/MPP$ 就得到 $MC=MR$。

假如产品市场是完全竞争，那么利润极大化的条件 $MC=MR=P$ 就可以表达为 $MFC=MRP$，因为在完全竞争的产品市场上，$P=MR$。这样，表示增加单位要素投入带来的总收益的增加量的 MRP（$=MR\times MPP$）就可以表示为（等同于）VMP（$=P\times MPP$），利润极大化的条件，相应地就可以表达为 $MFC=MRP$。

3. 答：演员凭自己的特殊才能取得了高额收入，这是一种经济租金，关键是征税是否会影响到其供给。如果完全缺乏弹性，则不会因征税而减少供应，就可以征税，以适当调节收入。

4. 答：租金是支付给一种只有单一用途的生产要素的报酬。当土地只有一种用途时，其供应就完全缺乏弹性。对土地的需求价格不论上升或下降都不会使土地供给增加或减少。由此可见，是房屋价格上涨导致了土地价格的上涨，而不是土地价格的上涨导致了房屋价格的上涨。这个结论只适用于土地完全缺乏弹性的情况，如果土地还有别的用途，别的用途的需求也会把土地的租金提高，从而使建造房屋必须支付更高的费用，从而对房屋价格的上涨起到了推动作用。

5. 答：劳动供给曲线表明的是劳动供给量与劳动价格之间的关系，而劳动供给可看成是闲暇需求的反面，劳动供给的增加就是闲暇需求的减少，并且劳动价格（工资）就是闲暇的机会成本或价格。从替代效应上看，工资上升总会导致闲暇需求量的减少，即劳动供给增加。但从收入效应来看，工资上升时，对闲暇的需求也会增加。当工资较低时，替代效应大于收入效应，故闲暇的需求量会随着工资的上升而下降，即劳动供给增加，但工资较高时，则工资上涨引起的整个劳动收入的增量很大，收入效应可能大于替代效应，因而，劳动供给会减少，引起劳动供给曲线后弯。

（四）计算题

1. **解：**

（1）当厂商利润最大时，有 $W=VMP=P\cdot MP$，即：

$4.8=0.1(-0.03L^2+2L+36)$，解得：$L=60$。

（2）利润 $=PQ-TC=PQ-(FC+VC)=PQ-(50+WL)$，

代入相关已知，可以得出：利润 $=22$。

2.

解一：根据 $MRP=MFC$ 求得利润最大时的 L、Q 和 P。

由 $P=85-3Q$，得 $TR=PQ=85Q-3Q^2$，

将 $Q=2\sqrt{L}$ 代入上式，得 $TR=170\sqrt{L}-12L$，

于是，$MRP=dTR/dL=85/\sqrt{L}-12$。

又由于此要素按固定价格出售，故 $MFC=w=5$。

由 $MRP = MFC$ 即可得出：$L = 25$，

$Q = 2\sqrt{L} = 10$，$P = 85 - 3Q = 55$。

解二：根据 $MR = MC$ 求得利润最大时的 L、Q 和 P。

由 $P = 85 - 3Q$，得 $TR = PQ = 85Q - 3Q^2$，

所以，$MR = dTR/dQ = 85 - 6Q$。

由 $Q = 2\sqrt{L}$，得 $L = Q^2/4$，因此，$TC = WL = 5Q^2/4$。

所以，$MC = dTC/dQ = 2.5Q$。

由 $MR = MC$ 可以得出：$Q = 10$，$P = 55$，$L = 25$。

3. **解：**

方法一：$TR = P_Y \cdot Y = 1 \times (12Z - 6Z^2 + 0.2Z^3)$；

$MR = 12 - 12Z + 0.6Z^2$；

$TC = 12Z + 6Z^2$；

$MC = 12 + 12Z$。

由 $MR = MC$，即 $12 - 12Z + 0.6Z^2 = 12 + 12Z$，得，$Z = 40$。

代入 W，$W = 6 + 2 \times 40 = 86$。

方法二：$MRP = dTR/dZ = 12 - 12Z + 0.6Z^2$；

$MFC = dTC/dZ = 12 + 12Z$。

根据 $MRP = MFC$ 要素均衡使用原则，由 $12 - 12Z + 0.6Z^2 = 12 + 12Z$，得，$Z = 40$。

代入 W，$W = 6 + 2 \times 40 = 86$。

4. **解：**

（1）当劳动市场均衡时，$S_L = D_L \quad \therefore 100W = 60000 - 100W$，得 $W = 300$（美元）。

（2）当政府对工人提供的每单位劳动课以 10 美元的税时，劳动供给曲线变为：

$S'_L = 100(W - 10) = 100W - 1000$，

令 $S'_L = D_L$，即 $100W - 1000 = 60000 - 100W$，得：$W = 305$（美元）。

（3）由上可知，原来的均衡工资为 300 美元，新的均衡工资为 305 美元，因此，政府征收的 10 美元的税，厂商和工人各支付 5 美元。

（4）在新的工资水平上，就业量为 $D_L = 60000 - 100 \times 305 = 29500$。

所以，政府征收到的总税收额为 $10 \times 29500 = 295000$（美元）。

相关考研题解析

一、在产品市场不完全竞争但生产要素市场完全竞争的条件下，生产要素的价格是怎样决定的？（北京师范大学 2003 年考研题）

详解：

（1）某厂商的产品市场是垄断的，而要素市场是完全竞争的。在此情况下，厂商的要素供给曲线是水平线，要素需求曲线则由 MRP 曲线表示。该厂商的产品需求曲线是市场对

该产品的需求曲线，市场的要素需求曲线是使用该要素的产品市场垄断厂商的要素需求曲线的总和。要素市场价格由市场供求曲线决定，厂商对要素的购买量则决定于市场价格和垄断厂商的要素需求曲线。

（2）某厂商的产品市场是完全竞争的，但要素市场是买方垄断。在这种情况下，厂商使用生产要素的边际收益是 VMP，边际成本是 MFC，要素的供给曲线 $W(L)$ 是向右上方倾斜的市场供给曲线。要素价格由要素供给曲线决定，厂商对要素的购买量决定于 VMP 和 MFC 的均衡点。在此种情况下，厂商使用生产要素的原则是 $VMP=MFC$。

（3）产品市场的卖方垄断和要素市场的买方垄断共存条件下要素价格的决定。此时，厂商使用生产要素的边际收益是 MRP，边际成本是 MFC，厂商对要素的购买量决定于 MRP 曲线和 MFC 曲线的均衡点，并与 AFC 曲线一起决定均衡价格。即厂商使用生产要素的原则是 $MRP=MFC$。

二、（计算题）假定某劳动市场的供求曲线分别为：$S_L=100W$，$D_L=6000-100W$。问：

（1）均衡工资为多少？

（2）假如政府对工人提供的每单位劳动征 10 元的税，则新的均衡工资为多少？

（3）实际上对每单位劳动征收的税额由谁承担？

（4）政府征收到的总税额为多少？（浙江工商大学 2004 年考研题）

详解：

根据题意：$S_L=100W$，$D_L=6000-100W$。

（1）均衡时，$D_L=S_L$，则 $6000-100W=100W$，得 $W=30$（元）。

（2）若政府对工人提供的每单位劳动征收 10 元的税收，则劳动的供给曲线变为：

$S'_L=100(W'-10)$，

由 $S'_L=D_L$，即 $100(W'-10)=6000-100W'$，得 $W'=35$（元）。

（3）尽管政府向劳动提供者征税，但厂商也承担了税额的支付，所以，实际上对单位劳动征收的 10 元税收由厂商和工人两方分担。

实行征税后，厂商购买每单位劳动要支付的工资为 35 元，而不是征税前的 30 元，两者的差额 5 元为厂商每单位劳动支付的税收额。工人提供每单位劳动得 35 元，但仅能留下 25 元，因其中 10 元作为税收上交政府，他们实际得到的单位工资与征税前的 30 元相比减少了 5 元，这 5 元即为他们提供单位劳动实际支付的税额。所以，厂商和工人恰好平均承担了政府征收的 10 元税款。

（4）征税后的均衡劳动雇佣量为 $Q_L=100(W'-10)=100(35-10)=2500$，则政府收到的总税款为 $10\times2500=25000$（元）。

三、近年来，中国政府逐步推行最低工资制度，本题旨在分析推行这一制度的效果。假设劳动力供给为 $L_S=10W$，其中 L_s 为劳动力数量（以千万人/年计），W 为工资率（以元/小时计），劳动力需求为 $L_S=60-10W$：

（1）计算不存在政府干预时的工资率与就业水平；

（2）假定政府规定最低工资为 4 元/小时，就业人数会发生什么变化？

（3）假定政府不规定最低工资，改为向每个就业者支付 1 元补贴，这时的就业水平是多少？均衡工资率又发生什么变化？（中国人民大学 2004 年考研题）

详解：

（1）劳动力市场均衡时有 $L_S = L_S$，即 $10W = 60 - 10W$，解得：

$W = 3$，$L = 30$。

（2）当政府规定最低工资为 4 元/小时，劳动力供给为 $L_S = 10W = 40$，劳动力需求为 $L_S = 60 - 10W = 20$，所以就业人数会降为 20 千万人，同时有 20 千万人失业。

（3）如果政府不规定最低工资，改为向每个就业者支付 1 元补贴，劳动力供给曲线变为 $L'_S = 10(W + 1)$，则劳动力市场均衡为：$10(W + 1) = 60 - 10W$，可以求得：

$W = 2.5$，$L = 35$。

此时就业水平提高到 35 千万人/年，企业支付的工资为 2.5 元/日，工人实际获得的工资为 3.5 元/日。

9 第九章 一般均衡与福利经济学

内容导读

一般均衡分析是指在充分考虑所有经济变量之间关系的情况下，考察整个经济系统中完全达到均衡状态时的状况和达到均衡的条件。根据一般均衡分析建立起来的理论，就是一般均衡理论。本章将开始探讨一般均衡分析，即各个市场的需求与供给条件是如何相互影响的，从而决定所有市场实现均衡的经济效率问题，在此基础上讨论福利经济学问题。

本章要点梳理

一、一般均衡的含义

在完全竞争条件下，当整个经济处于一般均衡状态时，经济系统产生一组价格（所有产品和要素），使所有产品和要素的供求都相等，且所有的消费者和生产者都能达到各自的均衡——效用最大化和利润最大化。

在一般均衡状态下：

（1）每个消费者根据其资源禀赋，达到效用最大化。

（2）每个厂商在一定技术条件下，达到利润最大化。

（3）所有市场同时出清，任何时厂商都不存在超额需求。

（4）厂商的经济利润为零。

二、瓦尔拉斯的一般均衡模型

法国经济学家瓦尔拉斯首创了一般均衡理论体系，他认为经济社会是由相互联系的各个局部组成的体系，当消费者偏好、要素供给和生产函数为已知时，就能从数学上论证所有商品市场和要素市场可以同时达到均衡状态，即整个经济可以处于一般均衡状态。

在这种状态下，所有商品和要素的价格和数量都有确定的量值，均衡条件是消费者的效用最大化和生产者的利润最大化，所有市场的供求总量相等。简单的瓦尔拉斯一般均衡模型由四个方程来表示：商品需求方程、要素需求方程、厂商供给方程和要素供给方程。瓦尔拉斯认为，在上面的方程组中，模型的未知数数目与相互独立的方程数目相一致，从而满足方程组即模型有解的必要条件。

瓦尔拉斯模型的实施机制——拍卖者假定。数学上证明出一般均衡状态的存在，并不意味着实际的经济体系可以达到一般均衡状态。拍卖者的任务就是发现并确定使市场供求一致的均衡价格。拍卖者不断修正报出价格，使得家庭和厂商在此价格上的需求量和供给量不断趋向一致，直到最后相等。这个过程被称为“试探过程”。瓦尔拉斯的一般均衡思想是人们将视角扩大到人类的全部活动中去，探索在日益繁多的经济活动的相互作用中，是否存在着一种自发的和谐机制使各种活动趋于均衡。

三、帕累托最优状态

帕累托最优是这样一种状态：任何改变都不可能使一个人的境况变好，而又不使别人的境况变坏。当经济系统达到帕累托最优状态时，经济运行是有效率的；反之，不满足帕累托最优状态的经济运行结果就是缺乏效率的。

根据帕累托最优状态标准，可以对资源配置状态的任意变化作出好与坏的判断。如果对既定资源配置的状态予以改变，而这种改变使得至少有一个人的境况变好，同时其他人的境况没有因此变坏，则认为这种变化增加了社会福利，或称帕累托改进。很显然，如果对于某种既定的资源配置状态，不存在任何对资源配置的帕累托改进使得福利增进，则此即为帕累托最优状态。

四、帕累托最优的实现条件

要使社会经济达到帕累托最优状态需要具备一些条件，表现为：

在交换方面，任何两种商品之间的边际替代率对任何使用这两种商品的个人来说都相等，即：$MRS_{XY}^{A} = MRS_{XY}^{B}$。

在生产方面，任何两种生产要素之间的边际技术替代率在用这两种投入要素生产的所有商品中都相等，即：$MRTS_{LK}^{C} = MRTS_{LK}^{D}$。

在生产与交换两者之间，任何两种商品之间的生产的边际转换率等于消费这两种商品的每个个人的边际替代率，即 $MRT_{XY} = MRS_{XY}$。

完全竞争的市场结构能保证实现这些条件。对于两种商品、两种要素、两个个人的简化一般均衡模型，可以在平面坐标上用埃奇沃斯盒状图直观地描述一般均衡状况。契约曲线为两组无差异曲线间切点的轨迹，其上各点均表示满足交换条件的交换均衡点；生产契约曲线为两组等产量线间切点的轨迹，其上各点均表示满足生产条件的生产效率点。将契约曲线转换到以效用为坐标量的平面直角图上，便可得到效用可能性曲线；将生产契约曲线转换到以商品为坐标量的平面直角图上，便可得到转换曲线（生产可能性曲线）。

五、社会福利最大

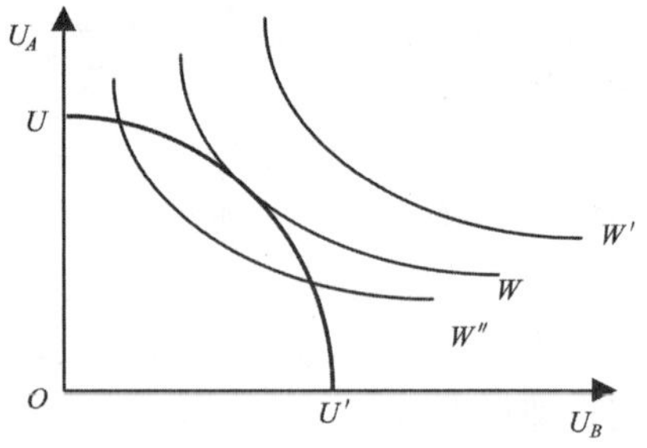

图 9－1 社会福利无差异曲线

社会福利函数是社会所有个人的效用水平的函数，即 $W = W(Z_1, Z_2, \cdots, Z_n)$。在有两个社会成员的情况下，如果以效用代表福利，社会总福利为每个消费者效用的函数，即 $W = F(U_A, U_B)$。U_A 和 U_B 表示两个人的效用水平指标。社会总福利取决于个人效用水平，利用该关系可以绘出社会福利的无差异曲线，与消费者的无差异曲线一样，社会无差异曲线也具有无限个，它们表示社会福利水平的高低（见图 9－1）。

在生产可能性边界上的每一个点，都对应帕累托最优下，不同的分配方式对应一条效用可能性曲线。每条效用可能性曲线上同时满足生产和交换的帕累托最优的点只有一个，该点的各社会成员的效用水平代表了社会在资源充分利用下的一个最大效用水平。生产可能性边界上每一点对应的社会最大效用点的轨迹构成社会最大效用可能性边界。社会最大效用可能性边界的负斜率，代表在帕累托最优下一个成员效用的提高必须以别人效用的下降为代价。

社会福利的无差异曲线与社会最大效用可能性边界的切点决定了社会福利最大化点。

本章知识脉络图

一般均衡与福利经济学

- 一般均衡论
  - 一般均衡与局部均衡的含义
  - 一般均衡的实现过程→瓦尔拉斯模型
- 帕累托最优状态
  - 交换的帕累托最优条件：$MRS_{XY}^{A} = MRS_{XY}^{B}$
  - 生产的帕累托最优条件：$MRTS_{LK}^{C} = MRTS_{LK}^{D}$
  - 交换和生产的帕累托最优条件：$MRT_{XY} = MRS_{XY}$
  - 完全竞争与帕累托最优
- 社会福利函数
  - 函数表达式：$W = W(Z_1, Z_2, \ldots, Z_n)$
  - 社会福利最大化→社会福利的无差异曲线与社会最大效用可能性边界的切点

本章名词详解

◆ **瓦尔拉斯定律**：由经济学家瓦尔拉斯在其完全竞争市场的一般均衡理论体系中提出，其基本内容是：在完全竞争的市场体系中，在任何价格水平下，市场上对所有商品超额需求的总和为零。

◆ **福利经济学**：福利经济学是对经济体系的规范性分析，即经济运行中什么是“对”、什么是“错”等问题的研究。

◆ **效用可能性曲线**：效用可能性曲线也称为效用可能性边界，是在交易的一般均衡条件下个人所获得的各种效用水平的组合点的轨迹。

◆ **社会无差异曲线**：社会对效用在人们之间的分配感到无差异的效用组合点的轨迹。

◆ **契约曲线**：契约曲线又称效率线，可以分为消费者契约曲线和生产者契约曲线。前者指的是，在埃奇沃斯盒形图中，不同消费者的无差异曲线切点的轨迹。后者指的是在埃奇沃斯盒形图中，不同生产者的等产量线切点的轨迹。

◆ **资源配置**：资源配置是指社会上的生产资源在不同用途和不同使用者之间的分配。

◆ **帕累托最优**：帕累托最优是指社会中任何改变都不可能使一个人的境况变好，而又不使别人的境况变坏的一种理想状态。

◆ **阿罗不可能定理**：阿罗不可能定理认为：用投票的方式不可能把个人的偏好集中起来，形成合乎理性的社会偏好。即在非独裁的情况下，不可能存在有适用于所有个人偏好类型的社会福利函数。

同步练习与精解

一、同步练习题

（一）辨析题

1．根据瓦尔拉斯定理，在一个只有两种商品的经济中，如果一个商品市场供求相等了，另外一个市场一定也达到了均衡。

2．当两种商品的边际替代率等于这两种商品的价格比率时，就满足了交换的帕累托最优条件。

3．一般均衡分析同时决定所有市场的价格和数量。

4．生产可能性曲线以内的点是有效率的。

5．在交换的契约曲线上，点的位置越高，表示效率越高。

6．生产中的契约曲线表达的是有效率的产量组合。

7．社会福利函数本质上是社会偏好的一种表现形式。

8．对于福利最大化来说，完全竞争长期一般均衡既是必要的，又是充分的。

9．如果资源配置是帕累托最优状态，则存在一种重新配置资源的途径，使一些人的境况变好而不使其他人变坏。

10. 为了达到帕累托最优状态，任何使用两种投入要素的两个厂商，即使它们生产的产品很不相同，也必须在该两要素之间的边际技术替代率相等。

（二）单项选择题

1. 生产契约曲线上的点表示生产者（　　）。

A. 获得了最大利润

B. 支出了最小成本

C. 通过生产要素的重新配置提高了总产量

D. 以上均正确

2. 两种产品在两个人之间的分配，能被称为帕累托最优的条件为（　　）。

A. 不使某个人受损失就不能使另一个人受益

B. 个人都处在其消费契约曲线上

C. 个人都处在其效用可能性曲线上

D. 包括以上所有条件

3. 社会福利最大化的条件是（　　）。

A. 社会无差异曲线与效用可能性曲线相切

B. 社会无差异曲线与生产可能性曲线相切

C. 收入分配平等

D. 人均收入最大化

4. 社会福利函数是（　　）。

A. 个人福利函数的综合

B. 是社会偏好的表达方式之一

C. 是整个社会对事物进行排序的原则

D. 都对

5. 福利经济学是（　　）。

A. 实证经济学　　B. 规范经济学

C. 宏观经济学　　D. 科学经济学

6. 如果对于消费者甲来说，以商品 X 替代商品 Y 的边际替代率等于3，对于消费者乙来说，以商品 X 替代商品 Y 的边际替代率等于2，那么有可能发生的情况是（　　）。

A. 乙用 X 向甲交换 Y　　B. 乙用 Y 向甲交换 X

C. 甲和乙不会交换商品　　D. 以上均不正确

7. 边际产品转换率是（　　）的斜率。

A. 需求曲线　　B. 边际产量曲线

C. 生产可能性曲线　　D. 契约曲线

8. 转换曲线是（　　）导出的。

A. 消费契约曲线　　B. 生产契约曲线

C. 效用可能性曲线　　D. 社会福利曲线

9. 在两个个人（甲和乙）、两种商品（X 和 Y）的经济中，达到交换的全面均衡条件为（　　）。

A. 对甲和乙，$MRT_{XY} = MRS_{XY}$

B. 对甲和乙，$MRS_{XY} = P_X/P_Y$

C. $(MRS_{XY})_{甲} = (MRS_{XY})_{乙}$

D. 上述所有条件

10. 在两种商品（X 和 Y）、两种生产要素（L 和 K）的经济中，达到生产的全面均衡条件为（　　）。

A. $MRTS_{LK} = P_L/P_K$

B. $(MRTS_{LK})_X = (MRTS_{LK})_Y$

C. $MRT_{XY} = MRS_{XY}$

D. $MRTS_{LK} = MRS_{XY}$

（三）简答题

1. 为什么完全竞争的市场机制符合帕累托最优状态？

2. 试述社会福利函数的基本内容。

3. 一般均衡与局部均衡有何区别？

4. 为什么说交换的最优条件加生产的最优条件不等于交换和生产的最优条件？

5. 为什么完全竞争的市场机制符合帕累托最优状态？

（四）计算题

1. 已知 X 商品的生产函数为 $X = 5L^{0.4}K^{0.6}$，而 Y 商品的生产函数为 $Y = 4L^{0.5}K^{0.5}$，若社会上有 $\overline{L} = 100$，$\overline{K} = 200$，且只生产 X 与 Y 商品，试问该社会生产的契约曲线是什么？

2. 由 A、B 两人及 X、Y 两产品构成的经济中，A、B 的效用函数分别为 $U_A = X \times Y, U_B = 40(X + Y)$，$X$、$Y$ 的存量为（120，120），该经济的社会福利函数为 $W = U_A \times U_B$。求：

（1）该经济的效用边界。

（2）社会福利最大化时的资源配置。

二、同步练习题精解

（一）辨析题

1. 对。

2. 错。交换的帕累托最优条件是，对任意两消费者，两种商品的边际替代率相等，即 $(MRS_{XY})_A = (MRS_{XY})_B$。

3. 对。

4. 错。生产可能性曲线以内的点是无效率的。

5. 错。交换的契约曲线表示两种产品在两个消费者之间的所有最优分配的集合，但是，根据帕累托标准，曲线上任意两点之间是不可比较的，因为从一点向另一点的移动，会使一个人的状况变好，却使另一人状况变坏。

6. 对。

7. 对。

8. 错。完全竞争长期一般均衡能满足帕累托最优状态，但反过来帕累托最优状态未必一定是完全竞争长期一般均衡。

9. 错。如果资源配置是帕累托最优状态，那么，就没有帕累托改进的余地，则不存在一种重新配置资源的途径，使一些人的境况变好而不使其他人变坏。

10. 对。

（二）单项选择题

1 C	2 D	3 A	4 D	5 B	6 A	7 D	8 B	9 C	10 B

（三）简答题

1. 答：在完全竞争经济中消费者追求效用最大化的条件为：$MRS_{XY}^{A} = P_X/P_Y, MRS_{XY}^{B} = P_X/P_Y$，$A$、$B$ 为任意两消费者，X、Y 为任意两产品。于是得到：$MRS_{XY}^{A} = MRS_{XY}^{B}$。因此，产品的均衡价格实现了交换的帕累托最优状态。

在完全竞争经济中生产者追求利润最大化的条件为：$MRTS_{LK}^{C} = P_L/P_K, MRTS_{LK}^{D} = P_L/P_K$，$C$、$D$ 为任意两生产者，L、K 为任意两生产要素。于是得到：$MRTS_{LK}^{C} = MRTS_{LK}^{D}$。因此，要素的均衡价格实现了生产的帕累托最优状态。

在完全竞争条件下，$MRT_{XY} = |\Delta Y/\Delta X| = MC_X/MC_Y$，$MC_X/MC_Y = P_X/P_Y$，$MRS_{XY}^{A} = P_X/P_Y$，于是得到：$MRT_{XY} = P_X/P_Y = MRS_{XY}$。因此，商品的均衡价格实现了生产和交换的帕累托最优状态。

在完全竞争经济中消费者和生产者的最优化行为可以使帕累托最优的三个必要条件得到满足。完全竞争的市场机制作用下，整个经济可以实现帕累托最优状态，这样的经济必定是最有效率的经济。

2. 答：社会福利函数是社会所有个人的效用水平的函数。在两人社会中可以写成：$W = W(U_A, U_B)$。由社会福利函数可以得到社会无差异曲线。社会无差异曲线与效用可能性曲线的切点代表了可能达到最大社会福利。但是，在非独裁的情况下，不可能存在有适用于所有个人偏好的社会福利函数，这就是所谓的阿罗不可能性定理。

3. 答：局部均衡考察的是在外界条件不变情况下，研究单个产品市场，单个要素市场均衡，在这种研究中，该市场商品的需求和供给仅仅被看成是其本身价格的函数，其他商品的价格则被假定不变，而这些不变价格的高低之影响所研究商品的供求曲线的位置；所得到的结论是，该市场的需求和供给曲线共同决定了市场的均衡价格和均衡数量。

一般均衡要将所有相互联系的各个市场看成一个整体来加以研究，在一般均衡分析中，每一商品的需求和供给不仅取决于该商品本身的价格，而且取决于所有其他商品的价格，每一商品的价格都不能单独决定，而必须和其他商品价格联合着决定。当整个经济的价格体系恰好是所有的商品都供求相等时，市场就达到了一般均衡。

4. 答：因为交换的最优只说明消费是最有效率的，生产的最优只说明生产是最有效率的，两者的简单并列，只是说明消费和生产分开来看是各自独立地达到了最优，但并不能说明，当将交换和生产综合起来看时，也达到了最优。

5. 答：一般性说来，消费者总是追求效用（满足）极大化，生产者总是追求利润极大化，这样，市场的完全竞争结构必将使经济社会达到帕累托最适度状态，也就是说完全竞争能够实现帕累托最适度状态所需具备的三个条件。兹分别说明如下：

（1）在完全竞争条件下，每种商品的价格对所有消费者来说都是相同的，既定不变的。而消费者为了追求效用极大化，一定会使其消费的任何两种商品的边际替代率等于其价格比率。故有 $MRS_{XY}^{1}MRS_{XY}^{2}=\cdots=MRS_{XY}^{m}=\dfrac{P_X}{P_Y}$。

（2）在完全竞争条件下，任一生产要素的价格对任一产品的生产者都是相同的，既定不变的。而生产者为了追求最大利润，一定会使其使用的任何一组生产要素的边际技术替代率等于它们的价格比率。生产均衡时有：$MRTS_{LK}^{j}=\dfrac{P_K}{P_l}$，$j=1,2,\cdots,n$。

（3）任何两种产品生产的边际转换率即为这两种商品的边际成本之比。每一消费者对于任何两种商品的边际替代率等于其价格比率。而在完全竞争条件下，任何产品的价格等于其边际成本。故有：$MRT_{XY}=\dfrac{MC_X}{MC_Y}=\dfrac{P_X}{P_Y}=MRS_{XY}^{1}\,MRS_{XY}^{2}=\cdots=MRS_{XY}^{m}$。

由此可见，完全竞争能够实现为达到帕累托最适度状态所需具备的三个条件。

（四）计算题

1. 解：

因为在生产契约曲线上的点必须满足 $MRTS_{LK}^{X}=MRTS_{LK}^{Y}$，

根据效用函数，可以求得：

$$MRTS_{LK}^{X}=-(dK/dL)_X=-\frac{2}{3}\cdot\frac{K_X}{L_X};$$

$$MRTS_{LK}^{Y}=-(dK/dL)_Y=-\frac{K_Y}{L_Y}。$$

因此得出：$-\dfrac{2}{3}\cdot\dfrac{K_X}{L_X}=-\dfrac{K_Y}{L_Y}$。 ①

另外，在该社会资源充分利用的情况下有：

$L_X+L_Y=100$； ②

$K_X+K_Y=200$。 ③

将②③代入①中，可以整理得到：$L_YK_Y=300K_Y-400L_Y$，即为生产的契约曲线。

2. 解：

（1）设配置给 A 的产品为(X,Y)，则配置给 B 的量即为 $(120-X,120-Y)$。此时，二者的效用分别为 $U_A=X\times Y, U_B=40(240-X-Y)$。由此解得：$U_A=X(240-X-U_B/40)$。

帕累托最优状态是指，在一人效用水平不变的条件下使另一个人的效用最大化。A 的效用 U_A 最大化（U_B 不变）的条件为：$dU_A/dX=240-U_B/40-2X=0$，解得 $X=120-U_B/80$。

将上式代入 $U_A = X(240 - X - U_B/40)$，即得 $U_B = 9600 - 80U_A^{\frac{1}{2}}$，这就是该经济的效用边界。

（2）帕累托最优状态的社会福利函数为

$W = U_A \times U_B = U_A(9600 - 80U_A^{\frac{1}{2}}) = 9600U_A - 80U_A^{\frac{3}{2}}$，

由社会福利最大化条件：$dW/dU_A = 9600 - 120U_A^{\frac{1}{2}} = 0$。

解得：$U_A = 6400$，$U_B = 3200$，此时 $X = 80$，$Y = 80$。

相关考研题解析

一、什么是边际产品转换率，当它与消费者对这两种产品和边际替代率不等时，市场将怎样调整？（南开大学 2004 年考研题）

详解：

边际产品转换率表示从一种产品生产转换为另一种产品生产的难易程度，即为了抽出足够多的劳动与资本而多生产 1 单位 X，社会不得不减少的 Y 产品生产的数量，它反映了产品转换的机会成本。在生产可能性曲线上，边际产品转换率表现为生产可能性曲线的斜率的绝对值。

根据生产和交换的帕累托最优状态的条件，任何一对商品间的生产的边际产品转换率等于消费这两种商品的每个个人的边际替代率，即 $MRS_{XY}^{A} = MRS_{XY}^{B} = MRT_{XY}$。当两者不相等时，市场将要进行调整，最终达到两者相等。

在边际产品转换率大于边际替代率的情况下，市场进行如下调整：假定边际产品转换率为 2，边际替代率为 1，边际转换率等于 2 意味着生产者通过减少 1 单位生产可以增加 2 单位的 Y，边际替代率意味着消费者愿意通过减少 1 单位 X 的消费增加 1 单位 Y 的消费。在这种情况下，如果生产者少生产 1 单位 X，从而少给消费者 1 单位 X，但却多生产出 2 单位 Y，从多增加的两个单位 Y 中拿出 1 单位给消费者可以维持消费者满足程度不变，从而多余的 1 单位 Y 就代表了社会福利的净增加。于是生产者少生产 X，多生产 Y，最终使边际产品转换率等于边际替代率。

同理，在边际产品转换率小于边际替代率时，市场进行如下调整：假定边际产品转换率为 1，边际替代率为 2，此时如果生产者少生产 1 单位 Y，从而少给消费者 1 单位 Y，但却多生产出 1 单位 X，从多增加的 1 个单位 X 中拿出半个单位给消费者可以维持消费者满足程度不变，从而多余的半个单位 X 就代表了社会福利的净增加。于是生产者少生产 Y，多生产 X，最终使边际产品转换率等于边际替代率。

二、帕累托效率与帕累托改进的区别。（上海交通大学 2004 年考研题）

详解：

帕累托效率是意大利经济学家帕累托从福利经济学的角度定义的一个社会评价标准：当社会中一些人的境况变好就必定要使另一些人的境况变坏时，这个社会就处在一种理想状态中。这种状态就是帕累托效率或帕累托最优。其有两层含义：第一个层次是微观经济意义上的资源运用效率。它是指一个生产单位、一个区域或一个部门如何组织并运用有限的资源，使之发挥出最大作用，从而避免浪费现象。即用一定量的生产要素生产出最大价值的产品。第二个层次是宏观经济意义上的资源配置效率，它是指如何在不同生产单位、不同区域与不同行业之间分配有限的经济资源。如果一个经济体系能够做到有效地分配资源和运用资源，就可以认为这个经济体系是高效率的，也可以说，这种效率就是帕累托效率。

利用帕累托最优状态标准，可以对资源配置状态的任意变化做出好与坏的判断：如果既定的资源配置状态的改变使得至少有一个人的状况变好，而没有使任何人的状况变坏，则认为这种资源配置状态的变化是好的，否则认为是坏的。这种以帕累托标准来衡量为"好"的状态改变称为帕累托改进。更进一步，利用帕累托标准和帕累托改进，可以来定义所谓"最优"资源配置，即：如果对于某种既定的资源配置状态，所有的帕累托改进均不存在，即在该状态下任意改变都不可能使至少有一个人的状况变好而又不使任何人的状况变坏，则称这种资源配置状态为帕累托最优状态。换言之，如果对于某种既定的资源配置状态还存在有帕累托改进，即在该状态下还存在某种改变可以使至少一个人的状况变好而不使任何人的状况变坏，则这种状态就不是帕累托最优状态。

帕累托最优状态又称作经济效率。满足帕累托最优状态就是具有经济效率的；反之，不满足帕累托最优状态就是缺乏经济效率的。例如，如果产品在消费者之间的分配已经达到这样一种状态，即任何重新分配都会至少降低一个消费者的满足水平，那么，这种状态就是最优的或最有效率的状态。同样，如果要素在厂商之间的配置已经达到这样一种状态，即任何重新配置都会至少降低一个厂商的产量，那么，这种状态就是最优的或最有效率的状态。

三、什么叫一般均衡？一般均衡实现的基本条件是什么？一般均衡分析的核心结论是什么？（北京航空航天大学 2005 年考研题）

详解：

（1）一般均衡是指在一个经济体系中，所有市场的供给和需求同时达到均衡的状态。在完全竞争条件下，当整个经济处于一般均衡状态时，经济系统产生一组价格（所有产品和要素），使所有产品和要素的供求都相等，且所有的消费者和生产者都能达到各自的均衡——效用最大化和利润最大化。

（2）一般均衡实现的基本条件是：

在一般均衡状态下：第一，每个消费者根据其资源禀赋，达到效用最大化。第二，每个厂商在一定技术条件下，达到利润最大化。第三，所有市场同时出清，任何时厂商都不存在超额需求。第四，厂商的经济利润为零。第五，资源具有稀缺性。第六，市场为完全竞争市场。

（3）一般均衡的核心结论是一般均衡的存在性问题。

瓦尔拉斯最先认识到一般均衡问题的重要性，并证明了一般均衡的存在。瓦尔拉斯在其完全竞争市场的一般均衡理论体系中提出瓦尔拉斯定律，即：在完全竞争的市场体系中，在任何价格水平下，市场上对所有商品超额需求的总和为零。由该定律可以推出，经济体系中存在几个商品市场，若其中 $n-1$ 个商品市场处于均衡状态，那么，第 n 个市场也必然是均衡的。据此，瓦尔拉斯一般均衡理论断言，基于局部均衡分析的一般均衡价格存在。

事实上，瓦尔拉斯关于一般均衡存在性的证明逻辑是错误的。但是，后来的经济学家利用集合论、拓扑学等数学方法，在相当严格的假定条件下证明：一般均衡体系存在均衡解，而且，这种均衡可以处于稳定状态，并同时满足经济效率的要求。一般均衡体系只有在极其苛刻的假设条件下才存在均衡解，这些假设条件有：任何厂商都不存在规模报酬递增；每一种商品的生产至少必须使用一种原始生产要素；任何消费者所提供的原始生产要素都不得大于它的初始存量；每个消费者都可以提供所有的原始生产要素；每个消费者的序数效用函数都是连续的；消费者的欲望是无限的；无差异曲线凸向原点，等等。总之，在一定的假设条件全部得到满足时，一般均衡体系就有均衡解存在。而且均衡可以处于稳定的状态，以及均衡同时是满足帕累托最优条件的。

四、简述福利经济学第一定理。（南开大学 2005 年考研题）

详解：

如果所有的个人和企业都是以自我利益为中心的价格接受者，则竞争性均衡具有帕累托最优效率。福利经济学认为，一个完全竞争的、一般均衡的市场体系会有利于资源合理配置。这样的市场体系使得一切商品的价格等于其边际成本，一切生产要素的价格等于其边际产品价值，并且不存在外在性。在这种经济中，当每个消费者出于自私动机追求效用最大化，每一个生产者出于自私动机追求利润最大化时，整个经济将是有效率的，或者说达到了不能使任何人变得更好而不使另一些人变得更坏的最优状态。

这一思想来自亚当·斯密的“看不见的手”原理。亚当·斯密在他的《国富论》中写道：“每个人都在力图应用他的资本，来使其生产品得到最大的价值。一般地说，他并不企图增进公共福利，也不知道他所增进的公共福利为多少。他所追求的仅仅是他个人的安乐，仅仅是他个人的利益。在这样做时，有一只看不见的手引导他去促进一种目标，而这种目标决不是他所追求的东西。由于追逐他自己的利益，他同时也促进了社会利益，其效果要比他真正促进社会利益时所得到的效果要大。”亚当·斯密的这一思想包含着三个要点：第一，追求个人利益是人类从事经济活动的主要动力；第二，竞争这只看不见的手自发地将各种个人利益转变为一种共同利益；第三，对国民财富的增长来说，政府对经济管得越少越好。福利经济学继承了亚当·斯密的思想，认为自由放任可以自发地导致共同利益的增加。

10 第十章 市场失灵与政府的作用

内容导读

完善的市场经济制度下，资源能够自发地得到合理配置。但现实中，由于存在诸多限制，使得市场在许多方面并不能够有效地调节资源的配置。西方经济学中把这些由于市场本身的缺陷所导致资源配置低效率的后果称之为市场失灵。当市场失灵的时候，就需要政府参与到市场中来，调节市场经济行为，从而促进经济的有效运行。本章将分析市场失灵的具体原因，并进一步讨论政府解决市场失灵、改进经济效率的作用。

本章要点梳理

一、市场失灵

市场失灵是指完全竞争的市场机制在很多场合不能导致资源的有效配置，不能达到帕累托最优状态的情形。

造成市场失灵的原因主要有垄断、外部性、公共物品和信息不完全。

二、垄断与政府管制

垄断是对市场的控制。如果是生产者垄断，即一般所说的垄断或卖方垄断。如果是购买者垄断，就成为买方垄断。这两种垄断都会引起市场失灵。在垄断和其他不完全竞争市场中，厂商定价会大于边际成本，绝不会像完全竞争厂商那样把生产进行到长期平均成本最低时才达到长期均衡，结果是生产资源不能达到最优利用，出现低效率的资源配置状态，损失了社会福利。为此，政府往往采取一些政策措施对垄断加以限制，而对那些由技术条件和需求条件共同作用而形成的自然垄断部门，尤其像一些公用事业部门，政府也往往在定价方面进行必要的管制。

三、信息不完全

前面章中分析完全竞争市场时假定买卖双方对于市场信息的了解是完全的，但是在真实的市场中，卖方和买方却存在着大量信息不完全的情况。也就是交易双方信息不对称现象。比如买方不可能了解到其要购买产品的全部信息，包括质量、功能、价格等，而卖方对于自己的产品却非常了解。这可能因为：（1）某些商品的结构和性能很复杂，对其完全信息进行掌握需要专门的特殊知识，普通消费者难以具备这样的认识能力。（2）消费者要具备这样的能力则需要付出很高的代价，这样也就降低了消费者掌握全部信息的积极性。（3）由于市场主体地位的不同，卖方为了能够实现自己利益的最大化，可能会在交易的时候隐藏自己产品的一些信息，从而出现买卖双方信息不对称的现象。

卖方也不能了解其要生产的产品的完全信息，包括生产什么、生产多少合适，消费者的偏好和收入状况如何等情况。甚至一个厂商在复杂多变的经济环境中对自己产品的边际成本和边际收益状况都不能完全了解。这些都容易造成厂商决策的失误，从而影响资源的利用效率。

由于卖方和买方信息的不对称、不完全现象的存在，导致经济生活中容易出现逆向选择和道德风险两种影响社会资源配置效率的不正常现象。解决逆向选择问题的方法主要有：政府对市场进行必要的干预和利用市场信号；解决道德风险的主要方法是风险分担。

四、外部性

所谓外部性是指某人或某个组织在生产和消费过程中，对无关的第三方产生了有益的影响或有害影响，对于所产生的有益影响，施加影响方无法获得报酬；对他人所产生有害影响，施加影响方也不需要进行补偿，这时称为在生产或消费过程中产生了外部性。其中，如果是对无关的第三方产生了有益的影响，称为正的外部性，或者外部经济；如果是对无关的第三方产生了有害的影响，称为负的外部性，或者外部不经济。

外部性的存在，影响了市场调节经济运行的效率，导致了市场的失灵。为此，西方学者提出：要给造成外部经济的企业以津贴，对造成外部不经济的企业征税，或通过企业合并使外部影响“内部化”，或使用规定财产权的办法实现资源的最优配置。规定财产权可看成是科斯定理的一个运用。科斯定理认为，只要财产权是明确的，且交易成本为零或很小，则不管开始时将财产权赋予谁，都可达到资源的有效配置。

五、公共物品

公共物品是相对于私人物品而言的，私人物品即具有排他性和竞争性的物品。排他性，就是对商品支付价格的人才能消费商品，其他人则不能；竞争性，就是如果某人已消费了某种商品，则其他人就不能再消费该商品。公共物品正好和私人物品相反，就是不具备竞争性和排他性的物品。非竞争性就是公共物品一旦提供出来，许多人都可以同时消费，增加一个人的消费并不会减少可供他人消费的数量；非排他性就是无论你是否对于该物品支付了费用，都可以安然享用该物品带来的好处。该公共物品没有办法排除某个人的使用。

我们将同时具备上述两个条件的物品称为纯粹的公共物品，也就是不能排斥他人消费、也不必排斥他人消费的物品。它事实上是全体社会成员可以同时共同享用的物品，即具有共享性。市场上纯粹的公共物品很少，像国防、灯塔就是典型的例子。在我们现实的经济活动中，还有一类物品，类似于公共物品，它只具有公共物品两个特征之一，即只有非排他性或非竞争性一个特征，这种物品被称为准公共物品。

由于公共物品具有的非排他性或非竞争性的特点，市场机制可能无法协调这类产品和劳务的生产活动。当某人提供了公共物品之后，其他不付费者也可以消费这一物品，由此就会产生搭便车现象。由于非排他性特点，使提供公共物品者发现没有任何其他人愿意为该公共物品付费，但只要提供了公共物品，其他人就会从中受益。因此，私人生产者如果提供公共物品，就要自己承担所有成本。但只能享受到其中的一部分利益，最终的结果将是无人愿意提供公共物品。

在这种情况下，市场机制无法有效地协调公共物品的生产，市场在这里就失灵了。因此，公共物品只能由政府或某种集体组织来提供，由政府依靠强制性税收筹集提供公共物品的资金，或者由受益群体来分摊相关相关公共物品的成本。

六、政府失灵

政府失灵是指政府作为市场的外部力量，在调控国民经济时，由于各种因素的作用使得政府的调控起不到应有的作用。

本章知识脉络图

- 市场失灵与政府的经济职能
  - 市场失灵的原因
    - 自然垄断与市场失灵
    - 外部性与市场失灵
      - 外部经济
      - 外部不经济
    - 公共物品与市场失灵
    - 信息不对称与市场失灵
  - 政府的经济职能
    - 对自然垄断采取的措施
      - 政府经营
      - 政府监督
    - 对外部性采取的措施
      - 课税
      - 补贴
    - 对公共物品采取的措施→政府提供

本章名词详解

◆ **市场失灵**：市场失灵是指完全竞争的市场机制在很多场合不能导致资源的有效配置，不能达到帕累托最优状态的情形。

◆ **逆向选择**：逆向选择是指市场交易的一方拥有信息优势地位寻求自身利益最大化，从而导致市场将优良的产品排挤出去的情形。逆向选择是与正向选择对称的说法，所谓正向选择就是日常所说的"优胜劣汰"，那么逆向选择就是"劣胜优汰"，优良的产品反而被驱逐出市场，最终市场趋于消失。

◆ **道德风险**：道德风险是指市场中的一方无法获得另一方行动信息，或者由于信息成本过高而不能监督对方的行动时，其中一方利用信息优势地位寻求自身利益最大化，从而使另一方的利益受到损失的情形。

◆ **柠檬问题**：柠檬问题是指在二手车市场上劣车驱逐好车的现象，是逆向选择的表现。

◆ **外部性**：外部性也称外溢性，指一个经济活动的主体对它所处的经济环境的影响。

◆ **私人成本**：私人成本也称为私人费用，指厂商生产过程中投入的所有生产要素的价格。

◆ **社会成本**：社会成本是一种从整个社会角度来看的机会成本，等于私人成本加上对别人没有补偿的损失。

◆ **公共物品**：公共物品是指既没有排他性又没有竞争性的产品和服务，即一个人享有公共物品的好处时并不能排除其他人也享有它们的好处，一个人享有它们的好处时也不会减少其他人对它们的享有。

◆ **科斯定理**：科斯定理的含义是：只要财产权是明确的，并且其交易成本为零或者很小，则无论在开始时财产权的配置是怎么样的，市场均衡的最终结果都是有效率的。

同步练习与精解

一、同步练习题

（一）辨析题

1. 市场失灵指的是市场没有达到可能达到的最佳结果。
2. 完全竞争市场一定比垄断市场更能保证生产资源的有效利用。
3. 一个产品是非排他性的，是指排除他人使用的成本昂贵。
4. 信息不对称与市场失灵无关。
5. 在一定条件下，增加公共产品消费者人数并不需要减少其他消费品的生产。
6. 逆向选择是指由于信息不对称导致的低质量产品将高质量产品驱逐出市场的现象。
7. 公共物品的一个显著特点是非排他性。
8. 当存在外部不经济时，厂商的私人成本高于社会成本。
9. 外部经济情况下，私人活动水平常常要高于社会所要求的最优水平。

10. 对产生外部经济行为的企业或个人应采取征税或罚款的措施。
11. 任何人都消费同等数量的公共产品。
12. 科斯定理扩大了市场发挥作用的范围。
13. 在买者较少知道产品质量的情况下，会出现劣质品把优质品逐出市场的现象。
14. 正的外部影响时，社会成本大于私人成本。
15. 公共物品是具有排他性和竞争性的物品。
16. 任何人都要支付相同数量的费用，才可以消费公共产品。
17. 一种物品的竞争性指一个人使用了这种物品会减少其他人使用它的效用。
18. 不完全竞争市场中出现低效率的资源配置表现为产品价格低于边际成本。

（二）单项选择题

1. 由于垄断会使效率下降，因此任何垄断都是要不得的，这一命题（　　）。
A. 一定是正确的　　B. 并不正确
C. 可能是正确的　　D. 基本上是正确的
2. 下列关于可交易的污染许可证和庇古税的表述正确的是（　　）。
A. 庇古税比可交易的污染许可证更能够使污染减少到目标量
B. 只要把可交易的污染许可证分配给能以最低成本较少污染的企业，它们就可以有效地减少污染
C. 为了用可交易的污染许可证确定污染量，管制者必须了解污染权需求的每一事件
D. 庇古税和可交易的污染税都创造了一个有效的污染市场
E. 以上各项都不对
3. 如果一个人消费一种物品减少了其他人对该物品的使用，可以说这种物品是（　　）。
A. 公共物品　　B. 排他性的
C. 竞争性的　　D. 以上都不对
4. 某人的吸烟行为属于（　　）。
A. 生产的外部经济　　B. 消费的外部经济
C. 生产的外部不经济　　D. 消费的外部不经济
5. 不完全竞争市场中出现无效率资源配置，原因在于产品价格（　　）。
A. 高于边际成本　　B. 低于边际成本
C. 等于边际成本　　D. 都正确
6. 由于垄断导致无效率，因此任何垄断都必须被消除，这一说法（　　）。
A. 肯定正确　　B. 肯定不正确
C. 可能正确　　D. 基本正确
7. 某种经济活动有负的外部影响时，该活动的（　　）。
A. 私人成本大于社会成本　　B. 私人成本小于社会成本
C. 私人利益大于社会收益　　D. 私人收益小于社会收益
8. 在正的外部影响存在的情况下，（　　）。

A. 私人成本大于社会成本　　B. 私人成本小于社会成本

C. 私人利益大于社会收益　　D. 私人收益小于社会收益

9. 下列说法中，错误的是（　　）。

A. 如果价格能使市场出清，就不存在市场失效

B. 市场经济中，价格是首要的配置机制

C. 不完全竞争导致市场失灵是因为生产不足

D. 市场失效时，政府的某些管理是合适的，因为它能在其他人并不变糟的情况下，使某些人变得更好

10. 在（　　）的情况下，"搭便车"问题会出现。

A. 所有消费公共商品的个人都支付其费用

B. 个人愿意支付他们的消费费用

C. 所有消费和生产的商品都是个人用物品

D. 有些人消耗了公共物品，并不需要支付其全部费用

11. 当富有的校友向母校提供慈善捐助，以减少现在学生支付的学费时，这是（　　）的例子。

A. 把正外部性内在化的努力　　B. 把负外部性内在化的努力

C. 庇古税　　D. 命令—控制政策

12. 科斯定理的基本意思是（　　）。

A. 人们的贪心可能阻止市场发挥作用

B. 交易成本的存在有可能阻止市场发挥

C. 只要产权明晰，市场就能够保证效率

D. 只有负的外部影响有可能导致市场失灵

13. 如果上游工厂污染了下游居民的饮水，按照科斯定理（　　），问题即可妥善解决。

A. 不管财产权是否明确，只要交易成本为零

B. 只要财产权明确，且交易成本为零

C. 只要财产权明确，不管交易成本有多大

D. 不论财产权是否明确，交易成本是否为零

14. 为了提高资源配置效率，政府对垄断行为是（　　）。

A. 坚决反对的　　B. 不管的

C. 尽量支持的　　D. 加以管制的

15. 一个定期看公共电视，但没为公共电视筹资做出贡献的人被称为（　　）。

A. 公有资源的利用者　　B. 有代价的搭车者

C. 搭便车者　　D. 一个不受欢迎的搭车者

16. 当正的外部影响存在时，市场决定的产量将会（　　）。

A. 大于社会理想产量　　B. 小于社会理想产量

C. 等于社会理想产量　　D. 都可能

17. 下列物品最有可能是公共物品的是（　　）。

A. 公海上的一个灯塔　　B. 国家森林公园内树上的果子

C. 故宫博物院内的国宝　　D. 大熊猫

18. 一般来说，公共物品的生产低于社会理想的水平，可能的原因在于（　　）。

A. 人们不愿意说真话　　B. “搭便车” 的倾向

C. 人们的觉悟不高　　D. 上面的说法都说得过去

19. 信息不对称导致市场失灵是因为（　　）。

A. 消费者无法识别好的产品或服务

B. 劣质产品对优质产品有负的外部影响

C. 一块臭肉坏了一锅汤

D. 上述说法都说得过去

20. 如果某产品的生产造成污染，适当的税收政策是征税，征税额应是（　　）。

A. 社会边际成本和私人边际成本之差

B. 社会边际成本和私人边际成本之和

C. 社会边际成本

D. 私人边际成本

（三）简答题

1. 公共物品为什么不能靠市场来提供？

2. 垄断会带来哪些危害？

3. 举例说明什么是外部经济、外部不经济。

4. 不完全信息有哪几类？

5. 下列哪个描述了外部性，哪个没有？解释它们的区别。

（1）巴西限制香蕉进口的政策导致美国香蕉的价格上升，它反过来又导致了苹果的价格上升。

（2）一只广告飞艇使一个驾驶员分心，然后他撞伤了一根电线杆。

6. 如何克服消极外部影响对社会的影响？

（四）计算题

1. 假设有 10 个人住在一条街上，每个人愿意为增加一盏路灯支付 2 美元，而不管已提供的路灯数量。若提供 X 盏路灯的成本函数为 $C(X) = X^2$，试求最优路灯安装只数。

2. 假设一个养蜂场位于一个苹果园的边上，每个农场都位于竞争性市场上，设苹果的产量为 A，蜂蜜的产量为 H，两个农场的生产成本函数分别为 $CH(H) = H^2/100, C_A(A) = A^2/100 - H$，蜂蜜的价格是 2 元，苹果的价格是 2 元。试求：

（1）两个农场独立经营，则蜂蜜的均衡产出为多少？苹果的均衡产出为多少？

（2）两个农场合并经营，则蜂蜜的均衡产出为多少？苹果的均衡产出为多少？

（3）两个农场独立经营，则为了达到社会的有效供给，应对蜂蜜生产实行多少补贴？

二、同步练习题精解

（一）辨析题

1. 对。
2. 对。
3. 对。
4. 错。信息不对称会造成市场失灵。
5. 对。
6. 对。
7. 对。
8. 错。当存在外部不经济时，厂商的私人成本低于社会成本。
9. 错。外部经济情况下，私人活动水平常常要低于社会所要求的最优水平。
10. 错。对产生外部经济行为的企业或个人应采取津贴或奖励的措施。
11. 错。公共产品不具备竞争性，任何人增加对某公共产品的消费都不会减少其他人所得到的消费水平，所以并不意味着任何人都消费同等数量的公共产品。
12. 对。
13. 对。
14. 错。社会成本小于私人成本。
15. 错。公共物品是具有非排他性和非竞争性的物品。
16. 错。公共产品不具备排他性，无法避免一些人不支付便消费。
17. 对。
18. 错。不完全竞争市场中出现低效率的资源配置表现为产品价格高于边际成本。

（二）单项选择题

1 B	2 D	3 C	4 D	5 D	6 B	7 B	8 D	9 C	10 D
11 A	12 B	13 B	14 D	15 C	16 B	17 A	18 D	19 D	20 A

（三）简答题

1. 答：通常将不具备消费的竞争性的商品叫做公共物品，任何人增加对这些商品的消费都不会减少其他人的消费水平，任何人增加对这些商品的消费不会引起产品成本的任何增加。某公共物品同时不具备排他性，即无法排除一些人“不支付便消费”，则称之为纯公共物品。

公共物品具有非竞争性，一公共物品可以同时为许多人所消费，增加一名消费者的消费的边际成本为零。消费者从公共物品中都得到一定的效用，而其消费的边际成本为零。从效率的角度（价格等于边际成本）来看，应该让所有的人都免费享用公共物品。如果公共物品由私人来生产，那么他将会破产。

公共物品具有非排他性，很容易产生免费搭车问题，即不能避免一些人不付费也可以同样消费公共物品。在这种情况下，如果每个人都不支付费用或支付很低的费用来消费公共物品，那么市场上就没有私人愿意提供公共物品。即使有些消费者不做“搭便车者”，愿意自己付费购买，也只是根据公共物品带给他的私人利益来决定他愿意支付的价格，而不是根据社会利益决定他支付的价格。公共物品如果由竞争市场上私人进行生产，其结果只能是低于社会所要求最优数量的产出，甚至是零产出。

既然市场机制对公共物品的有效率配置无能为力，那么只能由政府或公共部门安排生产并根据社会福利原则来分配公共物品。

2. 答：从一般的意义来说，垄断的确对市场经济的有效运行是一种危害。

第一，浪费经济资源。与完全竞争相比，垄断厂商不会把生产扩大到成本最低之点。在完全竞争条件下，厂商必然将生产进行到长期平均成本最低时才达到长期均衡，也就是生产效率可发挥到最大限度，而垄断厂商的长期均衡则产生于长期边际成本等于边际收益之时。这决不是长期平均成本最低之时。结果，生产效率没有得到最大发挥，资源没有最好地利用，产量少了，价格提高了，资源配置效率不高。第二，社会福利损失。由于价格较高，因此垄断价格下的消费者与完全竞争下的消费者相比，损失了消费者剩余。

3. 答：外部经济可以看成是积极的外部影响。积极外部影响的例子很多，如种花人家使周围邻居都享受到了芳香和美丽；美味餐馆传出的香味也使过路人感到舒服；科学家的发明为全人类造福；人们种防疫苗，不仅可以避免自己得传染病，也减少了对他人的传染；一个大戏院的建立也给周围饮食店带来了生意。诸如此类，都是一个经济主体活动给他人带来的利益，而自己并没有获得这种利益。

外部不经济可以看成是消极的外部影响。消极的外部影响例子很多。例如，奔驰的汽车排出废气，发出噪声，引起交通阻塞；一个游泳池里的人太多了，每一个人都会成为他人的障碍。

4. 答：不完全信息包括：反映卖者处于有利地位的“买者不如卖者精”现象；反映买者处于有利地位的“卖者不如买者精”现象；委托人与代理人问题；道德风险问题等。

5. 答：（1）不是外部性。只是一种商品价格升高对其相关替代品的价格产生了影响。（2）是外部性。因为飞艇的活动对驾驶员造成了损失。

6. 答：克服消极外部影响对社会影响的措施之一是实行政府干预，即对产生消极外部影响的企业征课税金或罚款，把厂商造成的外在成本内部化，以促使它们消除或减少消极的外部影响。另一个途径是内部化合并，使合并后的企业为了自身利益自然而然考虑污染之类的外部影响造成的损失，从而自动减少消极外部影响。还有一个途径是科斯提出的所谓确定所有权，促使有关企业通过谈判或法律诉讼程序来解决外部影响问题。

（四）计算题

1. **解**：路灯属于公共物品，每个人愿意为增加一盏路灯支付 2 美元，10 人共 20 美元，这可看成是对路灯的需求或边际收益，而安装路灯的成本函数为 $C(X) = X^2$，则边际成本函数为 $MC = 2X$，令 $MR = MC$，即 $20 = 2X$，得 $X = 10$，最优路灯安装只数为 10，见图 10－1：

2. **解：**

（1）要使蜂蜜达到均衡产出，则需使蜂蜜的边际生产成本等于蜂蜜的边际收益，即其价格，故有 $dC_H/dH = 2H/100 = 2$，故 $H = 100$，故蜂蜜和苹果的均衡产出分别为 100、150。

（2）若两个农场合并，则其总成本函数为：$C = H^2/100 + A^2/100 - H$，

分别对 A，H 取偏导得：

$$\frac{\partial C}{\partial A} = \frac{2A}{100} = 3,\ \frac{\partial C}{\partial H} = \frac{2H}{100} - 1 = 3。$$

解得：$A = 150$，$H = 150$，故合并后蜂蜜和苹果的均衡产出均为 150。

（3）若两个农场独立经营，由于外部经济的存在，蜂蜜也以生产 150 为佳，故政府应对养蜂主给予补贴，使得 $2 \times 150/100 = 3$，即蜂蜜生产者在每单位蜂蜜有 3 美元收益时才会以 150 单位的量来生产。这时给予养蜂主的补贴是每单位蜂蜜 1 美元。

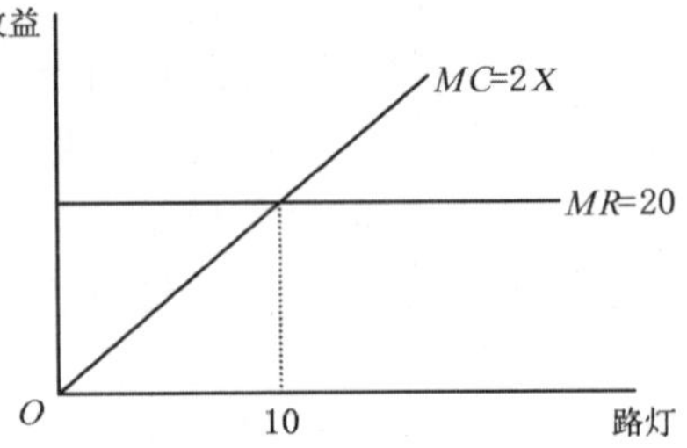

图 10－1

相关考研题解析

一、公共物品的特性。（中南财经政法大学 2004 年考研题）

详解：

公共物品是相对于私人物品的一个概念，通常将不具备消费或使用的竞争性的商品叫做公共物品。对于公共物品来说，任何人增加对商品的消费都不会减少其他人所可能得到的消费水平，同时增加一个人的消费，公共物品的边际成本等于 0。公共物品可以分为纯粹公共物品和准公共物品两种。

公共物品具有与私人物品相对应的四个特性：

（1）非排他性。一种公共物品可以同时供一个以上的人消费，任何人对某种公共物品的消费，都不排斥其他人对这种物品的消费，也不会减少其他人由此而获得的满足。

（2）强制性。公共物品是自动地提供给所有社会成员的，不论你是否愿意。

（3）无偿性。消费者消费这种物品可以不支付费用，或者以远低于其边际效用或边际成本决定的价格来付价钱。

（4）非竞争性。公共物品是提供给一切消费者的，无法在消费者之间进行分割。

二、什么是信息不对称，请举例说明为什么信息不对称会导致市场失灵？（南开大学 2004 年考研题）

详解：

信息不对称指市场上某些参与者拥有，但另一些参与者不拥有信息；或指一方掌握的信息多一些，另一方所掌握的信息少一些。

以旧车市场买卖为例。假定某二手车市场存在两种类型的二手汽车，一种是好的二手

车，即质量较高、缺陷较少的二手车，另一种是差的二手车。如果信息是充分而且是对称的，按照二手车质量的高低就会形成两个市场，好的二手车市场和差的二手车市场，而且各自根据自己的需求和供给曲线确定各自的市场价格和交易量。但是实际生活中，信息却总是不充分和不对称的，一般卖主对于自己的汽车质量信息了解的较多，买主则只能凭观察了解一些表面的信息，二手车的质量真正如何买者难以确切得知，这样就出现了逆向选择的问题。假定整个市场中好车和差车各占一半，其中好车真实价格应该是10万元，差车真实价格应该是5万元。由于信息的不对称，买主不能判断他要买的车的好坏，于是他将按照一个中性的原则出价，也就是他根据其买到好车和差车的可能性都是50%的几率来确定他的出价，于是他最多愿意付出7.5万元（$10\times50\%+5\times50\%$）。这时，好的二手车卖主将因为买方出价太低而不愿意出售，从而退出二手车市场。由此，剩下的二手车整体质量就降低了。接下来，剩下的原来差的二手车又可以进一步划分，分为较好的二手车和较差的二手车，各自的真实价格假定分别为6万和4万元，也各占市场的一半。于是，买方愿意支付的价格就是5万元（$6\times50\%+4\times50\%$），这样真实价格为6万元的较好的二手车就又会退出市场。这一过程会一直持续下去，最终导致二手车市场质量不断下降，直至消失。

三、全世界每天消费大量的鸡，但没有人担心鸡会灭绝，相反没有多少人吃鲸肉，人们却时时刻刻担心鲸会灭绝，为什么同样一个市场系统可以保证产出足够的鸡，却偏偏威胁到鲸的生存呢？（中山大学2006年考研题）

详解：

（1）同样一个市场系统之所以会出现这种结果是因为市场在配置“鸡”和“鲸”这两种资源时其效率是不一样的。市场在配置鸡的生产和消费时是有效的，但在配置鲸时却出现了市场失灵。

市场失灵是指完全竞争的市场机制在很多场合下不能导致资源的有效配置，不能达到帕累托最优状态的情形。导致市场失灵的原因主要有如下几种：外部性、公共物品、垄断、不完全信息等。

鲸是一种公共资源，但市场在配置公共资源时往往无能为力。公共资源是指没有排他性但有竞争性的产品和服务。排他性是指当某个人使用或消费一种产品和服务时，可以排出与阻止其他人使用或消费该种产品和服务。竞争性是指当某个人使用或消费一种产品和服务时，就减少了其他人使用或消费该种产品和服务的机会。当利用市场来对公共资源进行配置时，它很可能很快会被过度地使用，从而造成在灾难性的后果。这种现象被称为“公共财产的悲剧”。

（2）从产权角度来看，农民拥有他所养殖的鸡及相关的占有、处分、收益等权利，因此觉得有必要好好照看它们，增加鸡的数量。由于产权的确定性，使市场配置资源的功能得到有效发挥。相反，鲸的产权归属并不明确，不属于任何国家或个人，换言之，它是世界公共资源。于是，一方面大家都知道捕鲸可以赚大钱，不少人蜂拥而上；另一方面，保护鲸类则由于缺乏直接经济利益而乏人问津。这就使得单纯依靠市场来配置鲸这种资源时其结果缺乏效率。

11 第十一章 国民收入的核算与循环

内容导读

宏观经济学的研究对象是国民经济中的总量经济关系。在国民经济的许多总量中，国内生产总值（GDP）是最具有代表性的经济总量。本章先研究了GDP的定义，GDP的两种核算方法，后研究了与GDP相关联的概念：GNP、NDP、NI、DI和NT。本章重点是研究国民收入的循环，得出四部门三市场经济总供求平衡的基本条件。

本章要点梳理

一、宏观经济学

宏观经济学是相对于微观经济学而言的，它以国民经济总体作为考察和研究的对象，研究经济生活中有关总量的决定与变动，解释社会经济运行中的宏观整体问题，故又称总体经济学、总量经济学。

宏观经济学的中心和基础是总供给——总需求模型。具体来说，宏观经济学主要包括总需求理论、总供给理论、失业与通货膨胀理论、经济周期与经济增长理论、开放经济理论、宏观经济政策等内容。

现在意义上的宏观经济学是在20世纪30年代才得以形成和发展起来的。宏观经济学诞生的标志是凯恩斯于1936年出版的《就业、利息和货币通论》。宏观经济学在二战之后逐步走向成熟并得到广泛应用。20世纪60年代后的“滞涨”问题使凯恩斯主义的统治地位受到严重挑战，并形成了货币主义、供给学派、理性预期学派对立争论的局面。20世纪90年代，新凯恩斯主义的形成又使国家干预的思想占据主流。

二、GDP 的定义

GDP 是指在一国范围内一年中所生产的最终产品和服务的市场总价值。与它相近的概念还有 GNP。两者的关系是 GDP = GNP - 得自国外的净要素收益。一般而言，国内生产总值和国民生产总值是不同的，但对中国来说，两者区别不大。

GDP 的定义有如下几方面意思：

1. GDP 是一个市场价值概念。各种最终产品的价值都是用货币加以衡量的。

2. GDP 测度的是最终产品，中间产品价值不计入 GDP，否则会造成重复计算。

3. GDP 是一定时期内（往往为一年）所生产而不是所售卖掉的最终产品价值。

4. GDP 是计算期内（如 2009 年）生产的最终产品价值，因而是流量而不是存量。流量是一定时期内发生的变量，存量是一定时点上存在的变量。

5. GDP 是一国范围内生产的最终产品的市场价值，从而是一个地域概念。而与此相联系的国民生产总值则是一个国民概念。因此，一个在日本工作的美国公民的收入要计入美国的 GNP 中，但不计入美国的 GDP 中，而计入日本的 GDP 中。

6. GDP 一般仅指市场活动导致的价值。家务劳动、自给自足生产等非市场活动不计入 GDP 中。

三、核算 GDP 的方法

核算 GDP 可用生产法、支出法和收入法。常用的是后两种方法。

1. 生产法，就是从生产角度来计算 GDP，只从最终产品来计算 GDP。只要是社会生产了一种产品，并且它不是中间产品，我们就按照市场价格乘以生产数量等于产品价值的原则记录下该产品的总价值。有多少钟产品我们就可以得到多少种产品的价值。最后我们把所有产品的价值加总获得 GDP。不计算中间产品是为了避免重复计算。

2. 支出法。用支出法核算 GDP，就是通过核算在一定时期内整个社会购买最终产品的总支出即最终产品的总卖价来计量 GDP，是核算经济社会（指一个国家或一个地区）在一定时期内消费、投资、政府购买以及出口这几方面支出的总和。消费支出包括购买耐用消费品、非耐用消费品和劳务的支出，建造住宅的支出则不包括在内。投资指增加或更换资本资产的支出。投资物品由于损耗造成的价值减少称为折旧。折旧不仅包括生产中资本物品的物质磨损，还包括资本老化带来的精神磨损。政府对物品和劳务的购买是指各级政府购买物品和劳务的支出。净出口指进出口的差额。

用支出法计算 GDP 的公式可写成：

$GDP = C + I + GP + (EX - IM)$。

3. 收入法。收入法即用要素收入亦即企业生产成本核算国内生产总值。严格说来，最终产品市场价值除了生产要素收入构成的资本，还有间接税、折旧、公司未分配利润等内容，因此用收入法核算的国内生产总值应包括以下一些项目：（1）工资、利息和租金等这些生产要素的报酬。（2）非公司企业主收入。（3）公司税前利润。（4）企业转移支付及企业间接税。（5）资本折旧。

用收入法计算 GDP 的公式可写成：

GDP＝工资＋利息＋利润＋租金＋间接税和企业转移支付＋折旧。

它和支出法计得的GDP从理论上是相等的。但实际核算中常有误差，因而还要加上一个统计误差。

四、GDP分解

GDP是一个高度概括的宏观经济指标。

NDP＝GDP－折旧；NDP－间接税＝NI；GDP－折旧－间接税＝NI。

DI＝NI－社会保险费－经营利润税－企业留利－个人所得税＋国家的转移支付＋企业的转移支付＋……

五、GDP循环

宏观经济学就是在三大市场和四大部门组成的宏观经济结构中，研究各经济总量的决定机制及其相互影响。

三大市场包括最终产品市场、生产要素市场和金融市场；四大部门包括企业、家庭、政府和对外经济。

1. 两部门的收入循环模型。

假设：经济社会只有家庭和企业两部门。

原理：在GDP意义上，总支出＝总收入。

公式推导：$C+I=C+S$，两边消去C，得$I=S$，即投资＝储蓄。

意义：反映了两部门经济中总供给和总需求恒等关系之下，储蓄和投资一定相等，而不论经济是充分就业还是通货膨胀，是否处于均衡状态。

2. 三部门的收入循环模型。

假设：在两部门基础之上加入政府部门。

公式推导：$C+I+GP=C+S+NT$，两边消去C，得$I+GP=S+NT$。

3. 四部门的收入循环模型。

假设：在三部门的基础之上加入国外部门。

公式推导：$C+I+GP+EX=C+S+NT+IM$，两边消去C，得$I+GP+EX=S+NT+IM$。

需要注意的是，本部分恒等式均是在不考虑折旧和间接税的条件下进行推导的。

六、失业率

失业率＝（已失业但正在找工作的人数/劳动力总人数）×100%。

西方经济学家认为失业有三种类型：摩擦性失业、结构性失业和需求不足的失业或非自愿失业。

充分就业下的失业率＝摩擦性失业＋结构性失业。

本章知识脉络图

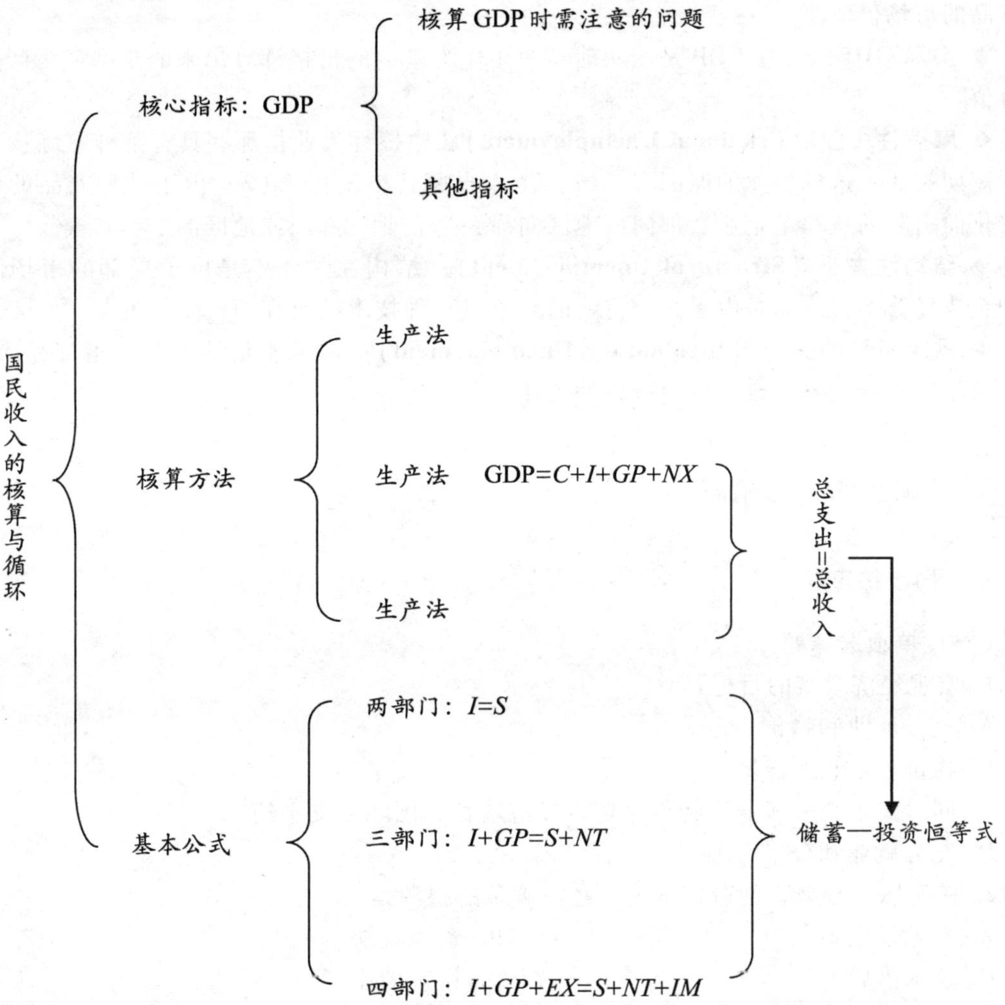

本章名词详解

◆ **国内生产总值（Gross Domestic Product，GDP）**：GDP是在一国范围内一年中所生产的最终产品和服务的市场总价值。

◆ **国民生产总值（Gross National Product，GNP）**：GNP是指某国国民所拥有的全部生产要素在一定时期内所生产的最终产品的市场价值。

◆ **国民收入（National Income，NI）**：从国内生产净值中扣除间接税和企业转移支付加政府补助金，就得到一国生产要素在一定时期内提供生产性服务所得报酬即工资、利息、租金和利润的总和意义上的国民收入。

◆ **个人收入（Personal Income，PI）**：从国民收入中减公司未分配利润、公司所得税及社会保险税（费），加上政府给个人的转移支付，大体上就得到个人收入。

◆ **名义 GDP**：名义 GDP（或货币 GDP）是用生产物品和劳务的当年价格计算的全部最终产品的市场价值。

◆ **实际 GDP**：实际 GDP 是用从前某一年作为基期的价格计算出来的全部最终产品的市场价值。

◆ **摩擦性失业（Frictional Unemployment）**：摩擦性失业指那些具有某种熟练技术的工人的短期失业。这种失业的原因有：（1）工人自愿转换工作。（2）由于某种产品的市场供求变化而引起的从一个企业、部门或地区向另一个企业、部门或地区的工作转换。

◆ **结构性失业（Structural Unemployment）**：结构性失业不是由于局部的市场波动或个别企业经营不善，而是由于某个行业的衰落或某种技术的废弃而产生的失业。

◆ **需求不足的失业（Involuntary Unemployment）**：需求不足的失业是指产品市场上，需求量相对于产量不足或减少而造成的失业。

同步练习与精解

一、同步练习题

（一）单项选择题

1. 宏观经济政策的目标是（　　）。

A. 充分就业和物价稳定

B. 物价稳定和经济增长

C. 同时实现充分就业、物价稳定、经济增长和国际收支平衡

D. 充分就业和公平

2. 在凯恩斯看来，创造资本主义经济萧条的根源是（　　）。

A. 有效需求不足　　B. 资源短缺

C. 技术落后　　D. 微观效率低下

3. 在下列项目计入 GDP 的是（　　）。

A. 政府转移支付　　B. 购买一辆二手汽车

C. 购买普通股票　　D. 雇用保姆的工资

4. 宏观经济学的中心理论是（　　）。

A. 价格决定理论　　B. 国民收入决定理论

C. 工资决定理论　　D. 汇率决定理论

5. 下列各项除（　　）外，均被认为是宏观经济的“病症”。

A. 高失业　　B. 滞涨

C. 通货膨胀　　D. 价格稳定

6. 在资源不变的情况下，如果原有的技术水平提高了，生产可能性曲线的位置将会（　　）。

A. 向左下方移动　　B. 向右上方移动

C. 不发生任何变动　　D. 在现有条件下无法确定

7. 赤贫线是一个经济社会中人们能够维持（　　）的最起码的收入水平。

A. 温饱　　B. 总体小康

C. 全面小康　　D. 该社会平均收入水平

8. 下列政策中，不属于政府对穷人扶持计划的是（　　）。

A. 完善失业保险制度　　B. 规定最低工资水平

C. 加强对股市的管理　　D. 提供住房补贴

9. 今年的名义 GDP 增加了，说明（　　）。

A. 今年的物价上涨了　　B. 今年的物价和产出都增加了

C. 今年的产出增加了　　D. 不能确定

10. 政府实施一项新的高额累进税，如果用基尼系数来表示纳税后的收入分配状况，则这项新税将（　　）。

A. 使基尼系数变大　　B. 使基尼系数变小

C. 使基尼系数不变　　D. 使分配更合理

11. 下列关于 GDP 的论述，错误的是（　　）。

A. Nokia 在中国的企业生产的产品价值包含在中国的 GDP 中

B. GDP = GNP + 本国要素在国外取得的收入 - 国外要素在本国取得的收入

C. 如果一国对外投资大于国外对本国的投资，则其 GDP 会小于 GNP

D. 证券公司为 2009 年发行上市的企业提供的承销服务的收益应计入 2009 年的 GDP

12. 下列项目中，不计入国内生产总值核算的是（　　）。

A. 出口到国外的一批货物

B. 政府给贫困家庭发放的一笔救济金

C. 经纪人为一座旧房买卖收取的一笔佣金

D. 保险公司收到一笔家庭财产保险费

13. 一国的国内生产总值小于国民生产总值，说明该国公民从外国取得的收入（　　）外国公民从该国取得的收入。

A. 大于　　B. 小于

C. 等于　　D. 可能大于也可能小于

14. 今年的名义国内生产总值大于去年的名义国内生产总值，说明（　　）。

A. 今年物价水平一定比去年高了

B. 今年生产的物品和劳务总量一定比去年增加了

C. 今年的物价水平和实物产量水平一定都比去年提高了

D. 以上三种说法都不一定正确

15. 你购买了一辆完全在德国生产的价值 4 万美元的宝马车。在中国 GDP 账户中的记录是（　　）。

A. 投资增加 4 万美元，净出口增加 4 万美元

B. 消费增加 4 万美元，净出口减少 4 万美元

C. 净出口减少 4 万美元

D. 净出口增加 4 万美元

E. 没有影响，因为这种交易并不包括在国内生产中

16. 下列项目中，应计入 GDP 的是（　　）。

A. 购买一辆用过的旧自行车　　B. 购买普通股票

C. 汽车制造厂买进 10 吨钢材　　D. 银行向某企业收取一笔贷款利息

17. 经济学上的投资是指（　　）。

A. 企业增加一笔存货　　B. 建造一座住宅

C. 企业购买一台计算机　　D. 以上都是

18. 已知某国的资本品存量在年初为 10000 亿美元，它在本年度生产了 2500 亿美元的资本品，资本消耗折旧是 2000 亿美元，则该国在本年度的总投资和净投资分别是（　　）。

A. 2500 亿美元和 500 亿美元　　B. 12500 亿美元和 10500 亿美元

C. 2500 亿美元和 2000 亿美元　　D. 7500 亿美元和 8000 亿美元

19. 在一个有家庭、企业、政府和国外的部门构成的四部门经济中，GDP 是（　　）的总和。

A. 消费、总投资、政府购买和净出口　　B. 消费、净投资、政府购买和净出口

C. 消费、总投资、政府购买和总出口　　D. 工资、地租、利息、利润和折旧

20. 如果 2006 年底的物价指数是 128，2007 年底的物价指数是 134，那么，1988 年的通胀率是（　　）。

A. 4.2%　　B. 5.9%

C. 6.25%　　D. 6%

21. 在下列项目中，（　　）不属于政府购买。

A. 地方政府办三所中学　　B. 政府给低收入者提供一笔住房补贴

C. 政府订购一批军火　　D. 政府给公务人员增加薪水

22. 下列项目中，不属于要素收入但被居民收到了的项目是（　　）。

A. 租金　　B. 银行存款利息

C. 红利　　D. 养老金

23. 下列项目中，属于摩擦性失业的是（　　）。

A. 一个由于技术变化而失去工作的钢铁工人

B. 被解雇但有希望很快回到原工作岗位的钢铁工人

C. 一个决定退休的钢铁工人

D. 一个决定去上学的钢铁工人

24. “牛奶是最终产品”这一命题（　　）。

A. 一定对　　B. 一定错

C. 可能对也可能错　　D. 以上三种说法全对

25. 在国民生产和国民收入中，将被经济学家视为投资行为的是（　　）。

A. 购买新公司债券　　B. 生产性活动而导致的当前消费

C. 购买公司债券　　D. 以上均不对

26. 正确的统计恒等式为（　　）。

A. 投资 = 储蓄　　B. 储蓄 = 消费

C. 投资 = 消费　　D. 投资 + 税收 = 储蓄 + 政府购买

27. 在国民收入核算体系中，计入 GDP 的政府支出是指（　　）。

A. 政府购买的物品和劳务的支出　　B. 政府购买的物品支出

C. 政府工作人员的薪水和政府转移支付

D. 政府购买的物品和劳务的支出加上政府的转移支付之和

28. 假设一个经济第一年即基年的当期产出为 500 亿元，如果第八年 GDP 价格调整指数提高了一倍，而实际产出增加了 50%，则第八年的名义产出等于（　　）。

A. 2000 亿元　　B. 1500 亿元

C. 1000 亿元　　D. 750 亿元

29. 当年计入 GNP 的消费支出大于当年生产的消费品，表明（　　）。

A. 购买了旧货　　B. 当年产品出口增加

C. 购买了以前的库存产品　　D. 以上均错

30. 物价上涨时，通货膨胀率会（　　）。

A. 大于 1　　B. 小于 1

C. 大于 0　　D. 小于 0

31. 在没有达到充分就业的条件下，若国民收入的均衡被投资的增加所打破，当国民收入重新出现均衡时，国民收入将（　　）。

A. 减少　　B. 增加

C. 没有变化　　D. 无法确定

32. 当煤炭有多种用途时，作为最终产品的是（　　）。

A. 家庭用于做饭与取暖　　B. 餐馆用于做饭

C. 化工厂用作原料　　D. 铁路用于火车燃料

33. 国内生产总值是（　　）的市场价值。

A. 一年内一个经济的所有交易

B. 一年内一个经济中交换的所有商品和劳务

C. 一年内一个经济中交换所有最终商品和劳务

D. 一年内一个经济中生产的所有最终产品和劳务

（二）简答题

1. 国内生产总值与国民生产总值有什么不同？
2. 简述四部门、三市场的国民收入循环模型。
3. 说明在证券市场买债券和股票不能看作是经济学意义上的投资活动。
4. 为什么政府的转移支付不计入 GDP？
5. 储蓄投资恒等式为什么并不意味着计划储蓄总等于计划投资？
6. 在计算国内生产总值时为什么只计算对最终产品的支出而不计算对中间产品的支出。
7. 试论述 GDP、GNP、NDP、NI、DI 和 NT 几者之间的关系。

8. 为什么从公司债券得到的利息应计入 GDP，而人们从政府得到的公债利息不计入 GDP？

9. 如果甲乙两国合并成一个国家，对 GDP 总和会有什么影响（假定两国产出不变）？

（三）计算题

1. 某经济社会在某时期发生了以下活动：

（1）一银矿公司支付 7.5 万美元工资给矿工开采了 50 万磅银卖给一银器制造商，售价 10 万美元。

（2）银器制造商支付 5 万美元工资给工人造一批项链卖给消费者，售价 40 万美元。

a. 用最终产品生产法计算 GDP；

b. 每个生产阶段生产了多少价值？用增值法计算 GDP；

c. 在生产活动中赚得的工资、利润共计分别为多少？用收入法计算 GDP。

2. 假定 GDP 是 8000 美元，个人可支配收入是 6800 美元，政府的预算赤字是 400 美元，消费是 5500 美元，对外贸易赤字是 200 美元。求：（1）储蓄有多少？（2）投资的规模是多少？（3）政府的支出有多大？

3. 2000 年和 2001 年的产量和价格如下表所示：

	2000 年		2001 年	
	数量	单位价格（元）	数量	单位价格（元）
大米	2000	1	2100	1
食用油	200	10	200	15
面粉	3000	1.5	3500	1

求：（1）2000 年名义 GDP；（2）2001 年名义 GDP；（3）若以 2000 年为基期，2001 年实际 GDP；（4）2001 年 GDP 平减指数是多少，反映出价格水平的何种变化？

（四）论述题

1. 说明在证券市场买债券和股票不能看作是经济学意义上的投资活动。

2. 说明 $S - I = (GP - NT) + (EX - IM)$ 的内涵。

3. 储蓄投资恒等式为什么并不意味着计划储蓄总等于计划投资？

4. 现行 GDP 的核算存在哪些缺陷？谈谈绿色 GDP 的统计思路。

二、同步练习题精解

（一）单项选择题

1 C	2 A	3 D	4 B	5 D	6 B	7 A	8 C	9 D	10 B
11 B	12 B	13 A	14 D	15 B	16 D	17 D	18 A	19 A	20 C
21 B	22 D	23 B	24 C	25 D	26 A	27 A	28 B	29 C	30 C
31 B	32 A	33 D							

（二）简答题

1. 答：国内生产总值（GDP）是指在一国范围内一年中所生产的最终产品和服务的市场总价值。国民生产总值（GNP）是指一年中一国公民所生产的最终产品和服务的市场总价值。GDP强调的是国土概念，即只要在本国国土范围内，不管是本国公民还是其他国公民创造的价值都计入当年本国的GDP。GNP强调的是国民概念，即只要是本国公民，不管再哪个国家创造的价值都计入当年本国的GNP。两者的关系是GDP = GNP - 得自国外的净要素收益。

2. 答：在三个市场、四部门的经济中，共有三个国民收入的漏出量：储蓄、净税收和进口。这就是说，国民收入可以分为四大组成部分。其中，总消费C是国民收入中用来购买国内最终产品和劳务的部分，它将流入企业部门；储蓄S是收入中没有直接花掉的部分，它将流往金融市场；净税收NT是国民收入中由政府实际拿走的部分，它成为政府的实际财政收入；进口IM是国民收入中用来购买外国产品和劳务的部分，它将流往国外。国民收入的构成公式可以写成：$NI = C + S + NI + IM$。

3. 答：一方面，虽然购买债券和股票对购买这而言可以成为一种“投资”，但经济学上规定的投资与我们通常意义上的投资不一样。经济学上的投资使之增加或更换资本资产的支出，具体而言分为固定资产投资和存货投资。固定资产投资包括新厂房，新设备，新商业用房和新住宅的增加，存货投资是指存货价值的增加。投资是一定时期内增加到资本存量中的资本流量。计算GDP时，采用的是总投资而不是净投资。

另一方面，国民收入核算的是运用生产要素所生产的全部最终产品的市场价值。购买债券和股票的资金，在购买时还没有用于生产，不能产生最终产品，更谈不上价值，但是购买股票和债券时支付的佣金和未来可能产生的股息和利息，应归国民收入的核算。因为前者是经纪人的劳务支出，而后者则是资金利用后的增值。

4. 答：因为政府转移支付只是简单地通过税收（包括社会保险税）把收入从一个人或一个组织转移到另一个人或另一个组织中，并没有相应的商品或服务的交换发生。例如，政府给残疾人发放救济金，并不是因为残疾人创造了收入，相反，倒是因为他丧失了创造收入的能力从而失去生活来源才给予救济。失业救济发放则是因为人们失去了工作，从而丧失了取得收入的机会才给予救济。政府转移支付和政府购买虽然都属于政府支出，但前者不计入GDP而后者计入GDP，因为后者发生了实在的交换活动。比方说，政府给公立学校教师发薪水是因为教师提供了教育工作的服务。

5. 答：在国民收入核算体系中，存在的储蓄投资恒等式完全是根据储蓄和投资的定义得出的。根据定义，国内生产总值总等于消费加投资，国民总收入则等于消费加储蓄，国内生产总值又总等于国民总收入，这样才有了储蓄恒等于投资的关系。这种恒等关系就是两部门经济的总供给（$C+S$）和总需求（$C+I$）的恒等关系。只要遵循储蓄和投资的这些定义，储蓄和投资一定相等，而不管经济是否充分就业或通货膨胀，即是否均衡。但这一恒等式并不意味着人们意愿的或者说事前计划的储蓄总会等于企业想要有的投资。在实际经济生活中，储蓄和投资的主体及动机都不一样，这就会引起计划投资和计划储蓄的不一致，形成总需求和总供给不平衡，引起经济扩张和收缩。分析宏观经济均衡时所讲的投资要等于储蓄，是指只有计划投资等于计划储蓄时，才能形成经济的均衡状态。这和国民收入核算中的实际发生的投资总等于实际发生的储蓄这种恒等关系并不是一回事。

6. 答：既计算最终产品又计算中间产品就会产生重复计算的结果。例如，农民生产小麦，再把小麦卖给面粉厂，面粉厂把小麦加工成面粉再卖给面包师做成面包，每一道生产工序都相应增加了一定的价值。这个价值就是增加值。对于面包这个最终产品而言，小麦、面粉都是中间产品。如果计算了小麦、面粉的价值，当面包出售时又计算了面包的价值，这样，在国内（民）生产总值核算中，小麦、面粉就被计算了两次，从而扩大了最终产品的价值。所以，在国民生产总值核算中只计算最终产品的价值，而不计算中间产品的价值，或者计算在生产阶段的增值，计算增值与计算最终产品价值的结果是相同的。

7. 答：GDP，即国内生产总值的简称，是指一国范围内一年中所生产的最终产品和服务的市场总价值。GNP，即国民生产总值的简称，是指一国国民一定时期内所生产的最终产品（包括产品与劳务）的市场价值总和。GNP 是按照国民原则来计算的，而 GDP 是按照国土原则来计算的。两者的关系是：GDP = GNP - 得自国外的净要素收益。

NDP，即净国内生产总值的简称，是指 GDP 扣除折旧的部分，即 NDP = GDP - 折旧。

NI，即国民收入的简称，是指一个国家一年内用于生产的各种生产要素所得到的全部收入，即工资、利润、利息和地租的货币值之和。它与 GDP 的关系为：GDP - 折旧 - 间接税 = NI。

NI 概括了一个社会所有人的总收入，但总收入并不等于可支配收入。某人一个月的总收入中要扣除住房公积金、医疗保险金和个人所得税；此外，他也会有一些额外的收入，比如国家发给的住房补贴和国家的特殊津贴等，进行了这些加加减减之后的钱才是这个人可以自由支配的收入。我们计算全社会可支配收入 DI 就是从 NI 中扣除相应的项目，即 DI = NI - 社会保险费 - 经营利润 - 企业留利 - 个人所得税 + 国家的转移支付 + 企业的转移支付 + ……

NT，即净税收的简称，是指政府的总税收减去转移支付的部分。它与 GDP 的关系为：DI = GDP - NT。

8. 答：购买公司债券实际上是借钱给公司用，公司从人们手中借到了钱用于生产，比方说购买机器设备就是提供了生产性服务，可被认为创造了价值，因而公司债券的利息可看作是资本这以要素提供生产性服务的报酬或收入，当然要计入 GDP。可是政府的公债利息被看作是转移支付，因为政府借的债不一定投入生产活动，而往往是用于弥补财政赤字。政府公债利息常常被看作是从纳税人身上取得的收入加以支付的，因而习惯上被看作是转移支付。

9. 答：如果甲乙两国合并成一个国家，对 GDP 总和会有影响。因为甲乙两国未合并成一个国家时，双方可能有贸易往来，但这种贸易只会影响甲国或乙国的 GDP，对两国 GDP 总和不会有影响。举例说，甲国向乙国出口 10 台机器，价值 10 万美元，乙国向甲国出口 800 套服装，价值 8 万美元，从甲国看，计入 GDP 的有净出口 2 万美元，计入乙的 GDP 有净出口 -2 万美元；从两国 GDP 总和看，计入 GDP 的价值为零。如果这两国合并成一个国家，两国贸易变成两地区间的贸易。甲地区出售出乙地区 10 台机器；从收入看，甲地区增加 10 万美元；从支出看，乙地区增加 10 万美元。相反，乙地区出售给甲地区 800 套服装，从收入看，乙地区增加8万美元；从支出看，甲地区增加8万美元。由于甲乙两地是一个国家，因此，该国共收入18万美元，而投资加消费的支出也是18万美元，因此，无论从收入还是从支出看，计入GDP的价值都是18万美元。

（三）计算题

1. 解：a. 项链为最终产品，价值40万美元。

b. 开矿阶段生产10万美元，银器制造阶段生产30万美元，即40万美元－10万美元＝30万美元，两个阶段共增值40万美元。

c. 在生产活动中，所获工资共计：7.5＋5＝12.5（万美元），在生产活动中，所获利润共计：（10－7.5）＋（40－10－5）＝27.5（万美元）。

用收入法计得的GDP为：12.5＋27.5＝40（万美元），可见，用最终产品法，增值法和收入法计算的GDP是相同的。

2. 答：（1）由DI＝C＋S可知：S＝DI－C＝6800－5500＝1300（美元）。

（2）由S－I＝（GP－NT）＋NX可知：1300－I＝400＋（－200），I＝1100（美元）。

（3）由GDP＝C＋I＋GP＋NX可知：GP＝GDP－C－I－NX＝8000－5500－1100－（－200）＝1600（美元）。

3. 答：（1）名义GDP（2000）＝2000×1＋200×10＋3000×1.5＝8500（元）。

（2）名义GDP（2001）＝2001×1＋200×15＋3500×1＝8600（元）。

（3）实际GDP（2001），以2000年价格计算＝2100×1＋200×10＋3500×1.5＝9350（元）。

（4）GDP平减指数＝名义GDP/实际GDP＝8600/9350＝91.98%。

这一数值反映出价格水平比上一年下降了8.02%。

（四）论述题

1. 答：经济学上的投资是指增加或更换资产资本（包括厂房、住宅、机械设备及存货）的支出。经济学上的投资是固定资产投资和存货投资。固定资产投资包括新厂房、新设备、新商业用房和新住宅的增加；存货投资是指存货价值的增加（也存在减少的可能）。投资是一定时期内增加到资本中的资本流量。GDP计算时，采用的是总投资而不是净投资。人们购买债券和股票只是一种交易活动，并不是实际的生产经营活动。人们买了债券或股票，是一种产权转移活动，因而不属经济学意义的投资活动，也不能计入GDP。当公司从人们手里取得了出售债券或股票的货币资金再去购买厂房或机器设备时，才是投资活动。

国民收入核算中核算的是运用生产要素所生产的全部最终产品的市场价值。购买股票和债券的资金，在购买时还没有用于生产，不能产生最终产品，更谈不上价值。但是如果购买股票和债券时支付了一定的佣金和未来可能产生的股息和利息，则应该归入国民收入的核算。因为前者为经纪人的劳务，而后者则是资金利用后的增值。

2. 答：$S-I=(GP-NT)+(EX-IM)$ 构成了整个宏观经济学分析的一个基础，它表明政府的财政赤字必须用该国多余的储蓄来弥补，如果没有多余的储蓄，就必然要牺牲该国的投资或者净出口，显然这对一个国家的经济增长是极不利的。因而进入20世纪90

年代以来，西方发达国家政府都在实行所谓的“稳固性财政政策”，即通过减少政府行政性开支、改革社会福利保障体系、加大对教育和科研的投入、增加税收等措施，努力避免政府赤字。

3. 答：在国民收入核算体系中，存在的储蓄投资恒等式完全是根据储蓄和投资的定义得出的。根据定义，国内生产总值总等于消费加投资，国民总收入则等于消费加储蓄，国内生产总值又总等于国民总收入，这样才有了储蓄恒等于投资的关系。这种恒等关系就是两部门经济的总供给（$C+S$）和总需求（$C+I$）的恒等关系。只要遵循储蓄和投资的这些定义，储蓄和投资一定相等，而不管经济是否充分就业或通货膨胀，即是否均衡。但这一恒等式并不意味着人们意愿的或者说事前计划的储蓄总会等于企业想要有的投资。在实际经济生活中，储蓄和投资的主体及动机都不一样，这就会引起计划投资和计划储蓄的不一致，形成总需求和总供给不平衡，引起经济扩张和收缩。分析宏观经济均衡时所讲的投资要等于储蓄，是指只有计划投资等于计划储蓄时，才能形成经济的均衡状态。这和国民收入核算中的实际发生的投资总等于实际发生的储蓄这种恒等关系并不是一回事。

4. 答：传统 GDP 的缺陷举例如下：（1）没有核算环境资源的耗减：长期以来，人们把人造资产作为生产性资本价值化，将损耗从生产价值中扣除；而对于自然资源却没有这样做，因此夸大了净产出和资本形成总量。（2）没有核算环境资源损失的成本。发展经济不能以破坏环境和资源为代价。（3）没有考虑资源环境的恢复成本和保护成本。破坏良好的资源环境容易，将受到污染破坏的资源环境恢复到良好的状态，却需要花费巨大的成本，传统 GDP 的统计没有考虑到这一成本。此外，传统 GDP 还不能解决以下问题：（1）不能衡量社会投资效益，致使许多投资完成后的生产能力闲置；（2）不能衡量社会分配，如经济增长中的两极分化严重；（3）不能衡量社会福利的增长。

为此，联合国统计局于 1993 年提出了使用综合环境与经济账户系统（SEEA）来统计绿色 GDP 的思路，其中包括了 3 种调整账户：一是自然资源账户，通过国民经济平衡账户连接到国民经济核算体系；二是资源和污染账户；三是环境费用账户。通过这些调整账户，可以方便地消除传统 GDP 的统计缺陷，获得绿色 GDP 的各项指标。

相关考研题解析

一、宏观经济学研究的主要对象是什么？（武汉大学 2001 年考研题）

详解：

与“微观经济学”相对而言，是一种现代的经济分析方法。它以国民经济总体作为考察对象，研究经济生活中有关总量的决定与变动，解释失业、通货膨胀、经济增长与波动、国际收支与汇率的决定与变动等经济中的宏观整体问题，所以又称之为总量经济学。宏观经济学的中心和基础是总供给—总需求模型。具体来说，宏观经济学主要包括总需求理论、总供给理论、失业与通货膨胀理论、经济周期与经济增长理论、开放经济理论、宏观经济政策等内容。对宏观经济问题进行分析与研究的历史十分悠久，但现代意义上的宏观经济学直到 20 世纪 30 年代才得以形成和发展起来。宏观经济学诞生的标志是凯恩斯于 1936 年出版的

《就业、利息和货币通论》。宏观经济学在20世纪30年代奠定基础，二战后逐步走向成熟并得到广泛应用，60年代后的“滞涨”问题使凯恩斯主义的统治地位受到严重挑战，并形成了货币主义、供给学派、理性预期学派对立争论的局面，90年代新凯恩斯主义的形成又使国家干预思想占据主流。宏观经济学是当代发展最为迅猛，应用最为广泛，因为也最为重要的经济学学科。

二、请指出以下各项交易是否能计入我国的GDP；如果能，请说明其分别是GDP中的消费、投资、政府购买及净出口中的哪一部分；如果不能，请说明原因。

（1）国内消费者购买一台二手的海信电视机；

（2）国内投资者购买2000股海信电器股票；

（3）海信电器库存电视机增加一万台；

（4）也门政府购买1000台新的海信电视机；

（5）政府向海信公司的下岗工人提供失业救济金。（南开大学2010年考研题）

详解：

（1）不计入我国GDP。因为GDP是当期最终产品的价值总和。二手海信电视机在生产时已经计入过当年的GDP，不能再重复计入本期GDP。

（2）不计入我国GDP。因为购买股票是一种证券交易活动，不是实际的生产经营活动，不产生产品价值，GDP必须是最终产品价值的体现。

（3）需要计入我国GDP，属于投资的增加。因为GDP只计算产值，并不涉及是否销售，因此，海信库存的电视机增加即代表新产品的增加，应计入GDP，可以看作是海信公司自己买下来的存货投资。

（4）需要计入我国GDP，属于净出口的增加。因为净出口指进出口的差额，其中出口应加进本国最终产品的总购买量之中，所以也门政府购买海信电视属于购买我国的最终产品，计入GDP中的出口。

（5）不计入我国GDP。因为这种行为属于政府的转移支付行为，只是简单地把收入从一些人手中转移给另一些人，并没有相应的产品产生，因此不计入GDP。

12 第十二章 国民收入决定

内容导读

结合前一章的内容，本章以居于三大市场中心地位的产品市场为对象，阐述了国民收入决定的基本理论。

以产品为中心建立的国民收入决定模型主要有两个：一个是对马歇尔的均衡价格稍微改进建立的总供求模型，即“AS－AD”模型；另一个即凯恩斯建立的“总收入—总支出”模型，即“NI－AE”模型。

本章要点梳理

一、总供求的基本理论——“AS－AD”模型

在“AS－AD”模型中，一般价格水平、人们的货币收入和时间偏好是影响人们对最终产品需求量的三个主要因素。总需求可以看作一般价格水平的减函数；而总供给可以看作一般价格水平的增函数，同时受当时生产力极限的制约。

总供给曲线和总需求曲线的交点决定了一般价格水平和总产量的大小，也就决定了国民收入 *NI* 的水平。价格以外因素发生变动所造成的总需求的变动都会引起总需求曲线 *AD* 的移动。只要最终产品市场上的总支出 *AE* 增加，包括总消费开支 *C*、总投资 *I* 和政府开支 *GP* 及净出口 *NX* 增加，总需求曲线 *AD* 就会向右移动；总开支 *AE* 减少，总需求曲线 *AD* 就会向左移动。*AD* 曲线在左右移动时会引起 *P* 和 *Q* 的变动，进而影响国民收入 *NI*。

当生产力水平发生变动时，总供给曲线 *AS* 也会随之移动，进而会使 *P* 和 *Q* 的数量发生变化，但是由于二者变动的方向相反，所以无法确定 *NI* 变动的方向。

二、凯恩斯消费理论

凯恩斯认为，存在一条基本心里规律，即：人们的消费决定于现期的、绝对的、实际的收入水平，收入越多，消费也越多，但消费的增加不如收入增加得快（即边际消费倾向递减）。因此，储蓄也随收入的增加而增加，储蓄增长的速度比收入增长的速度快。

简单的国民收入决定理论就是从消费函数的论述开始的。消费函数是消费与收入之间的依存关系。在其他条件不变的情况下，消费随收入的变动而同方向变动。有了消费函数，可定义平均消费倾向和边际消费倾向，以 APC 和 MPC 来表示。储蓄被定义为收入与消费的差额，由于消费是收入的函数，故储蓄与收入的关系称为储蓄函数。也可相应地定义平均储蓄倾向和边际储蓄倾向，分别以 APS 和 MPS 表示，有 $APC+APS=1$ 和 $MPC+MPS=1$。宏观的社会消费函数和储蓄函数并非家户函数的简单加总，但是考虑了种种限制条件后，社会消费函数和社会储蓄函数的曲线形状仍和家户曲线形状有很大相似之处。

三、"NI－AE"模型

"AS－AD"模型的突出优点是在说明国民收入决定的同时，说明一般价格水平和总产量分别变动的情况。而"NI－AE"则能突出总支出 AE 变动与国民收入 NI 变动之间的乘数关系。

"NI－AE"模型研究最终产品市场达到均衡状态的那些调节机制，包括市场自动的均衡机制，以及导致均衡状态变化的那些调节机制。

国民收入决定理论大致可分为三个层次展开。第一个层次是所谓简单国民收入决定理论，即只考虑产品市场的收入决定理论；第二个层次是将产品市场和货币市场同时加以考虑的收入决定理论；第三个层次是将产品市场、货币市场和劳动市场同时加以考虑的收入决定理论。

对于投资来说，宏观经济学说明经济社会总投资量与利息率之间为反向关系。由于利息率是在货币市场上确定，而简单国民收入决定理论仅考察产品市场，故可将投资视为外生变量。

对于两部门的经济，可以用 $C+S=C+I$，即 $I=S$ 来表示其收入均衡条件。它表明，均衡的收入是由投资和储蓄相等所决定的。需要特别指出的是，均衡国民收入可能低于、高于或等于充分就业下的国民收入水平。但无论均衡后的国民收入处于哪种水平，一旦达到均衡，市场自动调节机制就会停止作用，除非有来自市场外部的干预，否则均衡点不会移动。在通货膨胀和失业状态下，要调整经济到充分就业状态下，一般就需要利用缺口公式来计算出应减少或增加的投资量，进而消除缺口。

一般地讲，乘数可以定义为两个相关变量的增量之比，按照变量的不同含义，宏观经济学在这里列出了投资乘数、政府支出乘数、税收乘数和平衡预算乘数等概念，并给出了相应的计算公式。应该指出，随着参与经济活动部门数量的不同，乘数的大小也随之发生变动。

四、凯恩斯理论的补充和发展

1. 相对收入消费理论。

提出者：美国　杜森贝利

核心：在短期，消费者受自己过去消费习惯以及周围消费水准的影响来决定消费。

可解释的问题：消费水平超过与其相适应的收入水平。

棘轮效应——消费行为不可逆，即易随收入增加而增加，不易随收入降低而减少。

示范效应——顾及社会地位和受他人影响的心理作用而提高消费水平。

2. 生命周期消费理论。

提出者：美国　莫迪利安尼

核心：消费不单纯取决于现期收入，人们根据自己一生所能得到的劳动收入和财产，在整个生命周期内平均安排消费。偏重对储蓄动机的分析。

可解释的问题：人口的年龄分布影响消费倾向。（年轻人和老年人比例大，消费倾向高；中年人比例大，消费倾向低）

3. 永久收入消费理论。

提出者：美国　弗里德曼

核心：消费不取决于现期收入，而取决于永久收入。偏重对未来收入的预测。

可解释的问题：经济周期与消费关系不大。

4. 其他影响消费的因素。

利率、价格水平、收入分配。

本章知识脉络图

- 国民收入决定
  - 凯恩斯消费理论
    - 均衡产出（与计划总需求相等）→ 计划投资=计划储蓄
    - 消费函数
      - 边际消费倾向 → 边际消费倾向递减
      - 平均消费倾向
    - 储蓄函数
  - 国民收入决定
    - 两部门
    - 三部门
    - 四部门
    - 乘数论
      - 投资乘数
      - 政府支出乘数
      - 税收乘数
      - 平衡预算乘数
  - 凯恩斯理论的补充和发展
    - 相对收入消费理论
    - 生命周期消费理论
    - 永久收入消费理论

本章名词详解

◆ **边际消费倾向（MPC）：** 消费增量 ΔC 与可支配收入增量 ΔDI 之比称为边际消费倾向。

◆ **边际储蓄倾向（MPS）：** 储蓄增量 ΔS 与可支配收入增量 ΔDI 之比称为边际储蓄倾向。

◆ **平均消费倾向（APC）：** 消费占可支配收入的比例称为平均消费倾向。

◆ **平均储蓄倾向（APS）：** 储蓄占可支配收入的比例称为平均储蓄倾向。

◆ **边际消费倾向递减规律：** 边际消费倾向会随着人们可支配收入的增加而递减，收入越是增加，收入增量中用于消费的部分所占比重越来越小，而用于储蓄的部分所占的比重越来越大。

◆ **收入乘数：** 收入乘数是指总支出增加后所引起的国民收入增加的倍数。

◆ **引致投资：** 由国民收入的增加而引起的投资增量称为“引致投资”。

◆ **加速原理：** 加速原理认为，投资决定的最重要因素是销售量而不是利润，利润率的增加往往不足以引起厂商投资扩大生产，而销售量的增加则必然促使厂商投资扩大生产。在实际国民收入增加的时候，投资要以更快的速度增加。

同步练习与精解

一、同步练习题

（一）单项选择题

1. 如果边际消费倾向 *MPC* 小于平均消费倾向 *APC*，那么，随着可支配收入的增加（　　）。

A. *APC* 下降　　B. *APC* 上升

C. *MPC* 下降　　D. *MPC* 上升

2. 假定其他条件不变，厂商投资增加将引起（　　）。

A. 国民收入增加，但消费水平不变　　B. 国民收入增加，但消费水平下降

C. 国民收入增加，同时消费水平提高　　D. 国民收入增加，储蓄水平下降

3. 出现（　　）情况可能使国民收入增加得最多。

A. 政府对高速公路的抚养开支增加 250 亿美元

B. 政府转移支付增加 250 亿美元

C. 个人所得税减少 250 亿美元

D. 上述三种情形所增加的国民收入一样多

4. 已知某个经济实际的均衡国民收入是 5000 亿美元，充分就业的国民收入是 6000 亿美元，投资乘数是 4，由此可以断定，这个经济的（　　）。

A. 通货膨胀缺口等于 1000 亿美元　　B. 通货膨胀缺口等于 250 亿美元

B. 通货紧缩缺口等于 1000 亿美元　　D. 通货紧缩缺口等于 250 亿美元

5. 假设某个经济目前的均衡国民收入水平为 5500 亿美元，如果政府要把国民收入提高到 6000 亿美元，在 *MPC* 为 80% 的条件下，应增加支出（　　）。

A. 1000 亿美元　　B. 500 亿美元

C. 100 亿美元　　D. 以上答案都不对

6. 边际消费倾向与边际储蓄倾向之和是（　　）。

A. 大于 1 的正数　　B. 小于 1 的正数

C. 零　　D. 等于 1

7. 消费函数引起消费增加的因素是（　　）。

A. 价格水平下降　　B. 收入增加

C. 平均消费倾向一定为负　　D. 利率提高

8. 下列表达式中，正确的是（　　）。

A. $APS + MPS = 1$　　B. $APC + APS = 1$

C. $APC + MPS = 1$　　D. $APC + MPC = 1$

9. 如果边际储蓄倾向为 0.3，投资支出增加 90 亿美元，可以预期，这将导致均衡水平 GDP 增加（　　）。

A. 30 亿美元　　B. 60 亿美元

C. 200 亿美元　　D. 300 亿美元

10. 四部门经济与三部门经济相比，乘数效应（　　）。

A. 变小　　B. 变大

C. 不变　　D. 无法确定

11. 如果与可支配收入无关的消费为 400 亿元，投资为 500 亿元，平均储蓄倾向为 0.1，那么在没有政府干预和对外贸易的情况下，均衡收入水平为（　　）。

A. 9000 亿元　　B. 7700 亿元

C. 900 亿元　　D. 4000 亿元

12. 假定某国经济目前的均衡收入为 5500 亿元，如果政府要把收入提高到 6000 亿元，在边际消费倾向等于 0.9 的条件下，应增加支出（　　）。

A. 500 亿元　　B. 50 亿元

C. 10 亿元　　D. 30 亿元

E. 80 亿元

13. 如果投资持续下降 100 亿美元，边际消费倾向为 0.75，那么收入水平将（　　）。

A. 下降 400 亿元，并保持在这一水平

B. 下降 400 亿元，但又逐渐恢复到原有水平

C. 下降 130 亿元，并保持在这一水平

D. 下降 100 亿元，最后回到原有水平

14. （　　）变量对国民收入有同样答的乘数作用。

A. 政府支出和出口　　B. 消费和投资

C. 政府减税和投资　　D. 以上说法都不对

15. 在四部门经济中，若投资、储蓄、政府购买、税收、出口和进口同时增加，则均衡收入（　　）。

A. 不变　　B. 趋于减少

C. 趋于增加　　D. 无法确定

16. 假定 *MPC* 和 *MPI* 均为零，如果税收和政府支出均上升 90 亿元，收入将（　　）。

A. 不变　　B. 减少 90 亿元

C. 增加 90 亿元　　D. 以上都不对

17. 资金供给取决于（　　）。

A. 利息率　　B. 未来盈利的预期

C. 可支配收入　　D. A 和 C

18. 在两部门经济中，均衡发生于（　　）之时。

A. 实际储蓄等于实际投资

B. 实际的消费加实际的投资等于产出值

C. 计划储蓄等于计划投资

D. 总支出等于企业部门的收入

19. 实际利息率与投资水平之间的关系被称为（　　）。

A. 短期生产函数　　B. 投资函数

C. 总供给　　D. 潜在 GDP

20. 当美国联邦储备委员会降低利息率时，它是希望（　　）。

A. 增加私人投资，增加总需求，提高产出，减少失业

B. 减少私人投资，增加总需求，提高产出，增加失业

C. 增加私人投资，减少总需求，提高产出，减少失业

D. 增加私人投资，增加总需求，减少产出，增加失业

21. 20 世纪 80 年代初，美国开始施行两种新政策后很快就发生了经济衰退。其一是联邦储备委员会采取的高利率政策，另一项是里根总统采取的减低收入税的政策。以下描述中不正确的一项是（　　）。

A. 假如没有高利率的存在，经济衰退将不会发生

B. 假如没有减低收入税政策的存在，经济衰退将不会发生

C. 减税政策本身使总需求曲线右移

D. 假如没有减税政策，经济衰退将更加严重

22. 总供给曲线是（　　）。

A. 垂直的

B. 在低产量水平时相对平缓，在高产量水平时相对陡峭

C. 在低产量水平时相对陡峭，在高产量水平时相对平缓

D. 相对没有弹性的

23. 当国民收入增加时，总支出（　　）。

A. 增加，增加量等于国民收入的增加量

B. 减少，减少量小于国民收入的增加量

C. 增加，增加量小于国民收入的增加量
D. 增加，增加量大于国民收入的增加量
24. 假定净出口函数是 $X = X - mY$，净出口余额为零，则增加投资支出将（　　）。
A. 使净出口余额和收入增加
B. 收入增加，但净出口余额变为负值
C. 收入增加，净出口余额不受影响
D. 收入不受影响，但净出口余额变为负值
25. 决定消费的因素中，最重要的是（　　）。
A. 收入　　B. 政府开支
C. 投资　　D. 利率
26. 消费函数将家庭消费与（　　）相联系。
A. 其税收　　B. 其储蓄
C. 利率　　D. 其收入
27. 边际消费倾向是（　　）。
A. 可支配收入中用于消费的比例
B. 当自主性消费增加 1 美元时，收入增加的数量
C. 为使消费增加 1 美元，可支配收入必须增加的数量
D. 当可支配收入增加 1 美元时，消费增加的数量
28. 消费函数的截距和斜率分别称为（　　）。
A. 自主性消费，边际消费倾向　　B. 非计划消费，边际消费倾向
C. 边际消费倾向，自主性消费　　D. 非计划消费，平均消费倾向
29. 下列哪项经济政策将导致收入水平有最大变化（　　）。
A. 政府增加购买 50 亿元商品和劳务
B. 政府购买增加 50 亿元，同时增加税收 50 亿元
C. 税收减少 50 亿元
D. 政府支出增加 50 亿元，其中 30 亿由增加的税收支付
30. 假设可支配收入增加 50 美元，消费支出增加 45 美元，那么边际消费倾向是（　　）。
A. 0.05　　B. 0.10
C. 0.90　　D. 1.00
31. 边际储蓄倾向是（　　）。
A. 可支配收入中用于储蓄的比例
B. 当自主性储蓄增加 1 美元时，收入增加的数量
C. 为使储蓄增加 1 美元，可支配收入必须增加的数量
D. 当可支配收入增加 1 美元时，储蓄增加的数量
32. 家庭的可支配收入与其消费之间的差额（　　）。
A. 等于家庭支付的税收　　B. 等于家庭的任何储蓄
C. 等于家庭支付的税收加上其储蓄　　D. 等于家庭用于购买进口品的数量

33. 下列项目中，不是恒等式的为（　　）。

A. $Y=C+I+G$　　B. $C+I=C+S$

C. $S+T=I+G$　　D. $S = F(Y)$

34. 假设可支配收入增加50美元时，消费等于18000美元。当可支配收入增加到22000美元时，消费就增加到19200美元，那么边际消费倾向是（　　），边际储蓄倾向等于（　　）。

A. 0.9，0.10　　B. 0.87，0.13

C. 0.60，0.40　　D. 0.40，0.60

35. 假设边际消费倾向增加0.1，边际储蓄倾向（　　）。

A. 增加0.1　　B. 增加，但小于0.1

C. 不受影响　　D. 下降0.1

36. 如果平均储蓄倾向为负，那么（　　）。

A. 平均消费倾向等于1

B. 平均消费倾向大于1

C. 平均消费倾向和边际储蓄倾向之和小于1

D. 平均消费倾向小于1

37. 假设在一不存在政府的封闭经济中，乘数为4，在"NI－AE"分析中，1亿美元投资增量将使均衡水平的国民收入增加（　　）。

A. 2亿美元　　B. 3亿美元

C. 4亿美元　　D. 5亿美元

38. 假设在一不存在政府的封闭经济中，自主性消费为1亿美元，投资量为1亿美元，边际消费倾向为0.75. 在"NI－AE"分析中，均衡水平的国民收入是（　　）。

A. 2亿美元　　B. 5亿美元

C. 8亿美元　　D. 9.5亿美元

39. 假设在一不存在政府的封闭经济中，边际消费倾向为0.8. 在"NI－AE"分析中，要是均衡国民收入增加4亿美元，投资要增加（　　）。

A. 8000万美元　　B. 1亿美元

C. 2亿美元　　D. 3.2亿美元

40. 在"NI－AE"分析中，既定水平的投资量变化导致的均衡国民收入变化量越大（　　）。

A. 初始水平的国民收入越小　　B. 边际储蓄倾向越大

C. 边际消费倾向越大　　D. 初始水平的总支出越大

41. 假设在一不存在政府的封闭经济中，家庭将其任何收入增量的80%用于消费。在"NI－AE"分析中，投资增加1亿美元，引起均衡国民收入变化为（　　）。

A. 8000万美元　　B. 1亿美元

C. 4亿美元　　D. 5亿美元

42. 假设总供给是540美元，消费是460美元而投资是70美元，在该经济中（　　）。

A. 计划投资等于计划储蓄　　B. 存货中包含有非计划投资

C. 存在非计划储蓄　　D. 非计划储蓄等于计划投资及非计划投资

43. 在“NI－AE”分析中，关于政府作用表述正确的是（　　）。

A. 政府开支增加总支出，征税增加可支配收入

B. 政府开支减少总支出，征税增加可支配收入

C. 政府开支增加总支出，征税减少可支配收入

D. 政府开支减少总支出，征税减少可支配收入

44. 假设在封闭经济中，税率是0.25，相对于可支配收入的边际消费倾向是0.80。在“NI－AE”分析中，要使均衡国民收入增加2.5亿美元，投资需要增加（　　）。

A. 0.5亿美元　　B. 1亿美元

C. 1.5亿美元　　D. 2亿美元

45. 进口函数的斜率是（　　）。

A. 边际储蓄倾向　　B. 边际投资倾向

C. 边际消费倾向　　D. 边际进口倾向

46. 净出口（　　）。

A. 不随国民收入的变化而变化　　B. 随国民收入的下降而下降

C. 随国民收入的下降而上升　　D. 视为固定

47. GDP的均衡水平与充分就业的GDP水平的关系是（　　）。

A. 两者完全相同

B. 除了特殊的失衡状态，GDP均衡水平通常就意味着充分就业时的GDP水平

C. GDP的均衡水平完全不可能是充分就业的GDP水平

D. GDP的均衡水平可能是也可能不是充分就业的GDP水平

48. 已知：国民收入总额＝10亿美元，政府预算有1亿美元的赤字，国际收支有1亿美元的逆差，储蓄额＝2亿美元。下列项目中，测度准确的是（　　）。

A. 消费额＝7.5亿美元　　B. 政府支出额＝1.5亿美元

C. 消费＋政府支出＝8亿美元　　D. 投资＝2亿美元

49. 如果边际储蓄倾向为负，那么（　　）。

A. 边际消费倾向等于1

B. 边际消费倾向大于1

C. 边际消费倾向和边际储蓄倾向之和小于1

D. 边际消费倾向小于1

50. 边际消费倾向是指（　　）。

A. 在任何收入水平上，总消费对总收入的比率

B. 在任何收入水平上，由于收入变化而引起的消费支出的变化

C. 在任何收入水平上，当收入发生微笑变化时，由此而导致的消费支出变化对收入水平变化的比率

D. 以上答案都不正确

51. 边际消费倾向和边际储蓄倾向的关系为（　　）。

A. 由于某些边际收入必然转化为边际的消费支出，其余部分则转化为储蓄，因而它们

之和必定等于 1

B. 由于可支配收入必定划分为消费和储蓄，它们之和必然表示现期收到的可支配收入的总额

C. 它们之间的比例一定表示平均消费倾向

D. 它们之和必等于 0

52. 边际消费倾向小于 1 意味着当前可支配收入的增加将使愿意的消费支出（　　）。

A. 增加，但幅度小于可支配收入的增加幅度

B. 有所下降，这是由于收入的增加会增加储蓄

C. 增加，幅度等于可支配收入的增加幅度

D. 保持不变，这是由于边际储蓄倾向同向小于 1

53. 在两部门经济中，当投资增加 100 万元时，国民收入增加了 1000 万元，那么此时的边际消费倾向为（　　）。

A. 100%　　B. 10%

C. 90%　　D. 20%

54. 根据凯恩斯绝对收入假说，随着收入的增加（　　）。

A. 消费增加、储蓄下降　　B. 消费下降、储蓄增加

C. 消费增加、储蓄下降　　D. 消费下降、储蓄下降

55. 根据相对收入假说，若某年收入下降，则 APC（　　）。

A. 提高　　B. 下降

C. 不变　　D. 不确定

56. 根据相对收入假说，消费倾向较高的情况是（　　）。

A. 教育程度较低　　B. 社会地位较低

C. 拥有较多流动资产　　D. 周围人群消费水平较高

57. 当政府降低税率后，生命周期假说认为人们会（　　）。

A. 减少消费　　B. 急剧增加当期消费

C. 理智地根据终生收入调整消费　　D. 不能确定

58. 根据持久收入假说，在长期中影响消费支出的最重要因素是（　　）。

A. 当期可支配收入　　B. 持久性收入

C. 暂时性收入　　D. 劳动收入

59. 莫迪里安尼提出的生命周期模型强调在（　　）之间，储蓄具有使消费均匀化的作用。

A. 好年景和坏年景　　B. 经济周期的高峰期与低谷期

C. 工作时期和退休时期　　D. 永久收入和当前收入

60. 消费函数所表示的是消费支出与（　　）之间的关系。

A. 利率　　B. 物价水平

C. 可支配收入　　D. 储蓄

61. 经验表明长期消费函数是一条过原点的直线，所以有（　　）。

A. $MPC < APC$　　B. $MPC = APC$，且为常数

C. $MPC > APC$　　D. $APC = 1$

62. 投资往往是易变的，其主要原因之一是（　　）。

A. 投资很大程度上取决于企业家的预期

B. 消费需求变化得如此反复无常以至它影响投资

C. 政府开支代替投资，而政府开支波动剧烈

D. 利率水平波动相当剧烈

63. 在国民生产和国民收入中，将被经济学家视为投资的行为是（　　）。

A. 购买某公司债券　　B. 购买厂房与设备

C. 购买公司股票　　D. 以上皆不对

64. 实际利率与投资之间的关系为（　　）。

A. 实际利率上升将导致投资下降

B. 实际利率上升将导致投资上升

C. 实际利率上升，既可能导致投资下降也可能导致投资上升，两者之间的关系难以确定

D. 实际利率上升，不会导致投资有任何改变，两者没有任何关系

65. 如果利率为7%，一台机器的预期收益为2500，机器的寿命仅是一年，则其现值为（　　）。

A. 2500 元　　B. 2336 元

C. 2675 元　　D. 2269 元

66. 如果一项仅用一年资产的供给价格为3000 元，预期收益为3500 元，则资产的边际效率为（　　）。

A. 12%　　B. 9%

C. 83%　　D. 17%

67. 对于加速理论的正确表述为（　　）。

A. 投资的变动引起国民收入数倍变动

B. 消费支出随着投资的变动而数倍变动

C. 投资的变动引起国民收入增长率数倍变动

D. 消费需求的变动引起投资的数倍变动

68. 引起住房投资减少的原因是（　　）。

A. 住房租金上升

B. 住房的收益率不变，其他资产的收益率下降

C. 社会总资产增加

D. 长期利率上升

69. 要降低失业率，就必须设法提高该经济社会的（　　）。

A. 工人工资　　B. 实际总产出水平

C. 实际总支出水平　　D. 利率

70. 在一个不存在政府和对外经济往来的经济中，若现期 GDP 水平为5000 亿元，消费者希望从中支出 3900 亿元用于消费，计划投资支出总额为 1200 亿元，这些数字说明

( )。

A. GDP 不处于均衡水平，将下降　　B. GDP 不处于均衡水平，将上升

C. GDP 处于均衡水平　　D. 以上三种情况都可能

71. 与边际储蓄倾向提高相对应的情况是 ( )。

A. 可支配收入水平减少　　B. 边际消费倾向下降

C. 边际消费倾向上升　　D. 平均储蓄倾向下降

72. 四部门经济与三部门经济相比，乘数效应 ( )。

A. 变大　　B. 变小

C. 不变　　D. 变大、变小或不变均有可能，不能确定

73. 净出口是指 ( )。

A. 出口减进口　　B. 出口加进口

C. 出口加政府转移支付　　D. 进口减出口

74. 在四部门经济中，若投资、储蓄、政府购买、税收、出口总额和进口总额同时增加，则均衡收入 ( )。

A. 不变　　B. 趋于增加

C. 趋于减少　　D. 变化的趋势不能确定

75. 按照平衡预算理论，政府购买的增加完全由税收的增加来支付，这将 ( )。

A. 既不会导致通胀，也不会导致紧缩，因为它们的影响将正好相互抵消

B. 将导致衰退，因为税收增加导致的收缩作用比政府购买导致的扩张作用大

C. 将导致经济扩张，因为购买增加导致的扩张效果比税收增加导致的收缩效果大

D. 以上均不正确

76. 如果转移支付增加 80 亿美元，而 $MPS=0.3$，则 ( )。

A. 消费增加 56 亿美元　　B. 消费减少 56 亿美元

C. 国民收入增加 186.67 亿美元　　D. 国民收入增加 80 亿美元

77. 下列情况中，将引起边际消费倾向提高的情况是 ( )。

A. 边际进口倾向提高　　B. 边际税率提高

C. 边际消费倾向下降　　D. 边际储蓄倾向下降

78. 如果消费函数为 $C = 100 + 0.8(Y - T)$，那么政府支出乘数是 ( )。

A. 0.8　　B. 1.25

C. 4　　D. 5

(二) 简答题

1. 在 "AS - AD" 模型中，总需求的决定因素有哪些? 它们怎样影响总需求?

2. 总供给曲线为什么会在接近充分就业的产量水平时有一个肘弯?

3. 能否说，如果边际消费倾向递减，平均消费倾向也一定递减；反之，平均消费倾向递减，边际消费倾向也一定递减?

4. 能否说，边际消费倾向和平均消费倾向都总是大于零而小于 1，为什么?

5. 简述凯恩斯的绝对收入假说的主要观点。

6. 一些经济学家经常断言，将一部分国民收入从富有者转给贫者，将会提高总收入水平，你认为他们的理由是什么？

7. 解释相对收入假说中的“棘轮效应”。

8. 生命周期假说中的主要观点是什么。

9. 膨胀性缺口和紧缩性缺口的关系是什么？

10. 在均衡产出水平上，是否计划存货投资和非计划存货投资都必然为零？

11. 税收、政府购买和转移支付这三者对总支出的影响方式有何区别？

12. 如何理解凯恩斯的“有效需求”概念。

13. 什么是凯恩斯定律，凯恩斯定律提出的社会经济背景是什么？

（三）计算题

1. 假设经济模型为 $Y=C+I+G$，$I=20+0.15Y$，$C=40+0.65Y$，$G=60$ 求：（1）Y、C、I 的均衡值；（2）投资乘数；（3）平均消费倾向。

2. 假设某经济社会储蓄函数为 $S=-1000+0.25NI$，投资从 300 增加到 500 时，均衡收入增加多少？

3. 假设某经济中有如下行为方程：$C=100+0.6DI$；$I=50$；$GP=250$；$NT=100$，试求：（1）均衡收入和可支配收入；（2）消费支出；（3）私人储蓄和政府储蓄；（4）乘数 I。

4. 假定某经济社会的消费函数 $C=30+0.8DI$，$NT=50$，投资 $I=60$，$GP=50$，净出口函数 $NX=50-0.05NI$，求：（1）均衡收入；（2）在均衡收入水平上净出口余额；（3）投资乘数；（4）投资从 60 增加到 70 时的均衡收入和净出口余额；（5）当净出口函数从 $NX=50-0.05NI$ 变为 $NX=40-0.05NI$ 时的均衡收入和净出口余额；（6）变动国内自发性支出 10 和变动自发性净出口 10 对净出口余额的影响何者大一些，为什么？

5. 假设经济模型为 $C=180+0.8(Y-T)$；$I=190$；$G=250$；$T=150$，

求：（1）计算边际消费倾向 MPC；（2）计算均衡的收入水平；（3）计算当 $Y=3000$ 时，非计划的存货增加额。

6. 已知经济模型：$I=20+0.15NI$，$C=40+0.65NI$，$GP=60$，求均衡国民收入，乘数和平均消费倾向。

7. A. 假设 $MPC=0.6$，无引致投资，试求：（1）乘数值是多少？（2）投资增加 250 亿美元，那么收入的总增长为多少？（3）如果自住消费、自主投资分别为 600 亿美元和 900 亿美元，那么均衡收入水平为多少？

B. 仍假设 $MPC=0.6$，但现假定有引致投资，且 $MPI=0.2$，求：（1）乘数值是多少？（2）投资增加 250 亿美元，那么收入的总增长为多少？（3）如果自住消费、自主投资分别为 600 亿美元和 900 亿美元，那么均衡收入水平为多少？（4）比较 A 和 B 两部门的结果，它们有什么不同？

8. 假设某经济社会的消费函数为 $C=100+0.75Y$，投资为 50。

（1）求均衡收入、消费和储蓄。

（2）如果当时实际产出（即收入）为 1000 亿元，试求企业非意愿存货投资。

9. 原均衡的国民收入水平为 1800，这时政府增加税收 60，减少转移支付 30，厂商增加

投资30，若边际储蓄倾向为0.25，问新的均衡的国民收入水平将是多少？（单位均为亿元）

10. 假定某经济社会的消费函数为 $C=100+0.8DI$，投资支出为 $I=50$，政府购买 $GP=200$，政府转移支付 $GT=62.5$，税收 $NT=250$，试求均衡国民收入。

11. 在一个资源未充分就业的封闭经济里，其消费倾向为0.8，如其政府一方面课征10亿元的财产税，并将此税收用作采购，试问此一收一支，对经济的作用是否相互抵消？若不是，则对GDP的影响有多大？

12. 在一个经济中，原均衡的国民收入为2400，若此时投资减少50，税收减少40，出口增加80，社会边际储蓄倾向为0.2，求新的均衡的国民收入水平将是多少？（单位均为亿元）

13. 假设某经济社会的消费函数为 $C=100+0.8DI$，投资为50（单位均为亿元）。求均衡收入、消费和储蓄。

（四）论述题

1. 论述凯恩斯绝对收入假说的主要内容。并运用绝对收入假说的有关理论简要分析中国市场消费需求不足的原因。

2. 将一部分国民收入从富者转移给贫者，将提高总收入水平，你认为这种理论的理由是什么？

3. 按照凯恩斯观点，增加储蓄对均衡收入有什么影响？什么是“节俭的悖论”？试解释。

二、同步练习题精解

（一）单项选择题

1 A	2 C	3 A	4 D	5 C	6 D	7 B	8 B	9 D	10 A
11 A	12 B	13 A	14 B	15 D	16 C	17 D	18 C	19 B	20 A
21 B	22 B	23 C	24 C	25 A	26 D	27 D	28 A	29 A	30 C
31 D	32 B	33 D	34 C	35 D	36 B	37 C	38 C	39 A	40 C
41 D	42 B	43 C	44 B	45 D	46 C	47 D	48 D	49 B	50 C
51 A	52 A	53 C	54 C	55 C	56 D	57 C	58 B	59 C	60 C
61 B	62 D	63 B	64 A	65 B	66 D	67 A	68 D	69 B	70 B
71 B	72 B	73 A	74 D	75 C	76 C	77 D	78 D		

（二）简答题

1. 答：影响人们对最终产品需求量的主要因素有三个：一般价格水平、人们的货币收入和人们的时间偏好。（1）一般价格水平。当一般价格水平 P 提高时，对最终产品的总需求量 AD 减少；一般价格水平下降时，对最终产品的总需求量 AD 增加。（2）货币收入。无论是消费者还是投资者，如果其货币收入增加了，其购买支出就会增加。这意味着在一般价格水平不变的情况下，对最终产品的总需求量 *AD* 增加了，总需求曲线 *AD* 会向右移动。如果人们的货币收入减少，总需求曲线 *AD* 会向左移动。人们货币收入的变化与总需求量的变化正相关。(3) 时间偏好。时间偏好是指人们对其开支在时间上的选择。人们倾向于现在就花掉手中的钱还是倾向于将来再花，会影响这一时期和下一时期的总支出 *AE*，从而影响到总需求曲线左右移动的位置。所以，时间偏好是影响 *AD* 曲线的一个外生变量。影响人们时间偏好的主要因素是利息率和对通货膨胀的预期。对投资者还要加上他对投资利润率的预期。当利息率提高时，会抑制人们的消费开支和投资开支，鼓励其储蓄，使总需求曲线 *AD* 向左移动。利息率降低则鼓励现期开支，鼓励贷款并抑制储蓄，提高总支出 *AE*，使总需求曲线 *AD* 右移。如果预期有通货膨胀或通货膨胀率上升，就会加速现期购买从而增加现期总支出 *AE*，使总需求曲线 *AD* 右移；如果预期没有通货膨胀或通货膨胀率会降低，总支出 *AE* 的增加速度就会减慢，甚至下降，导致 *AD* 曲线右移缓慢或向左移。

2. 答：新古典综合派或后凯恩斯主义主流派对凯恩斯的理论作了修正，认为在达到充分就业的产量 *FE* 之前，生产成本是逐渐上升的，从而使总供给价格缓慢上升；而达到充分就业的产量水平 *FE* 之后，生产成本迅速上升，供给价格迅速上升，而产量却缓慢地、小幅度地上升。他们认为，质量最好和最容易获得的资源或生产要素会最先被利用，随后才是次些的和更次一些的；同量的生产要素投入，质量好的比质量次的效率高，成本低。随着产量的扩大，由于生产要素投入是按先高质量后低质量的顺序排列，因此，生产成本会随产量扩大而上升。与此同时，随着产量的扩大，资源的使用量扩大，从而使资源或生产要素的稀缺程度加大，这会抬高生产要素的价格，使生产成本进一步增加。但是，在达到充分就业的产量水平以前，这一切都是缓慢的、幅度很小的。达到充分就业以后，劳动已经充分利用，失业的熟练工人已经找不到了。如果要继续扩大生产，就必须使用结构性失业的非熟练工及妇女和青少年的劳动，这会使生产效率降低，成本大幅度提高。由于厂商争夺熟练工的竞争加剧，而熟练工的供给不再增加，工资会上升，再加上其他生产要素的使用量在充分就业下也接近其供给的极限，资源的稀缺性大增，导致所有生产要素的价格大幅度提高，总成本大幅度上升，生产效率下降，使总供给量只能有很小的增加。这样，总供给函数曲线在达到充分就业 *FE* 以前，平缓地向右上倾斜；而达到充分就业后，*AS* 曲线的斜率加大；在充分就业 *FE* 附近，*AS* 曲线形成了一个肘弯。

3. 答：消费函数为 $C = \overline{C} + c \times DI, MPC = c, APC = \dfrac{\overline{C} + c \times DI}{DI} = \dfrac{\overline{C}}{DI} + c$。从这个公式可以看到，如果边际消费倾向 c 递减，则 *APC* 一定递减（假定 *DI* 不变）。但是不能反过来说，*APC* 递减，*MPC* 也一定递减，因为即使 *MPC*（即 c）不变，*APC* 也会随着收入 *DI* 的增大而减小。

4. 答：边际消费倾向是指消费增量在收入增量中所占的比率。一般而言，消费者收入增加后，消费也会增加，但消费的增加不及收入的增加多，因此边际消费倾向总是大于零而小于 1。平均消费倾向则有所不同，它指的是任一收入水平上消费在收入中所占的比率。平均消费倾向不会总大于零而小于 1，因为当人们收入很低甚至是零时，就算举债也必须维持一定的基本生活消费，此时，消费会高于收入，即平均消费倾向大于 1。

5. 答：（1）实际消费支出与实际可支配收入之间存在着稳定的关系。（2）社会边际消费倾向是一个大于零但小于1的正数，而且边际消费倾向存在着递减规律。（3）人们的边际消费倾向会小于平均消费倾向。（4）当家庭可支配收入为零时，消费支出却不为零，这时的消费称为自发性消费。

6. 答：凯恩斯的消费理论指出，随着居民收入的增加居民消费在可支配收入中所占的比重会越来越低（即：消费倾向递减规律），根据这一规律可知，高收入阶层的消费倾向要低于低收入阶层的消费倾向，因此当政府将高收入阶层的收入部分低转移给低收入阶层时，会提高整个社会的消费倾向，从而刺激了整个社会的消费需求，因此可以促使社会收入水平的提高。

7. 答：相对收入假说认为，消费者的消费决策往往不是一种完全理性的计划，而是取决于消费习惯。消费习惯的形成受各种因素的影响，特别重要的是个人在收入最高期所达到的消费标准对消费习惯的形成有重要的影响。消费习惯形成之后有不可逆性，从而消费本身也就有不可逆性，即易于向上调整而难以向下调整（类似工资刚性）。尤其是在短期中，暂时性收入的减少并不会使消费减少相应的量。这种不可逆性就是"棘轮效应"。其核心是：消费者易于随收入的提高增加消费，但不易随收入的降低而减少消费。

8. 答：（1）消费者在一生中额消费水平将保持平稳，为了老年的消费，消费者常常节省日常的消费，以期获得更多的储蓄，供老年消费使用。（2）消费支出的来源等于消费者一生中可获得的收入加上最初的财富。（3）现期消费支出取决于现期的财富状况和一生中预期的收入状况。

9. 答：紧缩性缺口和膨胀性缺口就是计划的总支出与实际总支出之间的关系。这里所说的计划的总支出是指充分就业实现时计划的总支出。紧缩性缺口是指实际总支出小于充分就业时计划的总支出，而膨胀性缺口是指实际总支出大于充分就业时计划的总支出。前者引起总需求不足，从而产生周期失业；后者引起需求过度，从而产生需求拉起的通货膨胀。

10. 答：当处于均衡产出水平时，计划存货投资一般不为零，而非计划存货投资必然为零。我们先看图12－1。

假设消费函数 $C=a+bY_D$ 税收函数 $T=T_0+tY$，则 $AD=C+\bar{I}+\bar{G}=[a+\bar{I}+\bar{G}+b(\overline{TR}-T_0)]+b(1-t)Y$，如图所示，图中 B 线为没有计划投资 $\bar{I}$ 时的需求线，$B=[a+\bar{G}+b(\overline{TR}-T_0)]+b(1-t)Y$ 时的需求线，AD 线和 B 线的纵向距离为 $\bar{I}$。图中45°线表示了收入恒等式。45°线与 B 线之差称为实际投资，从图中显然可以看出只有在 E 点实际投资于计划投资，这里经济处于均衡状态。而计划存货投资是计划投资的一部分，一般不为零。除 E 点以外，实际投资和计划投资不等，存在非计划存货投资 IU，如图12－1所示；而在 E 点，产出等于需求，非计划存货投资为0。

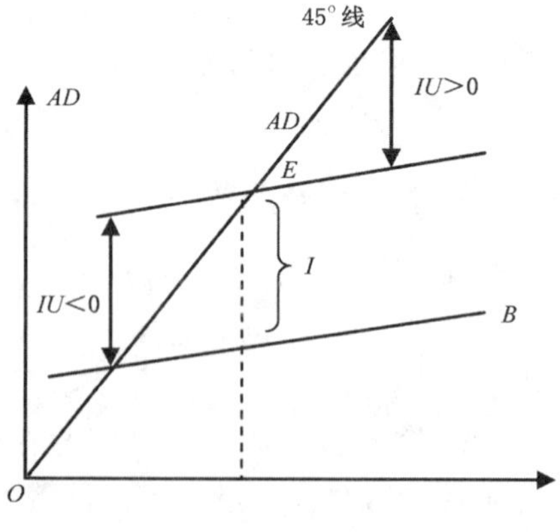

图 12－1

11. 答：总支出由消费支出、投资支出、政府购买支出和净出口四部分组成。税收并不直接影响总支出，它是通过改变人们的可支配收入，从而影响消费支出，再影响总支出。税收的变化与总支出的变化是反方向的。当税收增加时，导致人们可支配收入减少，消费减少，总支出也减少。总支出的减少量数倍于税收增加量，反之亦然。政府购买支出直接影响总支出，两者的变化是同方向的。总支出的变化量也数倍于政府购买量，这个倍数就是政府购买乘数。政府转移支付对总支出的影响方式类似于税收，它间接影响总支出，通过改变人们的可支配收入，进而影响消费支出及总支出。但与税收不同的是政府转移支付的变化与总支出同方向变化，这两个变量之间有一定的倍数关系，但倍数小于政府购买乘数。上述三个变量（税收、政府购买和转移支付）都是政府可以控制的变量，控制这些变量的政策称为财政政策，政府可以通过财政政策来调控经济运行。

12. 答：凯恩斯所讲的有效需求，是指社会上商品总供给价格和总需求价格达到均衡状态时的总需求。所谓供给价格是指导致企业肯雇佣一定数量工人生产一定数量产品时所必需取得的收益，这收益必须等于生产这些产品所付出的生产要素的成本加上预期的利润，所有产品供给价格之和即总供给价格；所谓需求价格是指企业预期社会上人们用来购买其产品的价格，总需求价格是全部企业预期社会上人们愿意用来购买全部商品的价格的总和。总供给价格和总需求价格都随就业量增加而增加。当总需求价格大于总供给价格时，即一定就业量下预期收益会超过导致这一就业量所必需的收益时，企业会扩大生产，增雇工人；相反，则会缩减生产，减少雇员。只有当总供给价格和总需求价格相等时，企业才能获得最大预期利润，从而生产既不扩大，也不缩小，达到均衡状态，这时总需求就是有效需求。

13. 答：所谓凯恩斯定律是指，不论需求量为多少，经济制度都能以不变的价格提供相应的供给量，就是说社会总需求变动时，只会引起产量和收入的变动，直到供求相等，而不会引起价格变动。这条定律提出的背景是，凯恩斯写作《就业、利息和货币通论》一书时，面对的是1929～1933年西方世界的经济大萧条，工人大批失业，资源大量闲置。在这种情况下，社会总需求增加时，只会使闲置的资源得到利用从而使生产增加，而不会使资源价格上升，从而产品成本和价格大体上能保持不变。这条凯恩斯定律被认为适用于短期分析。在短期中，价格不易变动，社会需求变动时，企业首先是考虑调整产量而不是变动价格。

（三）计算题

1. （1）$NI=C+I=100+0.8NI+50$，$NI=750$，$C=700$，$S=50$。

（2）非自愿库存累积为50。

（3）250。

（4）$NI=C+I=100+0.9NI+50$，$NI=150$，$S=50$，$\Delta NI=500$。

（5）乘数由5变至10。

2. （1）$S=-40+0.35Y$，

$\because C+I+G=C+S$，

$\therefore 20+0.15Y+60=-40+0.35Y$，$\therefore Y=600$。

$C=40+0.65y=430$，$I=20+0.15Y=110$。

（2）$k=1/(1-\beta)=1/(1-0.65)=2.86$。

(3) $APC = C/Y = 430/600 = 0.716$。

3. (1) $NI = C + I + GP$，$NI = 850$，$DI = 750$。

(2) $C = 550$。

(3) 私人储蓄 200，政府储蓄为 -150。

(4) 乘数为 2.5。

4. (1) $NI = C + I + GP + NX$，$NI = 600$。

(2) $NX = 50 - 0.05NI$，$NX = 20$。

(3) 投资乘数指由投资引起的国民收入增加的倍数，为 4。

(4) $NI = 640$，$NX = 18$。

(5) $NI = 560$，$NX = 12$。

(6) 自发性净出口变化影响更大。因为自发投资增加，余额减少；自发净出口减少，余额减少 8。

5. (1) $MPC = 0.8$。

(2) $Y = C + I + G$，$Y = 180 + 0.8(Y - 150) + 190 + 250$，$Y = 2500$。

(3) $AD = C + I + G = 180 + 0.8(3000 - 150) + 190 + 250 = 2900$。

非计划的存货增加额：$Y - AD = 3000 - 2900 = 100$，$y = c + i + g$，$c = 100 + 0.8\ (y - t + tr)$；

$y = 100 + 0.8\ (y - 250 + 62.5)\ + 50 + 200$，$y = 1000$。

6. $NI = 600$，乘数为 5，$APC = 0.716$。

7. A：(1) 乘数值为 2.5，(2) $\Delta NI = 625$，(3) $\Delta NI = 3750$。

B：(1) 乘数值为 5，(2) $\Delta NI = 1250$，(3) $NI = 7500$，(4) 引致投资增大了乘数，使得投资的变化对收入发生了更大的作用，且提高了收入的均衡水平。

8. (1) 均衡收入 $Y = (100 + 50)/(1 - 0.75) = 600$，消费 $C = 100 + 0.75 \times 600 = 550$。

储蓄 $S = Y - C = 600 - 550 = 50$。

储蓄也可以从储蓄函数中求：$S = -C0 + (1 - c)Y = -100 + 0.25 \times 600 = 50$。

(2) 企业非意愿存货投资 = 实际储蓄 - 计划投资 = $-100 + (1 - 0.75) \times 1000 - 50 = 100$。

9. 1650。

10. $NI = 1000$。

11. $\beta = 0.8$，$T = 10$，$G = 10$，$\Delta Y_1 = [-\beta/(1 - \beta)]T = -40$，

$\Delta Y_2 = [1/(1 - \beta)G = 50$，

$\Delta Y = \Delta Y_1 + \Delta Y_2 = 10$，不能抵消，将使 GDP 增加 10 亿元。

12. $NI = 2710$，

13. $NI = 750$，$C = 700$，$S = 50$。

(四) 论述题

1. 答：凯恩斯认为，在短期中，收入与消费是相关的，即消费取决于收入，消费与收入之间的关系即消费倾向。主要内容包括：

第一，实际消费支出是实际收入的稳定函数，即“消费倾向是一个相当稳定的函数”。

第二，收入是指现期绝对实际收入水平。现期是指本期收入，即不考虑过去收入与未来收入；绝对是指收入的绝对水平，而不是相对水平；实际是指按货币购买力计算的收入。

第三，边际消费倾向大于0小于1，即收入增加，消费也增加，但消费的增加小于收入的增加。

第四，边际消费倾向随收入增加而递减，即边际消费倾向递减。

第五，边际消费倾向小于平均消费倾向，平均消费倾向是所有收入与所有消费的比例，边际消费倾向递减必然带动平均消费倾向的下降。

概括起来，绝对收入假说的中心是消费取决于绝对收入水平，以及边际消费倾向递减。联系中国消费需求不足分析。(略)

2. 答：富者的消费倾向较低，储蓄倾向较高；而贫者的消费倾向较高，因为贫者收入低，为维持基本生活水平，他们的消费支出在收入中的比重必然大于富者。因而，将一部分国民收入从富者转给贫者，可提高整个社会的消费倾向，从而提高整个社会的总消费支出水平，于是总收入水平就会随之提高。

3. 答：增加储蓄会导致均衡收入下降，这是凯恩斯主义的观点。增加消费或减少储蓄会通过增加总需求而引起国民收入增加，经济繁荣；反之，减少消费或增加储蓄会通过减少总需求而引起国民收入的减少，经济萧条。由此，得出一个看来是自相矛盾的推论：节制消费、增加储蓄会增加个人财富，对个人是好事，但是会减少国民收入，使之引起经济萧条，对整个经济来说却是坏事；增加消费、减少储蓄会减少个人财富，对个人是坏事，但由于会增加国民收入并使经济繁荣，对整个经济来说却是好事。这就是所谓的“节俭的悖论”。

任何经济模型都是以一定的假设条件为前提的，在此基础上，通过演绎构筑理论体系。此外，假设往往是对经济的一种理想化的抽象、简化，在此基础上构筑的经济理论当然不能全面地反映经济现实。凯恩斯的简单国民收入决定模型的前提假设是：经济中资源没有得到充分利用，从而限制国民收入增加的就不是总供给，而是总需求。凯恩斯的这一理论主要是针对20世纪30年代大萧条的情况提出的，当时工人大量失业、设备闲置。在这种情况下，增加总需求，可以增加国民收入，使经济走出低谷。

在这个理论中包含了某些一般理论的因素，即消费对生产的刺激作用。生产决定消费，但消费对生产也有反作用。凯恩斯的国民收入决定理论是强调了消费的这种作用。从总体上看，生产对消费的制约作用是主要的，但在某些特殊情况下，消费对生产的作用也可以成为主要的。在资本主义社会，生产能力的无限增加与有支付能力的需求的相对缩小是其基本矛盾的表现之一。总需求不足在经济中成为一种比较普遍的、重要的制约因素。

我们不能把凯恩斯的这种理论普遍化，其原因如下：（1）凯恩斯所用的是一种短期分析，即假设生产能力、技术条件等都是不变的，资源未得到充分利用也是短期现象。在长期中，经济的发展、国民收入的增加仍然要依靠生产能力的提高、资本的增加、技术的进步。这样，在长期中经济增长就取决于储蓄率的提高，而不是消费的增加。（2）各国情况不同，因而不能将之到处照搬。对于总供给不足的国家，这种理论就完全不适用。

相关考研题解析

一、假定一国的国内自发性消费为 2000 亿美元，对国内产品的边际消费倾向为 70%，可支配收入的边际进口倾向为 10%，且对国外产品的支出没有自发部分。国外消费者花 500 亿美元购买本国的产品。政府共支出 2000 亿美元，其中 1000 亿美元为直接支出，1000 亿美元付给公众自由处置。固定投资为 3000 亿美元。

试求：

1. 这个国家的均衡国民收入是多少？

2. 如果国外对本国产品的支出加倍至 1000 亿美元，新的均衡收入与这个经济的乘数是多少？（中央财经大学 2001 年考研题）

详解：

（1） $C=2000+70\%Y$，　　C：消费；Y：国民收入

$M=10\%Y$，　　M：进口

$X=500$，　　X：出口

$G=1000$，　　G：政府支出

$I=3000$。　　I：投资

根据四经济部门储蓄投资横等式：

$Y = C + I + G + (X - M)$，

可得到：$Y=16250$。

所以：整个经济的均衡国民收入是 16250 亿美元。

（2） 当 $X=1000$ 时，$Y=17500$。

如果国外对本国产品的支出加倍至 1000 亿美元，新的均衡收入为 17500 亿美元。

乘数 =（17500 − 16250）/（1000 − 500）= 2.5。

二、假设，在一个只有家庭和企业的两部门经济中，Y 是收入，消费 $C=1000+0.8Y$，投资 $I=1000$。（单位：10 亿美元）

（1） 给出均衡收入，以及相应的消费和储蓄额；

（2） 当实际收入为 12000 时，给出社会的非自愿存货，并回答收入将如何变化，并给出收入变化的原因；

（3） 如果投资增加 400，相应增加的收入是多少？

（4） 投资乘数是多少？（中央财经大学 2005 年考研题）

详解：

（1） 由题意，有 $I=S$，

则 $Y-C=I$，

$Y-1000-0.8Y=1000$，

解得，均衡收入为：$Y = 10000$，

所以消费为：$C = 10000 \times 0.8 + 1000 = 9000$，

储蓄为：$S = 1000$。

（2）非自愿存货为 $12000 - 9000 - 1000 = 2000$。

收入将减少。因为实际生产大于均衡收入，表明社会生产供过于求，企业存货意外增加，所以企业就会减少生产，使收入水平下降，以到达均衡点。

（3）由题意得 $Y = C + I$，

即：$Y = 1000 + 0.8Y + 1400$，

解得：$Y = 12000$。

所以，若投资增加 400，则相应增加的收入是 2000。

（4）投资乘数 $K = 1/1 - 0.8$，

$K = 5$。

即投资乘数是 5。

13 第十三章 货币市场的均衡

内容导读

本章主要研究货币市场的均衡。凯恩斯认为人们放弃升息的其他金融资产而持有不生息的货币，主要是出于交易动机、谨慎动机和投机动机。货币市场通过利率的变动可以自动实现均衡，改变货币的供给会对货币市场的均衡产生影响。凯恩斯主义者认为货币供给的变动会影响利息率，进而影响最终产品市场上的总需求。

本章要点梳理

一、货币的定义

货币是一种金融资产，但金融资产不都是货币。只有具备如下三个职能的金融资产才是货币：（1）是交换媒介；（2）是财富的储藏手段；（3）是记账单位。

各国中央银行对货币层次的划分不尽相同，但所依据的标准基本一致，即货币的流动性。流动性是其他货币形态转化为现金所需要的时间和成本的多少。中国从 1984 年开始对货币层次进行划分，从 1994 年第三季度起定期向社会公布货币供应量的统计检测指标，按照货币流动性的强弱将货币供应量分为四个层次：

M_0 = 现金流通量；$M_1 = M_0$ + 企业活期存款 + 机关团体存款 + 农村存款 + 个人持有的信用卡存款；$M_2 = M_1$ + 城乡居民储蓄存款 + 企业机关定期存款 + 外币存款 + 信托类存款 + 证券公司的客户保证金；$M_3 = M_2$ + 金融债券 + 商业票据 + 大额可转让定期存单。

二、凯恩斯货币理论的基本观点

凯恩斯把对未来预期的不确定性作为人们行为的重要假设，一旦加入了时间和预期的不确定性，货币就不能仅看作商品流通的中介，凯恩斯指出："货币之重要性主要是以货币乃现在与未来之联系这一点产生的。"

在古典学派理论中，货币在人们手中非交易需求的储藏被认为是不合理的行为，但凯恩斯认为当人们的储蓄和投资是通过货币进行时，必然会由于对未来收益的不确定性而产生储藏货币的投机需求，通过持有货币来对付预期的不确定性和获得收益。这样，货币在凯恩斯的理论中已经不再仅仅是价值尺度和流通手段了，而是一种资产。利息率是一种货币现象，是由货币的供给和需求决定的。货币供给增加会降低利息率；反之，当货币供给减少时，利息率会上升。当利息率下降到一定程度时，会使人们对货币的投机需求变的无限大，从而阻止利息率的下降。这两个方面被凯恩斯称为"投资陷阱"和"灵活偏好陷阱"，它们会使货币政策失去效力。

三、货币需求

凯恩斯认为，人们持有货币有三个动机，即交易需求、谨慎需求和投机需求。当然，这并不是说每个人都把自己持有的货币按这三种动机划分开，但在理论分析中，把这三种动机分开是非常有用的。

货币的投机动机与古典学派的理论发生了根本的区别。凯恩斯认为，这种货币的投机需求来自人们对未来利息率的预期是不确定的，从而不能准确估价债券的市场价格。这种那个对未来的不确定性使人们产生了对货币的投机需求。可以证明，随着利息率的下降，人们对货币的投机需求增加。

将上述三个方面加在一起就获得了对货币的总需求函数：

$MD = MD(Q) + MD(r)$。

上式表明，货币需求取决于实际国民收入和利息率，当收入水平上升时，货币总需求增加；当利息率上升时，货币总需求减少。

四、货币市场的均衡及其机制

1. 货币市场的自动均衡过程。货币的需求主要取决于交易商品的数量和利息率水平，货币供给则取决于中央银行的货币政策。在货币市场上，利息率的变动会引起货币总需求的变动。这是因为利息率的变动会引起债券价格的变动，债券价格的变动会导致人们重新安排所保持货币的数量，从而导致货币资产需求的变动。可见，利息率调节着货币市场的需求。由货币供求曲线的交点多决定的利息率称为均衡利息率。当货币供求发生变动时，利息率会随之发生变动，进而达到新的均衡利息率。

2. 货币供给变动对货币市场均衡的影响。当中央银行改变货币供给量的时候，原有的均衡状态将会发生变化，货币供给量的变化会导致债券需求量及价格的变动，并进而使利息率发生变化。而货币需求量与利息率是密切相关的，它也将随利息率发生变动，货币市场在新的均衡利息率下达到一新的均衡水平。这就是说，通过控制货币的供给可以影响均衡利息率和货币供求均衡的数量。

3. 从货币市场到最终产品市场的传导机制。在货币供给变化如何影响总产量的传导机制上存在着两种不同的观点，这些不同在表面上似乎无关紧要，然而实际上却可以产生完全不同的货币政策目标。

凯恩斯主义者认为货币供给的变动会影响利息率，利息率又会影响总投资，进而影响最终产品市场上的总需求，总需求的变动将引起总产量的变动。可见，在这一传导过程中，利息率的变动起着关键作用。所以，凯恩斯主义者把利息率当作制定货币政策的基本目标。

货币主义者认为利息率的变动并不重要，重要的是货币供给量本身或货币供给增长率。他们并不否定货币供给增加会使实际利息率下降，只是不同意把利息率下降的作用当作总需求变动的关键。因此，他们认为应把货币政策的目标放在货币供给量的控制上，而不是把货币供给量的控制当作控制利息率的手段。

本章知识脉络图

- 货币市场的均衡
  - 货币的定义
    - 货币的三个职能
    - 货币的分层
  - 凯恩斯货币理论的基本观点
    - 交易动机
    - 谨慎动机 → 货币需求与实际国民收入成正比，与利息率成反比，→ $MD(Q,Y)=MD(Q)+MD(r)$
    - 投机动机
  - 货币市场的均衡及其机制
    - 货币市场的自动均衡过程
    - 货币供给变动对货币市场均衡的影响
    - 从货币市场到最终产品市场的传导机制
      - 凯恩斯主义控制利息率
      - 货币主义控制货币供给量

本章名词详解

◆ **货币需求**：人们宁肯牺牲持有生息资产（如债券）将取得的债息收入，而把不能生息的货币保存在手边，这称为货币需求。

◆ **交易动机**：货币是交换的中介，交易动机即人们持有货币是为了用于交易。它随人们收入水平的变化而变化，是收入的函数。

◆ **谨慎动机**：谨慎动机指人们为了预防意外的支出而持有一部分货币的动机。

◆ **投机动机**：投机动机指人们为了抓住有利的购买有价证券的机会而持有一部分货币。这一动机所产生的货币需求量与利率成反比。

◆ **灵活偏好陷阱**：灵活偏好陷阱是指当利息率下降到一定程度时，人们对货币的投机需求会变得无限大。也就是说，当利息率低到某一点时，所有的人都会预期利息率不会再下降而会上升，从而都抛出债券而持有货币。货币的投机需求曲线会变得有无限弹性，从而会阻止利率的下降。

同步练习与精解

一、同步练习题

（一）单项选择题

1. 当利率降得很低时，人们购买债券的风险（　　）。

A. 将变得很小　　B. 将变得很大

C. 可能变大，也可能变小　　D. 不变

2. 如果其他因素既定不变，利率降低，将引起货币的（　　）。

A. 交易需求量增加　　B. 投机需求量增加

C. 投机需求量减少　　D. 交易需求量减少

3. 假定其他因素既定不变，在非凯恩斯陷阱中，货币供给增加时，（　　）。

A. 利率将上升　　B. 利率将下降

C. 利率不变　　D. 利率可能下降也可能上升

4. 假定其他因素既定不变，在凯恩斯陷阱中，货币供给增加时，（　　）。

A. 利率将上升　　B. 利率将下降

C. 利率不变　　D. 利率可能下降也可能上升

5. 欧债危机愈演愈烈，意大利国债的利率不断上升，这意味着（　　）。

A. 意大利国债的价格持续走低，政府债务融资的成本上升

B. 意大利国债的价格持续上升，政府债务融资的成本降低

C. 意大利国债的价格持续上升，政府债务融资的成本上升

D. 意大利国债的价格持续走低，政府债务融资的成本下降

6. 实际货币量等于（　　）。

A. 实际国民生产总值除名义货币量　　B. 名义货币量减物价水平
C. 名义货币量减国民生产总值　　D. 名义国民生产总值除以物价水平

7. 利息率越高，(　　)。
A. 实际货币需求量越少，而货币流通速度越高
B. 实际货币需求量越少，而货币流通速度越低
C. 实际货币需求量越多，而货币流通速度越高
D. 实际货币需求量越多，而货币流通速度越低

8. 在（　　）的情况下会引起实际货币需求曲线向左方移动。
A. 货币供给量增加　　B. 物价水平上升
C. 信用卡的使用更为普及　　D. 实际国民生产总值增加

9. 假设名义利率为10%，通货膨胀率为20%，实际利率是（　　）。
A. 10%　　B. -10%
C. 30%　　D. -30%

10. 如果中央银行在公开市场购买政府债券，那样实际货币供给曲线将（　　）。
A. 向右方移动，利率下降　　B. 向右方移动，利率上升
C. 向左方移动，利率下降　　D. 向左方移动，利率上升

11. 如果实际国民生产总值增加，那实际货币需求曲线将（　　）。
A. 向左方移动，利率上升　　B. 向左方移动，利率下降
C. 向右方移动，利率上升　　D. 向右方移动，利率下降

12. 如果人们预期利率还会上升时，他们（　　）。
A. 将出售证券并且持有货币　　B. 购买证券并且减少货币持有量
C. 期望证券价格保持不变　　D. 期望证券价格上升

13. 某国对实际货币余额需求减少，可能是由于（　　）。
A. 通货膨胀率上升　　B. 利率上升
C. 税收减少　　D. 总支出增加

14. 假设价格水平固定，货币供给增加。如果（　　），扩张货币供给将不能使产出增加
A. 人们花费掉大部分的货币　　B. 存在超额生产能力
C. 人们花费掉所有的货币　　D. 人们持有所有的货币增量不消费

15. 假设价格水平固定，货币供给增加，(　　)，扩张货币供给会使产出增加。
A. 如果人们花费掉大部分的货币
B. 如果不存在超额生产能力
C. 仅当货币供给的增加伴随财政政策的改变时
D. 如果失业非常严重

16. 短期国库券与货币具有完全的安全性，但货币是较好的交换媒介，当短期国库券利率上升时，人们持有（　　）。
A. 较多的货币，因为其机会成本上升　　B. 较多的货币，因为其机会成本下降
C. 同样数量的货币　　D. 较少的货币，因为其机会成本上升

17. 短期国库券与货币具有同样的安全性，但货币是较好的交换媒介，持有货币的机会成本（　　）。

A. 随短期国库券利率上升而上升，诱使人们持有较少的货币

B. 随短期国库券利率上升而下降，诱使人们持有较少的货币

C. 随短期国库券利率下降而上升，但对货币持有没有影响

D. 随短期国库券利率上升而下降，诱使人们持有较多的货币

18. 短期国库券与货币具有同样的安全性，但货币是较好的交换媒介。现在许多支票账户可以支付利息（而以前是不可以支付利息的），对于给定利率的短期国库券，付给支票账户的利息（　　）。

A. 减少了货币的机会成本，诱使人们持有较少货币

B. 增加了货币的机会成本，诱使人们持有较少的货币

C. 对货币的机会成本没有影响，仍然按付给短期国库券的利率计算

D. 减少了货币的机会成本，诱使人们持有较多的货币

19. 随着（　　），货币的交易性需求上升。

A. 实际利率上升　　B. 名义收入增加

C. 价格水平的倒数上升　　D. 货币流通速度上升

20. 货币的交易性需求（　　）。

A. 由于货币具有交换媒介的职能而产生

B. 在名义收入降低时增加

C. 由于货币具有计量单位的职能而产生

D. 在利率上升时增加

21. 下列情况中，会引起沿着货币需求曲线向下的移动的是（　　）。

A. 利率上升　　B. 国民收入增加

C. 货币供给减少　　D. 利率下降

22. 下列情况中，会引起货币的需求曲线向左移动的是（　　）。

A. 利率上升　　B. 国民收入增加

C. 货币供给减少　　D. 国民收入减少

23. 依据凯恩斯货币理论，货币供给增加将（　　）。

A. 降低利率，从而减少投资和总需求

B. 降低利率，从而增加投资和总需求

C. 提高利率，从而增加投资和总需求

D. 提高利率，从而减少投资和总需求

24. 货币需求曲线是向下倾斜的，这是因为（　　）。

A. 提高利率会使持有货币的机会成本增加，诱使人们持有较多的货币

B. 货币需求是不受利率影响的

C. 降低利率会使持有货币的机会成本下降，诱使人们持有较多的货币

D. 随着利率的下降，货币的供给增加

25. 货币需求（　　）时，对于给定的货币供给增加量，利率将下降得（　　）。

A. 越有弹性，越多　　B. 越陡峭，越少

C. 越没弹性，越少　　D. 越平坦，越多

26. 假设价格水平固定，而且经济中存在超额生产能力，下列项目中，正确描述了货币政策影响产出的所有步骤的是（　　）。

A. 货币供给增加使利率上升，投资增加，最终使总支出和产出增加

B. 货币供给增加使利率下降，投资减少，最终使总支出和产出减少

C. 货币供给增加使利率下降，投资增加，最终使总支出和产出增加

D. 货币供给增加使利率下降，投资增加，最终使总支出和产出减少

27. 假设美联储购买了一个人的政府债券。这个人把自己的出售债券收入都存人她的开户银行。如果银行把一部分存款作为超额准备金，货币供给将（　　）。

A. 增加的少于货币乘数所表示的。

B. 增加的多于货币乘数所表示的。

C. 减少的少于货币乘数所表示的。

D. 减少的大于货币乘数所表示的。

28. 付利息给活期存款账户这一趋势的增长（　　）。

A. 减少了持有货币的机会成本，使货币需求对利率的改变没那么敏感

B. 增加了持有货币的机会成本，使货币需求对利率的改变更加敏感

C. 意味着再也没有人愿意持有短期国库券了

D. 增加了持有货币的机会成本，使货币需求对利率的改变没那么敏感

29. 当利率降得很低时，人们购买债券的风险将会（　　）。

A. 变得很小　　B. 变得很大

C. 可能很大，也可能很小　　D. 不发生变化

30. 灵活偏好曲线表明（　　）。

A. 利率越高，债券价格越低，人们预期债券价格越是会下降，因而不愿意购买更多债券

B. 利率越高，债券价格越低，人们预期债券价格回涨可能性越大，因而越是愿意更多购买债券

C. 利率越低债券价格越高，人们为购买债券时需要的货币就越多

D. 利率越低债券价格越高，人们预期债券可能还要上升，因而希望购买更多债券

31. 中央银行在公开市场上卖出政府债券是企图（　　）。

A. 收集一笔资金帮助政府弥补财政赤字

B. 减少商业银行在中央银行的存款

C. 减少流通中基础货币以紧缩货币供给，提高利率

D. 通过买卖债券获取差价收益

32. 下列情况中，政府买进政府债券不会引起货币供给量增加的是（　　）。

A. 公众把中央银行的支票换成现金，保留在手中

B. 公众把中央银行的支票存入商业银行

C. 公众用中央银行的支票偿还债务

D. 公众用中央银行的支票增加消费支出

33. 根据凯恩斯的货币需求理论有（　　）。

A. 如果利率提高，投机性的货币需求会下降

B. 如果投资者预期利率提高，则他们预期股票的价格会上升

C. 货币需求随着收入的增加而下降

D. 如果经济处于“流动性陷阱”阶段，货币供给增加会导致利率下降

34. 下列（　　）是 M_2 的一部分，而不是 M_1 的一部分。

A. 活期存款　　B. 储蓄存款

C. 旅行支票　　D. 其他支票存款

35. 下列各种资产中流动性最大的是（　　）。

A. 股票　　B. 长期国债

C. 小额定期存款　　D. 名画

36. 美国公开市场委员会的主要职责是（　　）。

A. 决定公开市场上政府债券的操作策略

B. 发行新货币

C. 支票清算

D. 充当工商界同联邦储备体系之间的中介

37. 下列项目中，属于商业银行负债的是（　　）。

A. 库存现金　　B. 贷款

C. 投资证券　　D. 活期存款

38. 下列项目中，会增加货币预防需求的是（　　）。

A. 估计股票价格会上涨　　B. 害怕政府倒台

C. 某些职工减少工资　　D. 物价普遍上涨

39. 若以货币表示的国民收入是8000亿元，货币供应量是1000亿元，则货币的流通速度等于（　　）。

A. 1/8　　B. 8

C. 4　　D. 6

40. 假定货币供给量和价格水平不变，货币需求为收入和利润的函数，则收入增加（　　）。

A. 货币需求增加，利率上升　　B. 货币需求增加，利率下降

C. 货币需求减少，利率上升　　D. 货币需求减少，利率下降

41. 降低所得税的政策使交易货币需求量和预防货币需求量（　　）。

A. 都增加　　B. 都减少

C. 前者增加、后者减少　　D. 前者减少，后者增加

42. 随着自动取款机的出现，交易货币需求量（　　）。

A. 提高　　B. 下降

C. 不变　　D. 变化不确定

43. 当市场利率下降时，货币的投机需求量将会（　　）。

A. 提高　　　　B. 减少
C. 不变　　　　D. 变化不确定

44. 提高所得税的政策使交易货币需求量（　　）。
A. 增加　　　　B. 减少
C. 不变　　　　D. 不确定

45. 利率越高，（　　）。
A. 实际货币需求量越少，则货币流通速度越高
B. 实际货币需求量越少，则货币流通速度越低
C. 实际货币需求量越多，则货币流通速度越高
D. 实际货币需求量越多，则货币流通速度越低

46. 中国人民银行 2011 年 11 月 30 日宣布，从 2011 年 12 月 5 日起，下调存款类金融机构人民币存款准备金率 0.5 个百分点，这意味（　　）。
A. 我国基础货币供给量将增加
B. 我国基础货币供给量将减少
C. 我国基础货币供给量不变
D. 我国基础货币供给的变动不确定

（二）简答题

1. 资本边际效率为什么递减？
2. 什么是货币需求？人们需要货币的动机有哪些？
3. 什么是通货—存款比率？决定这一比率的因素主要有哪些？
4. 假定货币市场最初处于均衡状态，当货币供给量增加以后，货币需求能否追上货币供给？如果能，请说明其过程。
5. 为什么关于中央银行将在近期增加货币供给的预期会引起现在的利率下降？
6. 为什么说货币的投机需求是利率的减函数？
7. 指出下列各种资产在货币的三个职能中具有哪些职能和不具有哪些职能。
A. 一幢房子；B. 在娱乐公园度过的一天；C. 得克萨斯州达拉斯城一位居民持有的德国马克；D. 一幅画；E. 金子
8. 下列因素会如何影响货币需求？
A. 向支票账户支付利息；B. 信用卡更容易得到；C. 电子化的资金转账变得更为普遍
9. 决定和影响货币需求的因素主要有哪些？
10. 怎样理解谨慎需求是收入的增函数。
11. 持有支付利息的货币（如活期存款）的机会成本是什么？
12. 除了利率的变化，还有什么因素能带啦货币需求和收入之间关系的变化？
13. 简述古典学派、凯恩斯和现代货币主义的货币需求理论。

（三）计算题

1. 假定一国有下列资料：

单位：10 亿美元

小额定期存款	1100
大额定期存款	420
活期存款	350
小额定期储蓄存款	375
通货	120

试计算 M_1、M_2、M_3 各为多少？

2. 下面给出对货币的交易需求和投机需求。

试求：

（1）收入为 700 美元，利率为 8% 和 10% 的货币需求？

（2）600、700 和 800 美元的收入在各种利率水平上的货币需求？

对货币的交易需求		对货币的投机需求	
收入（美元）	货币需求量（美元）	利率（%）	货币需求量（美元）
600	100	12	30
700	120	10	50
800	140	8	70
900	160	6	90
1000	180	4	110

3. 假定名义货币存量为 1000 亿美元，试问价格水平下降 20% 及上升 20% 时，实际货币存量变为多少？

4. 假定现金存款比率 $W=0.38$，准备率（包括超额准备率）$r=0.18$，试问货币乘数为多少？若增加基础货币 100 亿美元，货币供给增加多少？

二、同步练习题精解

（一）单项选择题

1 B	2 B	3 B	4 C	5 A	6 D	7 A	8 C	9 B	10 A
11 C	12 A	13 B	14 B	15 D	16 A	17 D	18 A	19 D	20 B
21 A	22 D	23 D	24 B	25 C	26 D	27 C	28 A	29 A	30 B
31 B	32 C	33 A	34 A	35 C	36 C	37 A	38 D	39 B	40 B
41 A	42 A	43 B	44 A	45 B	46 A	47 A			

（二）简答题

1. 答：资本边际效率是指一种贴现率，这种贴现率正好使一项资本品预期收益的现值等于该项资本品的重置价格。它与资本品的重置价格负相关，与资本的预期收益正相关。随着社会上各个企业投资的增加，一方面，引起对资本品需求的增加，使资本的重置价格上升；另一方面，产品供给增加，价格降低，使资本的预期收益减少。故资本边际效率具有递减的趋势。

2. 答：货币需求是指人们在不同条件下出于各种考虑对货币的需要，或者说是个人、企业和政府对执行流通手段（或支付手段）和价值储藏手段的货币的需求。

人们在一定时期可以采取多种形式拥有其有限的财富，他可以持有能够升息的股票、债券，也可以采用货币的形式持有资产。拥有其他形式的资产会带来收益，而以货币形式持有财富通常不会带来收益，通常还有贬值的危险。人们之所以把不能生息的货币贮存在手边，按凯恩斯的说法，是出于以下几种动机：

一是对货币的交易需求，是指家庭或厂商为交易的目的而形成的对货币的需求。它产生于人们收入和支出的非同步性。如果收入和支出时间是完全同步的，就不会需要把闲置的货币放在手边。

二是对货币的谨慎需求，是指人们为了预防意外的支出而持有一部分货币的动机，如为了支付医疗费用、应付各种事故。

三是投机性需求，是指由于未来利率的不确定，人们为了避免资产损失或增加资本收入而及时调整资产结构形成的货币需求。例如，人们预期债券价格上升时，需要及时买进债券，以便以后卖出时得到收益，这样就产生了对货币的投机需求。

3. 答：通货—存款比率，是指公众手持现金和活期存款的比率，简称通货比率。这一比率主要由公众支付的习惯决定，同时也受个人从银行取得现金的便利性的影响，当能够十分容易地从银行取得现金时，个人就不会多持现金。许多西方经济学家认为，以下因素也会影响通货—存款比率：一是开设活期存款账户的成本，成本提高时，这一比率也会提高；二是隐蔽性交易的规模和程度，为逃避税收的隐蔽性交易增加时，这一比率也会提高；三是人们对流动性和安全性的偏好，由于现金最具流功性和安全性，因而这一比率随流动性和偏好性增强而提高。

通货—存款比率也是决定货币乘数大小的因素之一，这一比率越高，货币扩张乘数会越小；反之，乘数就越大。

4. 答：实际货币供给增加意味着在利息率既定时货币的供给量将大于货币的需求量。这样，货币持有者就想减少其货币持有量，并用这些货币去购买债券。对债券需求的增加将引起债券价格上升，进而债券的利率下降。随着利率的下降，货币需求量增加，这就减少了超额货币的供给。这个过程一直持续到利率的下降足以使货币需求量等于货币供给量为止。

5. 答：如果经济主体预期到中央银行要增加货币供给，这就意味着，他们预期债券价格要上升，利率要下降。如果情况是这样，他们就要现在购买债券（即增加对债券的需求）以便在以后更高的预期价格时可以卖出这些债券。但是，这种债券需求的增加会引起债券价格上升和现在的利率下降，或者说在中央银行实际增加货币供给之前，债券价格就上升了，利率也下降了。

6. 答：投机的货币需求起先是由凯恩斯提出的。他从货币可执行价值贮藏手段这一点出发，说明个人或企业暂时不用的财富，可以用持有货币来保存；也可以用其他资产形式来持有，如活期储蓄、定期储蓄和各种债券等，可以把这一类非货币资产统称为债券。按照凯恩斯的说法，人们之所以为了投机目的而持有货币，是因为其他资产形式或债券的收益具有不确定性。持有债券的损益包括债券利息和债券的资本价值可能发生的增值或亏损。如果人们预期利息率将显著提高，即预期债券价格将显著下降，他们将只持有货币。反之，如果人们预计利率将下降，即债券价格将上升，则他们将尽量少货币持有量，而用货币去购买债券，以备日后债券价格上升时获取差价收益或资本增值。这样，对货币的投机需求就是利率的递减函数。

7. 答：a. 有价值储藏职能；b. 没有任何一种货币的职能；c. 有货币的交换媒介、价值储藏和计价单位职能；d. 有价值储藏职能；e. 有价值储藏职能。

8. 答：a. 向支票账户支付利息，等于降低了持有货币的机会成本，从而会增加货币需求。b. 信用卡更容易得到，降低了货币需求，因为完成一大笔交易，用不着像过去那样必须持有足够数量的货币。c. 电子化资金转账变得更为普遍，大大降低了货币需求。

9. 答：决定和影响货币需求的因素主要是：（1）收入的大小。一般情况下，货币需求量与收入成正比，货币的需求随收入的增减而增减。（2）消费倾向。一般情况下，消费倾向越大，社会的货币需求量也越大，反之则越小。（3）货币流通速度。货币需求量与货币流通速度成反比，即在其他条件不变时，货币需求量随货币流通速度的加快减慢而减少或增加。（4）物价水平。货币需求量与物价水平成正比关系，即货币需求量随物价水平的高低而增减。（5）社会商品总额。一般情况下，货币需求与社会商品总额成正比，即货币需求随社会商品总额增减而增减。（6）利率水平。货币需求在通常情况下与市场利率水平成负相关关系，即随利率水平的上下而减少或增加。除以上所述，人们的心理偏好、对经济变动的预期以及信用制度等也将影响货币的需求。

10. 答：当收入水平上升时，人们需要较多的货币作预防不测之用，也有能力积蓄较多货币作预防用。但为谨慎需要而持有的货币越多，牺牲的利益或者说损失的利息收入也越多。因此，谨慎需求也是利率的减函数，但在一般情况下，谨慎需求受利率影响而变动的量不太大，因而只把它看作是收入的增函数。

11. 答：利率衡量着持有货币的机会成本，利率越高，表示人们持有货币的机会成本即所放弃的利息收入越高，因而人们越是不愿多持有货币，即货币需求随利率上升而下降。如果活期存款也有利息，则持有支付利息的货币的机会成本就是这种活期存款的利率与持有其他金额金融资产（如债券）的利率之间的差额。例如，持有 100 元债券一年可或利息假定为 6 元，而持有 100 元活期存款一年的利息为 2 元，则持有这 100 元活期存款的机会成本就是 4 元。

12. 答：凯恩斯的理论认为，除了利率的变化，收入的变化也会影响货币需求：人们收入越高，他想持有的货币越多，但实际上情况并非如此简单。除了利率的变化，以下一些因素也能带来货币需求和收入之间关系的变化：

第一，货币交易需求很多发生于购买金融资产，而不是商品和劳务，而金融资产（如股票）的交易量并不一定与收入变化同方向变化。例如，人们预期股市要上扬或下跌，交易量可能大幅增加，这时货币需求量的变化不一定与收入成正比。

第二，交易不一定需要货币，信用方式支付就可以大大减少对现金或活期存款的需求。

第三，计算机技术的进步，可以大大加快货币流通速度，从而大大促使货币对收入比率下降，即降低货币需求。

13. 答：古典学派的货币需求理论主要有现金交易说和现金余额说。现金交易方程式 $MV=PT$ 是一种较为简单的货币需求理论，货币需求概念隐含在方程式中货币供给的概念中，说明一段时期内社会所必须持有的货币量。现金余额说的剑桥方程 $M=KPY$ 表示在一定物价水平下社会所需要的货币量。现金余额说以人们持有的现金余额为分析对象，说明在某一时点上人们想要有的货币量。凯恩斯的货币需求理论，也即他的流动性偏好理论，把人们对货币的流动性偏好归纳为三种动机，即交易动机、预防动机和投机动机，货币总需求函数表示为 $M = L_1(y) + L_2(i)$。凯恩斯学派的货币需求理论主要是鲍莫尔的平方根公式即 $\frac{C}{2} = \sqrt{\frac{bT}{2i}}$ 的理论和托宾的资产选择理论。

现代货币主义的货币需求函数是由弗里德曼提出来的，他认为影响人们持有货币员的因素有很多，其中主要有总财富、财富的构成、持有货币和持有其他资产的预期收益以及影响货币需求函数的其他因素等。

（三）计算题

1. M_1 = 通货 + 活期存款 = 470；$M_2 = M_1$ + 小额定期储蓄存款 + 小额定期存款 = 1945；$M_3 = M_2$ + 大额定期存款 = 2365。

2. （1）收入为 700 美元，利率为 8% 时货币需求 = 120 + 70 = 190；收入为 700 美元，利率为 10% 的货币需求 = 120 + 50 = 170。

（2）略。

3. **解：** 价格水平下降 20% 时，$M/P = 1000/0.8 = 1250$ 亿美元，即增加 25%；价格水平上升 20% 时，$M/P = 1000/1.2 = 833.3$ 亿美元，即减少 16.7%。

4. **解：** 货币乘数 $mm = (1+W)/(W+r) = 1.38/(0.38+0.18) = 2.46$，

若增加货币 100 亿美元，则货币供给增加 $\Delta M = 100 \times 2.46 = 246$ 亿美元。

相关考研题解析

一、假设货币的投机需求在每以个利率水平，货币的交易需求在每个产出、收入水平均下降，试说明此时 LM 曲线会发生什么变化并解释理由。（北京大学 2003 年考研题）

详解：

此时 *LM* 曲线将向左移动，这是因为：*LM* 曲线是表示货币市场均衡的曲线，曲线上任何一点都代表一定利率和收入的组合，在这样的组合下，货币需求与货币供给都是相等的，就是指货币市场的均衡状况。在凯恩斯的货币需求理论中，货币需求包括投机、交易和预防三种需求，当投机需求在每个利率水平，货币的交易需求在每个产出、收入水平均下降时，货币需求总量下降，而货币供给不变，这样就偏离了均衡的状态，原来 *LM* 曲线位置各点上就将出现货币供给大于货币需求的情况，此时要恢复均衡状态就要将 *LM* 曲线向左移动。

二、货币主义学派的政策建议。（中央财经大学 2001 年考研题）

详解：

货币学派是在 20 世纪 50 年代出现于美国，于 70 年代蓬勃兴起，是当代自由主义阵营中最有影响的学派。它由美国芝加哥大学教授米尔顿·弗里德曼所领导和创立，并以芝加哥大学为主要阵地，因此又称为芝加哥学派。在西方经济学界，这个学派可以说是反对凯恩斯主义最有力的，其主要代表人物是弗里德曼、沃尔特斯、莱德勒、帕金和弗里希等。

货币主义的主要理论观点是：（1）现代货币数量论，以新的方式论证交换方程。（2）提出自然率假说，以适应性预期说明长期的菲利普斯曲线趋向于垂直。（3）在需求管理上，反对相机抉择的财政政策，主张单一的货币规则；在治理通货膨胀和收入分配不公问题时，主张采取收入政策。（4）崇尚经济自由。

货币主义的政策主张。货币主义的政策核心是所谓单一规则政策。具体说又有如下几点：第一，凯恩斯主义的财政政策是无效的。尤其是在没有相应的货币政策的配合下，而且由于政府支出可能对私人投资产生“挤出”效应，更降低了整个经济的增长能力。第二，反对逆经济风向而动，即斟酌使用的货币政策。由于经济政策的时滞效应，不仅起不到熨平经济周期的作用，反而会造成加剧经济波动的后果。第三，为了有效控制货币总量，应该取消贴现率和法定准备率制度，只保留公开市场业务，但必须规定一个固定的货币年增长率来作为业务活动的约束条件。按平均国民收入的增长率来规定一个长期不变的货币增长率，并公之于众，是货币政策的唯一最佳选择。第四，实行负所得税和降低失业率的政策，有利于提高低收入者工作的积极性。第五，提倡浮动汇率制，反对固定汇率制，认为后者会加剧世界性的通货膨胀，有损失货币增值国家的利益，可能会引起国际金融动荡。

第十四章 14 双重均衡的宏观经济模型——IS－LM 模型

内容导读

对于将产品市场和货币市场同时加以考虑时的收入决定理论，宏观经济学是用 IS－LM 模型加以说明的。IS－LM 模型是说明产品市场与货币市场同时达到均衡时收入与利率决定的模型。这里，*I* 为投资，*L* 为货币需求，*M* 为货币供给。IS－LM 模型的基本结构是两条曲线：*IS* 曲线和 *LM* 曲线。

本章要点梳理

一、投资函数

这里把投资看作是部分地依赖于利息率的一个内生变量和外生变量的复合体。我们可以假定厂商借钱购买资本品，利息率越高，厂商预期的投资利润就越低，他们就更不愿意借钱投资。如果是用自由资金购买投资品，利息率就是其机会成本，利息率越高，厂商的机会成本越高，厂商就更不愿意投资。因此，投资可以看作是利息率的减函数。由于投资者在考虑投资决策时，要从名义利息率中减去通货膨胀率，也就是要考虑实际利息率，因此投资是利息率的减函数。

二、*IS* 曲线

对于将产品市场和货币市场同时加以考虑时的收入决定理论，宏观经济学是用 IS－LM 模型加以说明的。IS－LM 模型是说明产品市场与货币市场同时达到均衡时收入与利率决定的模型。这里 *I* 为投资，*S* 为储蓄，*L* 为货币需求，*M* 为货币供给。IS－LM 模型的基本结构是两条曲线：IS 曲线和 LM 曲线。

IS 曲线是描述产品市场达到均衡，即 $I=S$ 时，国民收入与利息率之间关系的曲线。*IS* 曲线向右下方倾斜。*IS* 曲线上每一点都表示使投资等于储蓄的收入和利率的各种组合。位于 *IS* 曲线右方的收入和利率组合，都是使投资小于储蓄的非均衡组合，如图 14－1 Ⅰ部分；位于 *IS* 曲线左方的收入和利率组合，都是使投资大于储蓄的非均衡组合，如图 14－1Ⅱ部分。

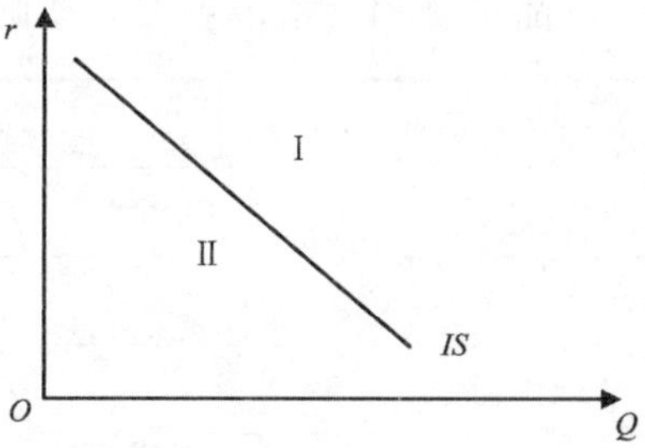

图 14－1

三、*LM* 曲线

LM 曲线是描述货币市场达到均衡，即 $L=M$ 时，国民收入与利息率之间的关系的曲线。凯恩斯主义的货币理论是建立在流动偏好基础上的。流动偏好表示人们喜欢以货币形式保持一部分财富和愿望或动机。按照凯恩斯的观点，人们需要货币是出于三种动机：交易动机、谨慎动机和投机动机。与此相对应，货币需求（*MD*）可由两部分（MD_A，MD_T）组成。MD_T 表示交易的货币需求，是实际收入 Q 的增函数。MD_A 为投机的货币需求，是利息率 r 的减函数。于是货币需求为 $MD=MD_T(Q)+MD_A(r)$。货币供给量被认为是由政府控制的，政府可以使用货币政策来改变货币供给量的大小。货币市场均衡条件为，实际货币供给量等于实际货币需求量，即 $MS/P=MD/P=MD_T(Q)+MD_A(r)$。这一均衡条件表明，在实际货币供给 MS/P 为一定值时，收入 Q 与利率 r 之间存在着函数关系。这个函数关系也就是在满足货币市场均衡条件下的 Q 与 r 的各种不同的组合。这种表示 Q 与 r 之间函数关系的曲线即 *LM* 曲线。*LM* 曲线是向右上方延伸的。这表明，在货币市场达到均衡时，收入与利率之间具有同方向关系。一般地，货币供给量的变动会使 *LM* 曲线的位置移动。当货币供给量增加时，*LM* 曲线向右移动；当货币供给量减少时，*LM* 曲线向左移动。位于 *LM* 曲线右方的收入和利率的组合，都是货币需求大于货币供给的非均衡组合，如图 14－2 Ⅰ部分；位于 *LM* 曲线左方的收入和利率组合，都是货币需求小于货币供给的非均衡组合，如图 14－2Ⅱ部分。

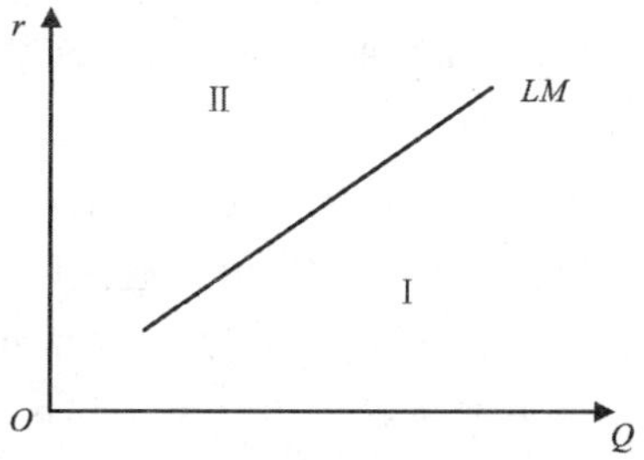

图 14－2

四、IS－LM 模型

IS 曲线和 *LM* 曲线的交点所表示的收入和利率组合，即表示同时使产品市场和货币市场达到均衡时的收入和利率组合（见图 14－3）。这时的收入和利率分别称为在产品市场和货币市场同时均衡时的均衡收入和均衡利率。IS－LM 模型不仅可以说明同时考虑产品市场和货币市场时的国民收入的决定，而且解决了简单收入决定理论中无法确定的利率决定

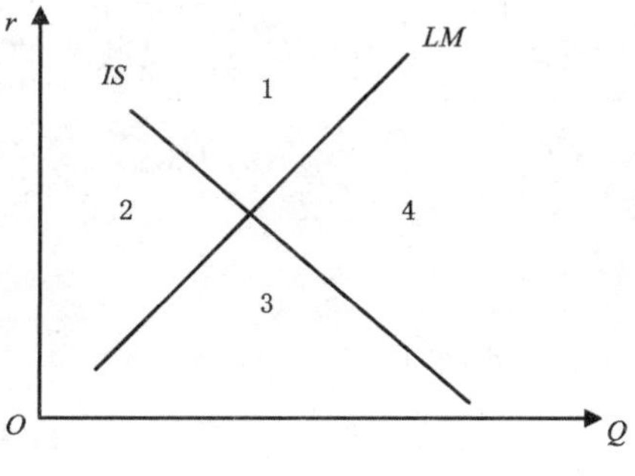

图 14－3

的问题。另外，由 IS – LM 模型描述的均衡还具有稳定性质，即当经济偏离均衡状态时，通过产品市场和货币市场的自动调节可使失衡状态趋向于均衡状态（见图 14 – 3）。

区域	产品市场	货币市场
1	$I<S$ 超额产品供给	$L<M$ 超额货币供给
2	$I<S$ 超额产品供给	$L>M$ 超额货币需求
3	$I>S$ 超额产品需求	$L>M$ 超额货币需求
4	$I>S$ 超额产品需求	$L<M$ 超额货币供给

五、IS – LM 模型的操纵

IS – LM 曲线交点所实现的两市场均衡未必是充分就业均衡，需要国家用财政政策或者货币政策来调节。

影响 *LM* 取现变动的外生变量主要有三个：货币流通速度 V、名义货币供给量 MS 和一般价格水平 P。货币流通速度 V 上升，名义货币供给量 MS 增加或者一般价格水平 P 下降都会使 *LM* 曲线右移，反之 *LM* 曲线左移。

根据凯恩斯主义关于均衡国民收入由总需求决定的理论，凡是能够影响总需求的变动的外生变量都会影响产品市场的均衡状态，从而影响 *IS* 曲线，使其移动。如政府的购买支出 GP、净税收、边际税率，以及不随国民收入变动而变动的最低消费量和人们的通货膨胀预期等。当政府的购买支出上升，自主消费上升，净税收下降或者边际税率下降时，*IS* 曲线右移，反之 *IS* 曲线左移。

当然在实际经济运行中，上面提到的那些外生变量很少单独起作用，它们总是相互结合在一起共同对经济起作用。

六、挤出效应

政府购买支出 GP 的增加会引起 *IS* 曲线右移，其结果是利息率 r 和实际国民收入 Q 同时提高。这其中包含一个挤出效应，即由于利息率提高，私人投资会因此被挤掉一部分，造成投资 I 下降，使得实际国民收入的增加减少。挤出效应使凯恩斯的乘数效应进一步削弱。

本章知识脉络图

- 双重均衡的宏观经济模型
  - IS-LM框架
    - *IS* 曲线
      - *IS* 曲线推导
        - 数学推导
        - 几何推导
      - *IS* 曲线移动
    - *LM* 曲线
      - *LM* 曲线推导
        - 数学推导
        - 几何推导
      - *LM* 曲线移动
  - IS-LM分析
    - 均衡状态
    - 非均衡状态
      - 四区域自动调整
      - 挤出效应

本章名词详解

◆ ***IS* 曲线**：指将满足产品市场均衡条件的收入和利率的各种组合的点连结起来而形成的曲线，它是反映产品市场均衡状态的一幅简单图像。

◆ ***LM* 曲线**：指货币市场上均衡状态时各种收入与利率的变动轨迹。

◆ **流动性陷阱**：凯恩斯的流动偏好理论中的一个概念，又称凯恩斯陷阱或灵活陷阱，是指当利率水平极低时，人们对货币需求趋于无限大，货币当局即使增加货币供给也不能降低利率，从而不能增加投资引诱的经济状态。

同步练习与精解

一、同步练习题

（一）单项选择题

1. 自发投资支出增加 10 亿美元，会使 *IS*（ ）。

A. 右移 10 美元　　B. 左移 10 美元

C. 右移支出乘数乘以 10 亿美元　　D. 左移支出乘数乘以 10 亿美元

2. 经济系统的一般均衡要求（ ）。

A. 投资等于储蓄，但货币需求可以超过或小于货币供给

B. 货币需求等于货币供给，但储蓄可大于或小于投资

C. 投资等于储蓄而且货币需求等于货币供给

D. 利率由货币市场决定，收入水平由产品市场决定，无需把两个市场联系起来

3. 假定 *IS* 曲线和 *LM* 曲线在中段相交，价格水平的下降将（ ）。

A. 使 *LM* 曲线向上移，减少收入，提高利率

B. 使 *IS* 曲线和 *LM* 曲线均向外移动，因此增加收入

C. 使 *IS* 曲线和 *LM* 曲线向内移动，因此降低收入水平

D. 由于模型是建立在实物基础上的，所以不影响 *IS* 曲线或 *LM* 曲线

4. 如果净税收增加 10 亿美元，会使 *IS*（ ）。

A. 右移税收乘数乘以 10 亿美元　　B. 左移税收乘数乘以 10 亿美元

C. 右移支出乘数乘以 10 亿美元　　D. 左移支出乘数乘以 10 亿美元

5. IS 曲线向右边移动的经济含义是（ ）。

A. 利息率不变，产出增加　　B. 产出不变，利息率提高

C. 利息率不变，产出减少　　D. 产出不变，利息率降低

6. 在萧条经济中，若自发性支出增加，则在各个可能利息率上的产出（ ）。

A. 增加　　B. 减少

C. 不变　　D. 不确定

7. 若边际消费倾向提高，则 *IS* 曲线（ ）。

A. 横截距增加　　B. 横截距减少

C. 纵截距增加　　D. 纵截距减少

8. 若投资对利息率反映程度提高，则 IS 曲线（ ）。

A. 横截距增加　　B. 横截距减少

C. 纵截距增加　　D. 纵截距减少

9. 假定货币供给量和价格水平不变，货币需求为收入和利率的函数，则收入增加时（ ）。

A. 货币需求增加，利率上升　　B. 货币需求增加，利率下降

C. 货币需求减少，利率上升　　D. 货币需求减少，利率下降

10. *IS* 曲线上的每一个点都表示使（　　）。

A. 投资等于储蓄的收入和利率的组合　B. 投资等于储蓄的均衡货币量

C. 货币需求等于货币供给的均衡货币量　D. 产品市场和货币市场同时均衡的收入

11. *LM* 曲线向上倾斜表示（　　）。

A. 利息率提高，使产出增加　B. 利息率提高使产出减少

C. 产出增加，使利息率提高　D. 产出增加；使利息率减少

12. *LM* 曲线上的每一个点都表示使（　　）。

A. 货币供给等于货币需求的收入和利率的组合

B. 货币供给大于货币需求的收入和利率的组合

C. 产品需求等于产品供给的收入和利率的组合

D. 产品需求大于产品供给的收入和利率的组合

13. 在 *LM* 曲线不变的情况下，自发总需求增加会引起（　　）。

A. 国民收入增加，利率上升　B. 国民收入增加，利率下降

C. 国民收入减少，利率上升　D. 国民收入减少，利率下降

14. 一般地说，位于 *LM* 曲线左方的收入和利率组合，都是（　　）。

A. 货币需求大于货币供给的非均衡组合

B. 货币需求等于货币供给的均衡组合

C. 货币需求小于货币供给的非均衡组合

D. 产品需求等于产品供给的非均衡组合

15. 下列项目中，不能使 *LM* 曲线产生位移的是（　　）。

A. 公开市场业务　B. 降低法定准备金

C. 通货膨胀　D. 扩大政府购买

16. 如果利率和收入都能按供求情况自动得到调整，则利率和收入的组合点出现在 *IS* 曲线左下方、*LM* 曲线右下方的区域中时，有可能（　　）。

A. 利率上升，收入减少　B. 利率上升，收入增加

C. 利率上升，收入不变　D. 利率上升，收入无法确定

17. 货币市场和产品市场同时均衡出现在（　　）。

A. 各种收入水平和利率水平上　B. 一种收入水平和利率水平上

C. 各种收入水平和一种利率水平上　D. 一种收入水平和各种利率水平上

18. *IS* 曲线为 $Q=500-2000r$，下列组合中，不在 *IS* 曲线上的是（　　）。

A. $r=0.02$，$Q=450$　B. $r=0.05$，$Q=400$

C. $r=0.07$，$Q=360$　D. $r=0.10$；$Q=300$

（二）简答题

1. 位于 *IS* 曲线左右两边的点各表示什么？

2. 位于 *LM* 曲线以外的点是如何表示货币市场非均衡状态的？

3. *IS* 曲线和 *LM* 曲线的含义是什么？它的斜率为什么为负？为什么 *IS* 曲线的斜率向右下方倾斜，而 *LM* 曲线的斜率向右上方倾斜？

4. 什么是挤出效应？

5. 由 *IS* 曲线和 *LM* 曲线的交点决定的均衡状态是否具有必然性？

6. 怎样理解 IS－LM 模型是凯恩斯主义宏观经济学的核心？

7. *LM* 曲线右上倾斜的假定条件是什么？

8. 为什么政府支出增加会使利率和收入均上升，而中央银行增加货币供给会使收入增加而利率下降？

（三）计算题

1. 假设一个只有家庭和企业的二部门经济中，消费 $c=100+0.8y$，投资 $i=150-6r$，货币供给 $m=150$，货币需求 $L=0.2y-4r$（单位都是亿美元）。

（1）求 *IS* 和 *LM* 曲线；（2）求商品市场和货币市场同时均衡时的利率和收入。

2. 已知某小国在封闭条件下的消费函数为 $C=305+0.8r$，投资函数 $I=395-200r$，货币的需求函数为 $L=0.4Q-1000r$，货币供给 1120。

（1）求出 *IS* 和 *LM* 曲线的方程；（2）计算均衡的国民收入和利息率。

3. 假定经济是由四部门构成，消费函数为 $C=300+0.8DI$，投资函数为 $I=200-1500r$，净出口函数为 $NX=100-0.04Q-500r$，货币需求为 $L=0.5Q+200-2000r$，其政府支出为 $GP=200$，名义货币供给为 $M=750$，价格水平为 $P=1$，试求：

（1）*IS* 曲线；（2）*LM* 曲线；（3）产品市场和货币市场同时均衡时的利率和收入。

4. 设某国的经济状况可由下列各等式描述：$C=100+0.8DI$；$I=2000-1000r$；$MD=Q-10000r$。起初，政府购买为 550，税收为 500，实际货币供给为 900，其中 r 表示利息率，求：（1）*IS* 曲线和 *LM* 曲线的表达式；（2）国民收入水平、利息率、消费和投资各为多少？

5. 假定货币需求函数为 $L=0.2Y-5r$ 和价格水平不变（$P=1$）。

（1）若名义货币供给量为 150，找出货币需求与供给均衡时的 *LM* 曲线；

（2）若名义货币供给量为 200，找出货币需求与供给均衡时的 *LM* 曲线，并与（1）中的 *LM* 曲线比较有什么不同；

（3）对于（2）中这条 *LM* 曲线，若 $r=10$，$Y=1100$，货币需求与供给是否均衡，若非均衡，利率该如何变化。

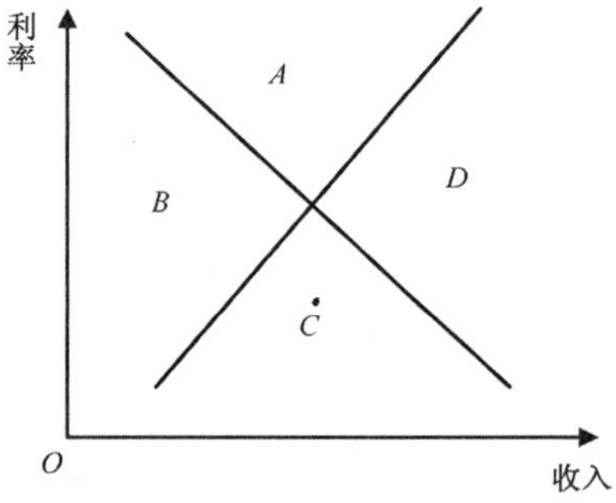

图 14－4

（四）论述题

根据图 14－4 回答如下有关 IS－LM 模型的问题。

（1）在图中标明 *IS* 与 *LM* 曲线各是哪一条。

（2）在 *A*，*B*，*C*，*D* 4 个区域各自表示在商品市场和货币上存在哪种情况的不均衡？

（3）*IS* 与 *LM* 曲线要说明什么问题？为什么要利用这两条曲线来说明？归纳两条曲线的区别。

（4）假定政府购买支出增加 100 亿元，边际消费倾向为 0.8，不存在外贸和税率，*IS* 曲

线和 *LM* 曲线中哪一条会移动？向左还是向右？移动距离是多少？为什么？

二、同步练习题精解

（一）单项选择题

1 C	2 B	3 A	4 A	5 A	6 A	7 A	8 D	9 A	10 A
11 A	12 A	13 A	14 C	15 D	16 B	17 B	18 A		

（二）简答题

1. 答：在 *IS* 曲线以外的点，漏出量与注入量不相等，表示商品市场处于非均衡的状态。在 *IS* 曲线右上方的点，漏出量大于注入量表示商品市场处于总需求小于总供给的状况。这时商品市场自动的调节机制会使得总供给下降，向 *IS* 曲线移动。在 *IS* 曲线左下方的点是漏出量小于注入量的点，表示最终商品市场上的总需求大于总供给，市场自动调节机制将会增加总供给，直到实现均衡，到达 *IS* 曲线为止。

所以，凡是在 *IS* 曲线左边或下边的点，都表示总需求大于总供给，商品市场自动均衡机制会使得这些点向右移动；凡是在 *IS* 曲线右边的点，都表示总需求小于总供给，商品市场自动的均衡机制会导致这些点向左移动，直到实现商品市场的均衡。在不考虑货币市场均衡机制的作用时，这些点都是做水平运动。

2. 答：在 *LM* 曲线以外的点，表示货币市场处于非均衡的状态。凡是在 *LM* 曲线左边或上边的点，都是货币需求小于货币供给的点，货币市场的自动均衡机制会使得这些点向下朝着 *LM* 曲线运动。同样，凡是在 *LM* 曲线右边或下边的点，都是货币需求大于货币供给的点，货币市场的自动均衡机制会使得这些点向上朝着 *LM* 曲线运动。在不考虑商品市场均衡机制作用的前提下，这些点都是做垂直运动。

3. （1）*IS* 曲线描述的是产品市场实现均衡时国民收入和利率之间关系的曲线。*LM* 曲线描述的是货币需求等于货币供给时所有利率 r 和国民收入 Y 之间关系的曲线。

（2）*IS* 曲线向右下方倾斜意味着随着利率（r）的上升，均衡的国民收入（Y）会下降，其内在机制（原因）在于：$r\uparrow\Rightarrow I\downarrow\Rightarrow Y\downarrow$；*LM* 曲线向右上方倾斜意味着随着利率（$r$）的上升，均衡的国民收入（$Y$）会上升，其内在机制（原因）在于：$r\uparrow\Rightarrow L_2\downarrow\Rightarrow L_1\uparrow\Rightarrow Y\uparrow$。

4. 答：政府增加某一数量的公共支出就会减少相应数量的私人投资，从而总需求依然不变。对于挤出效应问题，西方经济学家有两种不同的意见。反对国家干预的经济学家认为，挤出效应是无可否认的。因为公共支出的钱不论来自私人纳税或是私人借贷，如果货币供应量不变或增加很少，则由于公共支出的增加，会造成货币需求压力，迫使利率上升，从而会减少私人投资。因此，挤出效应不会使总需求发生变化。主张国家干预的凯恩斯主义者则认为：（1）公共支出的挤出效应必须根据具体情况进行具体分析。一般来说，只有达到充分就业后才会存在挤出效应。在有效需求不足的条件下，不存在萧条时期公共支出排挤私人投资的问题。（2）影响私人投资的因素，除了利息率水平之外，还有预期利润率因素。

如果增加公共支出能提高预期利润率，那么公共支出对私人投资不是“挤出”，而是“挤入”。另外，即使公共支出影响利润率水平，但由于私人投资者对预期利润率变动的敏感程度大于对利率变动的敏感程度，所以公共支出也不可能“挤出”相等的私人投资。因此，增加公共支出仍然能使总需求增加。

5. 答：是的，因为存在发散的、自发的市场机制。如果产品市场未达均衡，净存货机制会使企业改变当前的生产决策，使生产和需求趋于一致。如果货币市场未达到均衡，公众就会改变当前的金融资产结构（卖出证券或买入证券）。这样就会促使利息率改变，使货币供给和货币需求趋于一致，两个市场的调节互相影响、互相制约。只有当两个市场都实现均衡时，这种均衡调整才会终结。

6. 答：凯恩斯理论的核心是有效需求原理，即国民收入决定于有效需求，而有效需求原理的支柱又是边际消费倾向递减、资本边际效率递减以及心理上的流动偏好这三个心里规律的作用。这三个心里规律涉及四个变量：边际消费倾向、资本边际效率、货币需求和货币供给。在这里，凯恩斯通过利率把货币经济和实物经济联系起来，打破了新古典学怕把实物经济和货币经济分开的两分法，认为货币不是中性的，货币市场上的均衡利率要影响投资和收入，而产品市场上的均衡收入又会影响货币需求和利率，这就是产品市场和货币市场的相互联系和作用。但凯恩斯本人并没有用一种模型把上述四个变量联系在一起。汉森、希克斯这两位经济学家则用 IS－LM 模型把这四个变量放在一起，构成一个产品市场和货币市场之间相互作用如何共同决定国民收入与利率的理论框架，从而使凯恩斯的有效需求理论得到了较为完善的表述。不仅如此，凯恩斯主义的经济政策即财政政策和货币政策的分析，也是围绕 IS－LM 模型而展开的。因此可以说，IS－LM 模型是凯恩斯主义宏观经济学的核心。

7. 答：*LM* 曲线向右上倾斜的假定条件是货币需求随利率上升而减少，随收入上升而增加。如果这些条件成立，则当货币供给既定时，若利率上升，货币投机需求量减少（即人们认为债券价格下降时，购买债券从投机角度看风险变小，因而愿买进债券而减少持币），为保持货币市场上供求平衡，货币交易需求量必须相应增加，而货币交易需求又只有在收入增加时才会增加，于是，较高的利率必须和较高的收入相结合，才能使货币市场均衡。如果这些条件不成立，则 *LM* 曲线不可能向右上倾斜。例如，古典学派认为，人们需要货币，只是为了交易，并不存在投机需求，即货币投机需求为零，在这样情况下，*LM* 曲线就是一条垂直线。反之，凯恩斯认为，当利率下降到足够低的水平时，人们的货币投机需求将是无限大（即认为这时债券价格太高，只会下降，不会再升，从而买债券风险太大，因而人们手头不管有多少货币，都再不愿去买债券），从而进入流动性陷阱，使 *LM* 曲线呈水平状。由于西方学者认为人们对货币的投机需求一般既不可能是零，也不可能是无限大，是介于零和无限大之间，因此，*LM* 曲线一般是向右上倾斜的。

8. 答：政府支出的增加意味着总需求（或总支出）的增加，这将使产量和收入增加，从而增加对货币的交易需求量，在货币供给量不变的条件下（或 *LM* 曲线不变），新增加的货币需求会使利率上升，最终引起投机动机的货币需求的下降来保证货币市场均衡。这个过程，在 IS－LM 曲线上，表现为在 *LM* 曲线不变，*IS* 曲线向右移动，总需求的增加引起收入和利率同时增加。中央银行增加货币供给量，而货币需求不变的话，利率将会下降，从产品市场看，在 *IS* 曲线上，在既定投资函数上，利率的下降会导致投资和国民收入的增加，这

个过程表现为在 *IS* 曲线不变条件下，*LM* 曲线向右移动，并导致利率下降和国民收入上升。

（三）计算题

1. **解：**

（1）*IS* 曲线：$y=c+i=100+0.8y+150-6r$，

$y = 1250 - 30r$，　　　　（1）

LM 曲线：令 $m=L$，　$150=0.2y-4r$，

$y = 750 + 20r$。　　　　（2）

（2）解联立方程（1）、（2），得 $ye=950$，$re=10$。

2.（1）*IS*：$Q=3500-1000r$，*LM*：$Q=2800+2500r$；

（2）*IS* 和 *LM* 模型联立，得 $NI=3300$，$r=20\%$。

3.（1）$Q=10000/3-25000/3r$；

（2）$Q=1100+4000r$；

（3）$r=18.11\%$，$Q=1824.4$。

4.（1）$Q=11250-5000r$；

（2）$Q=900+10000r$；

（3）$Q=7800$，$r=69\%$，$C=5940$，$I=1310$。

5. **解：**（1）在价格水平不变 $P=1$ 时，若已知货币需求函数为 $L=0.2Y-5r$ 和名义货币供给量为 150，则 *LM* 曲线为：$0.2Y-5r=150$ 即 $r=-30+Y/25Y$。

（2）若名义货币供给量为 200，同样根据（1）中所用的方法可得货币需求与货币供给均衡时的 *LM* 曲线为：$0.2Y-5r=200$　即 $r=-40+Y/25$ 与（1）中 *LM* 曲线 $r=-30+Y/25$ 相比会发觉，（2）的 *LM* 曲线位于（1）的 *LM* 曲线的右下方，且两者平行，这说明货币供给增加会引致 *LM* 曲线向右下平行移动。

（3）当 $r=10$，$Y=1100$ 时，货币需求量为 $L=0.2\times1100-5\times10=170$，对于（2）中 *LM* 曲线来讲，货币供给 200，此时货币需求小于货币供给，处于非均衡状态，存在利率下降的压力。

（四）论述题

答：（1）如图 14－5 所示：

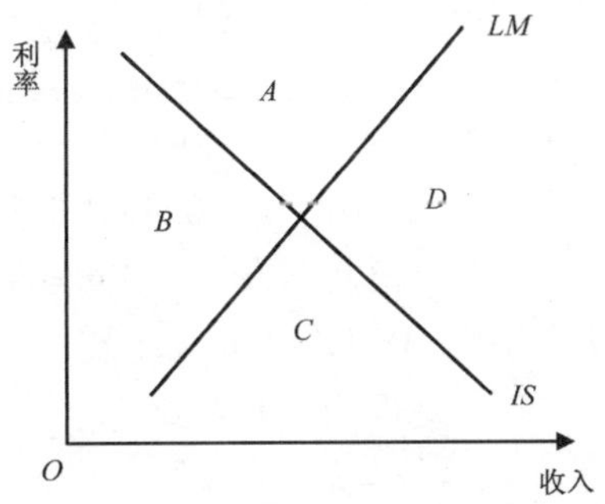

图 14－5

（2）*A* 区域是表示在产品市场上有过度产品供给，在货币市场上有过度的货币供给；*B* 区域表示在产品市场上有过度产品需求，在货币市场上有过度的货币供给；*C* 区域表示在产品市场上有过度的产品需求，而在货币市场上有过度的货币需求；*D* 区域表示在产品市场上有过度产品供给，而在货币市场上有过度的货币需求。

（3）*IS* 曲线是描述商品市场达到均衡，即 $I=S$ 时，国民收入与利息率之间存在着反向变动关系的曲线。*LM* 曲线是描述货币市场达到均衡，即 $L=M$ 时，国民收入和利息率之间存在着通向变动的曲线。*IS*、*LM* 曲线分别表示产品市场和货币市场均衡。

（4）当政府购买支出增加 100 亿元，边际消费倾向为 0.8 时，*IS* 曲线就会向右移，*LM* 曲线不变，均衡收入增加 500 亿元。因为政府增加支出，将产生增加就业率，提高国民生产总值等一系列扩张性财政政策效果，而这一效果的直接结果就是使均衡的国民收入增加。在不考虑外贸和税收的情况下，投资乘数等于边际储蓄倾向的倒数。当 *IS* 曲线垂直于收入轴时，投资乘数等于零。

相关考研题解析

一、名词解释：凯恩斯极端。（中央财经大学 2005 年考研题）

详解：

凯恩斯极端是指凯恩斯主义的一种极端情况。如果 *LM* 越平坦，或 *IS* 越陡峭，则财政政策效果越大，货币政策效果越小，如果出现一种 *IS* 曲线为垂直线而 *LM* 曲线为水平线的情况，则财政政策将十分有效，而货币政策将完全无效。这种情况被称为凯恩斯主义的极端情况。如图 14－6 所示。

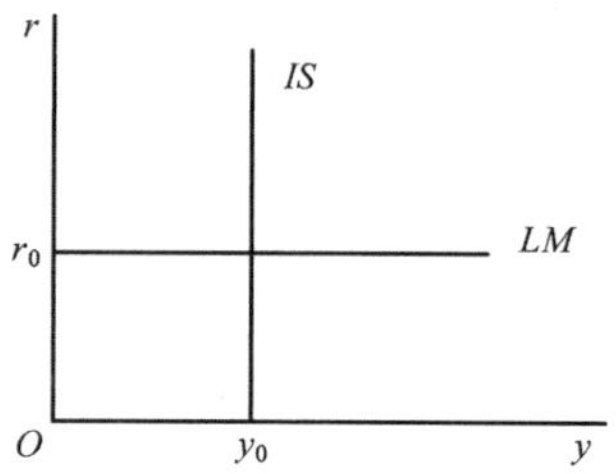

图 14－6

二、已知某国的投资函数为 $I=300-100r$，储蓄函数为 $S=-200+0.2Y$，货币需求为 $L=0.4Y-50r$，该国的货币供给量 $M=250$，价格总水平 $P=1$。

（1）写出 *IS* 和 *LM* 曲线方程；

（2）计算均衡的国民收入和利息率；

（3）在其他条件不变情况下，政府购买增加 100，均衡国民收入增加多少？（中央财经大学 2007 年考研题）

详解：

（1）*IS* 曲线：$300-100r=-200+0.2Y$；

LM 曲线：$0.4Y-50r=250$。

（2）求解：$300-100r=-200+0.2Y$，

$0.4Y-50r=250$，

得到：$Y=1000$，

$r=3$。

（3）$C=100$，则 *IS*－*LM* 方程为

$100+300-100r=-200+0.2Y$，

$0.4Y-50r=250$，

解得：$Y=1100$，因此，国民收入增加 100。

15 第十五章 财政政策

内容导读

宏观经济政策的三个目标：实现充分就业、消除通货膨胀和促进经济稳定增长。财政政策的三大组成：财政支出、政府税收和公债制度。

本章在前一章 IS－LM 模型的基础上，研究如何运用财政政策，特别是相机抉择的财政政策实现宏观经济政策的目标。

本章要点梳理

一、宏观经济政策的目标

政府的宏观经济政策目标有四个方面：实现充分就业、消除通货膨胀、促进经济增长和保持国际收支平衡。其中实现充分就业是政府宏观经济政策的首要目标。所谓充分就业就是消除了非自愿失业时社会的就业状况。在经济的衰退与危机中，不仅劳动资源闲置，而且大量生产资料也被闲置起来。因此，充分就业往往不仅是指让有劳动能力而且愿意参加工作的人员都找到工作，同时也是指让闲置的生产能力投入使用，用于财富的生产。消除通货膨胀是宏观经济政策的另一个重要目标。持续的物价上涨，使人们的实际收入下降，同时国民收入发生因价格变动引起的再分配，在这种分配中，最主要的受害者是领取固定收入的人员。促进经济稳定增长是宏观经济政策的第三个目标。经济增长是社会财富增加的表现，因此，经济增长是改善人民生活、增强国家经济实力的基本途径。保持国际收支平衡是宏观经济合理运行的又一要求。在开放的经济中，一国的对外贸易和资本在国内外之间的流动直接影响着国内总需求和投资资金的来源。因此，保持国际收支平衡也是实现国内宏观经济健康发展的必要条件。

二、财政政策

财政体系就是财政政策得以贯彻的基本环境。总的来看，政府财政基本可以分为财政支出、政府税收、公债三个方面。财政政策就是利用财政这一分配手段，通过对财政收入和支出的水平、方式进行选择，实现对宏观经济变量的影响，达到调控宏观经济的目的。

三、自动的财政政策

所谓自动财政政策主要是由于具体的税收和转移支付制度造成的，它具有自动稳定经济的功能。在经济不景气的时候，由于税收自动减少，政府转移支付增加，从而内生地产生了一种刺激经济的作用。当经济增长过快，出现通货膨胀时，税收增加、转移支付减少、从而有效地抑制了经济的过快增长。

构成自动的财政政策的经济机制主要有三个方面：累进所得税制度、失业补助和其他缓解贫困的支出。在一些发达国家，如美国的农产品价格维持制度，也以类似于失业保障支出的机制起着稳定经济的作用。

经济的衰退一般总是引起财政赤字。凯恩斯主义理论认为，政府应致力于消除经济周期，实现经济健康成长，因此，在经济衰退时出现财政赤字并不是坏事，它可以减轻经济衰退的程度。相反，在通货膨胀和经济扩张时期，税收的自动变动也会抑制过度的总需求，防止过度的通货膨胀。

但是，在经济健康增长时自动的财政政策也会使税收提高，对经济起到抑制作用，西方经济学家把这种现象称为财政拖累。

四、相机抉择的财政政策

仅靠财政体系中内在的稳定器不足以保持经济稳定，不能实现既没有失业又没有通货膨胀的经济增长。政府必须主动采取措施，运用财政支出与税收等手段，扩大或减少总需求，促进经济的健康发展。

扩张性财政政策就是国民收入的均衡水平低于充分就业时，通过减税和增加政府开支来提高有效需求，易于造成财政赤字。一般来说，用减税来增加总支出，会形成比直接增加政府开支更大的赤字。

紧缩性财政政策就是在国民收入的均衡水平高于充分就业时，通过增税或减少政府开支，降低有效需求，从而实现一种没有失业也没有通货膨胀的状态。紧缩性财政政策倾向于造成财政的盈余，一般来说，增税会得到更多的盈余。

五、充分就业的财政赤字（或盈余）

充分就业的财政赤字（或盈余）是指经济在充分就业状态时存在的赤字（或盈余）。弄清楚这个概念有助于理解实际中的赤字问题，从而有效地运用政策。所谓年平衡预算是指在出现赤字时，政府应当减少税收，弥补赤字；反之，出现盈余时，政府应减税并增加支出，减少盈余。凯恩斯主义认为，税收的减少往往是由于经济衰退、失业增加造成的，这时为平衡预算而提高税收、减少支出，必然加剧经济恶化，反之亦然，年平衡预算只会加剧经济的波动。所以，财政政策不能以年平衡预算为目标，而是要以熨平经济波动为目标。当实现这一目标时，需要有赤字就必须让赤字出现，需要有盈余也必须保持盈余。

凯恩斯主义的理财思想导致了战后主要资本主义国家的财政赤字不断增长。后来新凯恩斯主义者认为，财政赤字只能是暂时的和短期的，长期存在财政赤字将严重损害经济。

六、政府债务的挤出效应

政府债务的挤出效应是指政府在弥补赤字时，发行债券必然提高资金的需求，从而提高了市场利息率，利息率的提高会挤出一部分私人投资。财政赤字货币化是指政府发行的债券被中央银行在二级市场上买入之后，与财政赤字相应的货币数量就被投放到市场上，此时财政赤字就被货币化了。这时由于证券市场上的债券总量不变，所以不会发生“挤出效应”。

本章知识脉络图

- 财政政策
  - 宏观经济政策目标
    - 实现充分就业
    - 消除通货膨胀
    - 促进经济增长
    - 保持国际收支平衡
  - 财政政策
    - 财政体系的基本结构
    - 自动的财政政策
    - 相机抉择的财政政策

本章名词详解

◆ **财政政策**：财政政策是指通过政府的财政收支变动来改善经济状况，以达到其理想的宏观经济指标的一系列活动，包括收集信息、分析、决策以及实施和监督等一系列政府及其机构的活动。

◆ **相机抉择的财政政策**：所谓相机抉择的财政政策就是指政府根据对经济情况的判断而做出财政收支调整的财政政策。

◆ **扩张性财政政策**：在国民收入的均衡水平低于充分就业时，通过减税和增加政府开支来提高有效需求，消除失业，这称之为扩张性的财政政策。

◆ **紧缩性财政政策**：在国民收入均衡水平高于充分就业时，增税或减少政府开支，降低有效需求，这称之为紧缩性财政政策。

◆ **政府债券的挤出效应**：当政府靠发行债务弥补赤字时，必然形成在资本市场上与私人部门争夺资金的状况。大量政府债券投入市场，提高了对资金的需求，从而提高了市场利息率。利息率的提高抑制了一部分私人投资，或者说挤掉了一部分私人投资。

同步练习与精解

一、同步练习题

（一）单项选择题

1. 要消除通货紧缩缺口，政府应该（　　）。

A. 增加公共工程支出　　B. 减少福利支出
C. 增加税收　　D. 以上都不对

2. 宏观经济政策的目标是（　　）。

A. 充分就业和物价稳定
B. 物价稳定和经济增长
C. 同时实现充分就业、物价稳定、经济增长和国际收支平衡
D. 充分就业和公平

3. 当经济中存在失业时，应该采取的财政政策工具是（　　）。

A. 增加政府支出　　B. 提高个人所得税
C. 提高公司所得税　　D. 增加货币发行量

4. 扩张性财政政策对经济的影响是（　　）。

A. 缓和了经济萧条但增加了政府的债务
B. 缓和了萧条也减轻了政府债务
C. 加剧了通货膨胀但减轻了政府债务
D. 缓和了通货膨胀但加剧了政府债务

5. 在经济过热时，政府应该（　　）。

A. 减少政府财政支出　　B. 增加财政支出
C. 增加财政支出和收购政府债券　　D. 减少税收

6. 假定挤出效应为零，边际消费倾向为 80%，政府增加 100 万美元支出使国民收入增加（　　）。

A. 500 万美元　　B. 80 万美元
C. 400 万美元　　D. 100 万美元

7. 假定挤出效应为零，边际消费倾向等于 80%，政府同时增加 100 万美元的支出和税收将使国民收入（　　）。

A. 保持不变　　B. 增加 100 万美元

C. 减少 100 万美元　　D. 增加 500 万美元

8. 为了刺激经济，政府决定增拨 10 亿美元来修筑机场，在国民收入形成新的均衡的时候（　　）。

A. 政府支出与国民收入等增加了 10 亿美元

B. 政府支出的增加大于 10 亿美元，消费支出增加 10 亿美元

C. 政府支出增加 10 以美元，消费支出的增加大于 10 亿美元

D. 政府支出和消费支出的增加都大于 10 亿美元

9. 下列消费者的行为中，有助于经济的稳定，即消费支出的变化的是（　　）。

A. 远远慢于可支配收入的变化　　B. 与可支配收入的变化保持一定的比例

C. 远远快于可支配收入的变化　　D. 不发生变化

10. 下列情形中，属于引起均衡国民收入下降原因的是（　　）。

A. 政府决定修建一条高速公路　　B. 政府决定降低个人所得税

C. 企业投资增加　　D. 政府税收增加

11. 扩张性财政政策对经济的影响是（　　）。

A. 缓和了经济萧条但增加了政府债务

B. 缓和了通货膨胀但增加了政府债务

C. 加剧了经济萧条但减少了政府债务

D. 加剧了通货膨胀但减少了政府债务

12. 已知某个国家的预算是平衡的，国民收入还未达到充分就业的水平。在政府支出和税率不变的条件下，如果私人投资增加，那么在国民收入形成新的均衡的时候（　　）。

A. 政府财政收支平衡　　B. 出现财政赤字

C. 出现财政盈余　　D. 以上都不对

13. 如果政府的债务主要是外部债务，即政府债券掌握在外国人手里，那么政府承受的货币负担是（　　）。

A. 通过征税偿还债务　　B. 货币供给量减少

C. 货币国民生产总值下降　　D. 名义国民生产总值下降

14. 以下关于财政政策论述正确的是（　　）。

A. 财政政策具有“自动稳定器”的功能

B. 如果实际 GDP 大于潜在 GDP，则应该实施扩张性财政政策

C. 平衡预算的财政政策总是逆着经济风向行事

D. 以上三种情况都是正确的

15. 凯恩斯主义认为财政政策的主要目标是（　　）。

A. 实现财政收支平衡

B. 实现充分就业

C. 尽量增加政府税收，增加政府预算盈余

D. 合理安排政府支出，使之效益最大

16. 政府的财政收入政策通过（　　）对国民收入产生影响。

A. 政府转移支付
B. 消费支出
C. 政府购买
D. 出口

17. 财政政策具有“自动稳定器”的功能与（　　）因素相关。
A. 累进税率和转移支付
B. 预算赤字
C. 投资乘数
D. 国际收支平衡

18. 当政府税收或转移支出有一定变化时，消费将（　　）。
A. 变化相等的数量
B. 保持稳定不变，如果可支配收入不变
C. 只有较少变化
D. 比税收或转移支付有更大程度的变化

19. 要刺激经济繁荣，政府可选择（　　）。
A. 增加税收
B. 做到政府收支平衡
C. 提高法定准备金率
D. 买进政府债券

20. 在未达到充分就业时，下列情况中不会引起收入水平上升的是（　　）。
A. 增加自主性支出
B. 减少自主性税收
C. 增加净税收
D. 增加政府支出

21. （　　）在经济中不具有内在稳定器的作用。
A. 累进税率制
B. 政府开支直接随国民收入水平变动
C. 社会保障支出和失业保险
D. 农产品维持价格

22. 财政政策的“挤出效应”比较大的是（　　）。
A. 货币需求对利率比较敏感，私人部门支出对利率不敏感
B. 货币需求对利率比较敏感，私人部门支出对利率也敏感
C. 货币需求对利率不敏感，私人部门支出对利率不敏感
D. 货币需求对利率不敏感，私人部门支出对利率敏感

23. 包含自动稳定器的政府预算（　　）。
A. 比不包含自动稳定器的政府预算能使经济有更大的波动
B. 将减轻经济中的波动
C. 对经济中的波动没有影响
D. 以上说法均不正确

24. 公司所得税是对（　　）征收的税。
A. 支付给股东的股利
B. 公司销售额
C. 公司资产
D. 股利加未分配利润

25. 政府的财政收入政策通过（　　）对国民收入产生影响。
A. 政府转移支付
B. 政府购买
C. 消费支出
D. 出口

26. 自动稳定器的功能（　　）。

A. 旨在缓解周期性的波动　　B. 旨在稳定收入，刺激价格波动
C. 旨在保持经济的充分稳定　　D. 推迟经济的衰退

27. 财政政策是指（　　）。
A. 政府管理价格的手段
B. 周期性变动的预算
C. 为使政府收支相抵的手段
D. 利用税收、支出和债务管理等政策来实现宏观经济目标

（二）简答题

1. 简述财政支出的主要内容。
2. 什么是自动的财政政策？它在经济运行中能起到怎样的作用？
3. 平衡预算的财政思想和相机抉择财政思想的区别是什么？
4. 财政政策的具体内容是什么？
5. 简述财政政策的挤出效应，并说明有哪些因素可以影响它。
6. 简述政府公债对国民经济的影响。
7. 试说明财政政策效果与 *IS* 和 *LM* 曲线的斜率的关系。
8. 用 IS－LM 模型说明为什么凯恩斯主义者强调积极的财政政策。
9. 试述财政的乘数效应，说明为什么会产生乘数效应。
10. 政府削减税收，在运用货币政策保持利率不变与货币存量不变这两种情况下减税的经济后果有什么区别？
11. 为什么边际消费倾向越大，边际税率越小，财政政策效果越小。
12. 政府购买和转移支付这两项中哪一项随经济周期波动得更厉害些？朝哪个方向波动？
13. 假定经济起初处于充分就业状态，现在政府要改变总需求构成，增加私人投资而减少消费支出，但不改变总需求水平，试问应当实行一种什么样的混合政策？并用 IS－LM 图形表示这一政策建议。
14. 宏观经济政策的目标是什么？为达到这些目标可采用的政策工具有哪些？
15. 你认为政府应该努力稳定经济么？
16. 简述宏观财政政策的主要工具及具体操作。

（三）计算题

1. 假设经济中有如下关系：

消费函数：$C = 100 + 0.8Y_D$，

投资：$I = 50$，

政府支出：$G = 200$，

转移支付：$TR = 62.5$，

税率：$t = 0.25$。

（1）求均衡收入；

（2）求预算盈余 BS；

（3）若投资增加大 $I=100$ 时，预算盈余有何变化？为什么会发生这一变化？

（4）若充分就业收入 $Y^*=1200$，当投资分别是 50 和 100 时，试问充分就业的预算盈余 BS^* 是多少？

（5）若投资为 50，政府支出为 250，而充分就业的国民收入仍为 1200，试问充分就业的预算 BS^* 为多少？

（6）以本题为例说明为什么要用 BS^* 而不用 BS 去衡量财政政策的方向？

2. 假定货币需求为 $L=0.2Q$，货币供给为 $M=200$，消费 $C=90+0.8DI$，税收 $NT=50$，投资 $I=140-5r$，政府支出 $GP=50$，求：

（1）均衡收入、利率和投资；

（2）若其他情况不变，政府支出增加 20，那么收入、利率和投资有什么变化？

（3）是否存在“挤出效应”？

（四）论述题

1. 结合我国实际，以经济发展的 4 个目标为基础分析应该如何发展一个国家的经济。

2. 作图说明执行财政政策时的挤出效应及财政政策失效的条件和原因。

二、同步练习题精解

（一）单项选择题

1 A	2 C	3 A	4 A	5 A	6 A	7 B	8 C	9 A	10 D
11 A	12 C	13 A	14 A	15 B	16 C	17 A	18 B	19 D	20 C
21 B	22 B	23 B	24 D	25 C	26 A	27 D			

（二）简答题

1. 答：财政支出的内容主要有：（1）国防与安全支出。（2）社会福利支出。（3）卫生教育支出。（4）建设与环保支出。（5）科研支出。（6）农业补贴支出。（7）债务利息支出。（8）国际事务支出（包括外援等）。

2. 答：自动的财政政策也称“内在稳定器”，是指某些财政制度对需求起着自动调节的作用，因而具有自动稳定经济的功能。它是指经济系统本身存在的一种会减少各种干扰对国民收入冲击的机制，能够在经济繁荣时期自动抑制通货膨胀，在经济衰退时期自动减轻萧条，无须政府采取任何行动。

内在稳定器包括：（1）累进的个人与公司所得税；（2）失业津贴与福利费的发放；（3）农产品维持价格；（4）公司和个人的储蓄。

3. 答：平衡预算的财政思想指的是保持财政支出与收入的平衡，使财政不存在盈余，但也不存在赤字。如年平衡预算，它是一种量入为出的经济政策，在经济繁荣时期选择增加支出、减税等政策来消除增加的盈余，在经济萧条时期则通过增税和减少支出来消除赤字。

很明显，这种政策会加剧经济的波动。除了年平衡预算外，还有周期平衡预算，即在经济繁荣时期采用财政盈余措施，在萧条时期采取预算赤字政策，以前者的盈余弥补后者的赤字，以求整个经济周期盈亏相抵、预算盈余为零的平衡预算；另外，还有充分就业平衡预算，即政府始终财政赤字保持在充分就业的水平。这三种平衡预算思想的本质都是机械追求收支平衡。相机抉择则是一种积极的补偿性财政政策。它的目的是为了实现经济的稳定，而不是单单追求财政的平衡。如在经济过度繁荣，出现通货膨胀时，政府采取增税和减少支出的办法来抑制经济的增长；当出现大量失业时，政府会减税和增加政府开支来刺激经济，增加就业机会。平衡预算思想和相机抉择思想的区别在于前者强调财政收支的平衡，而后者则不强调这一点。当然，政府会运用财政预算的平衡、盈余、赤字等手段，但这样做的目的主要是为了追求无通货膨胀的充分就业以及经济的稳定。

4. 答：财政政策是指通过政府的财政收支变动来改善经济状况，以达到其理想的宏观经济指标的一系列活动，包括收集信息、分析、决策以及实施和监督等一系列政府及其机构的活动。

总的来说，政府财政基本可以分为财政支出、政府税收和公债三个方面。

财政支出的主要内容有：(1) 国防与安全支出。(2) 社会福利支出。(3) 卫生教育支出。(4) 建设与环保支出。(5) 科研支出。(6) 农业补贴支出。(7) 债务利息支出。(8) 国际事务支出（包括外援等）。

政府税收是财政收入的主要来源，它是政府凭借政权，以强制手段占有的一部分国民收入。税收按不同的标准可以进行不同的分类，如根据收入与税率的关系，税收可分为三类：累退税、累进税、比例税。

公债是政府的债务，包括中央和地方政府的债务，其中，中央的债务被称为国债。根据期限的长短，公债可分为短期（一年以下）、中期（一至五年）和长期（五年以上）。在市场经济中，公债一方面是财政的收入来源，另一方面也影响着货币市场和资本市场，所以，它又是货币政策得以实现的载体之一。

5. 答：财政政策的挤出效应，即在政府支出增加时，会引起利率的提高，这样会减少私人支出。所以原财政政策的效果被抵消掉一部分，甚至可能完全不起作用。

财政政策挤出效应的大小取决于多种因素。在充分就业时，挤出效应最大，接近于1；在没有实现充分就业时，挤出效应取决于政府开支引起利率上升的大小，此时挤出效应一般在0~1之间。一般来说，从 *LM*、*IS* 曲线的斜率也可以判断挤出效应的大小。

6. 答：公债对国民经济的影响有：①有利于政府筹集资金，增加政府支出。②发行公债可以减少货币供给，遏制通货膨胀。③偿还公债可以增加货币供给，降低利率，刺激经济增长等。

7. 答：财政效果是指税收或政府支出对国民经济的影响。如增加政府支出，减少税收，这种扩张性政策会在多大程度上影响利率的变化，如果利率对政府扩张政策的反应较大，也就是说，利率会有较大的提高，则财政政策的作用就会小很多，甚至失效。而对利率的影响可从 *LM* 曲线的斜率 r 反映出来，r 越小，*LM* 越陡，则扩张性财政政策会带来利率的较大提高，从而削弱政策的效果。另外，财政政策的效果还指利率的提高会造成多大的“挤出效应”。如果投资对利率的变化很敏感，“挤出效应”就较大，从而财政政策的作用就会减弱。这种敏感程度可用投资的利率系数 d 来表示。d 的大小可以通过 *IS* 曲线的斜率表示出来。d 较大，*IS* 曲线较平缓，财政政策效果就会较小，反之，则较大。

8. 答：凯恩斯认为，当利率降到很低的水平的时候，会出现“灵活偏好陷阱”即在利率很低的时候，持有货币的利息损失会很小，可是如果把货币投到证券市场的话，由于债券价格异常高（债券价格与利率成反比），因而此时债券价格只会跌不会涨，所以购买债券造成损失的风险很大。这时即使有闲置的货币也不会去购买债券，而以现金持有，货币的投资需求变得无限大。从图上表现出 *LM* 曲线呈水平状。如果政府增加支出，*IS* 曲线右移，货币需求增加，可以使国民产出提高。而此时如果政府增加货币供应量，则不可能使利率进一步下降，由于人们再也不肯去用多余的货币购买债券而宁愿让货币留在手中，因此债券价格不会上升，投资债券仍没有任何回报。既然如此，想通过增加货币供给不会使利率下降并增加投资和国民收入，这不可能，因此货币政策无效。

9. 答：财政政策乘数主要是一种投资乘数，即政府开支的变化引起的国民收入若干倍的变化。之所以会产生乘数效应，是因为各个经济部门之间是相互关联的。某一部门的投资不仅会增加本部门的收入，而且会在国民经济各部门中引起连锁反应，从而使其他部门的投资与收入也相应地增加，最终使国民收入成倍的增长。但产生乘数效应必须具备以下几个条件：在消费函数或储蓄函数既定的情况下，一定的投资可以引起收入的某种程度的增加；要有一定的劳动力在投资增加后能够利用；要有一定的存货可以作为资本投入生产。

10. 答：假定经济处于中间区域，政府减税使 *IS* 曲线右移，利率上升，收入增加。若政府在减税的同时增加一定的货币供给量，使得利率不变，*LM* 曲线便右移，使收入进一步增加。可见前者增加的收入比前者多，因为它克服了扩张性财政政策的“挤出效应”。

11. 答：边际消费倾向越大，边际税率越小，投资支出乘数就越大，因此，当扩张财政使利率上升并挤出私人部门投资时，国民收入减少得越多，即“挤出效应”越大，因而财政政策效果越小，在 IS－LM 模型中，边际消费倾向越大，边际税率越小，IS 曲线就越平缓，这时财政政策效果就越好。

12. 答：政府为减少经济波动往往运用财政政策作总需求管理。政府购买金额政府转移支付都会对经济周期作出反应。其中转移支付随经济波动更厉害些，并朝反周期方向波动，因为经济衰退时，失业津贴、贫困救济、农产品价格补贴等支出会自动增加；而经济繁荣时，这些支出会自动减少、而政府购买则变动较少，因为国防费、教育经费以及政府行政性开支等有一定刚性，不可能随经济周期波动很大。

13. 答：如果社会已是充分就业，为了保护充分就业水平的国民收入不变，增加私人部门的投资，可采用扩大货币供给和增加税收的货币政策和财政政策的组合。前者可使 *LM* 向右移动，导致利率 r 下降，以增加私人部门对利率具有敏感性的投资支出和国民收入。为了保持总需求水平不变，抵消国民收入增加超过潜在国民收入的状况，政府应配合以增加税收的紧缩性的财政政策，因为当增加税收时，人们可支配收入会减少，从而消费支出相应减少，这使 *IS* 曲线左移，使总需求下降，从而使国民收入水平下降。政府税收增加的幅度以国民收入正好回到潜在的国民收入为限，见本系列教材与此内容对应的图示。图中 Y_1 为充分就业的国民收入，政府增加货币供给使 LM_1 移至 LM_2，利率由 r_1 降至 r_2，与此同时，政府采用紧缩性财政政策使 IS_1 左移至 IS_2，国民收入维持在 Y_1 水平。在上述行为中，私人投资增加了，而私人消费相应下降了。

14. 答：一般来说，各国政府公认的宏观经济政策的目标有 4 个：充分就业、物价稳定、经济增长和国际收支平衡。应该说，如果不分主次地强调要同时实现上述 4 个宏观经济目标是有一定难度的，这些目标之间有时会存在一定的矛盾，这时就必须找到处理的方法。在任何时候，充分就业总是政府首先要确定的重点目标，其他目标都应该与充分就业目标保持一致。如物价稳定并不是物价不变动，而是要在经济实现充分就业条件下，使物价水平保持相对的稳定，同时经济增长也是在充分就业条件下的稳定高速增长。当国际收支和汇率政策与充分就业目标出现不一致时，保持国际收支平衡和保持汇率的相对稳定性就需要与充分就业目标保持一致，必要时可以通过调整汇率来帮助实现国内经济的充分就业。这就要求政府在指定政策时以充分就业为其重点的政策目标，当其他政策目标与充分就业目标发生矛盾时，都应该主动为实现经济的充分就业而做出相应的调整。围绕着充分就业目标而提出的宏观经济政策主要有财政政策、货币政策、收入政策和汇率政策。

15. 答：一国政府宏观调控的目标主要包括四个方面：充分就业、价格稳定、经济持续均衡地增长及国际收支平衡。在这 4 个目标中都没有直接涉及经济稳定，但是却都与经济的稳定有关，可以说没有经济稳定也就没有上述 4 个目标的实现。因此，政府应该努力稳定经济，从而为这 4 个目标的实现奠定坚实的基础。

（1）经济稳定与充分就业。一国政府之所以要保证充分就业，其原因无外乎就是要保证该国的经济稳定，如果整个社会存在大量的失业，社会就必然不稳定，而不稳定的社会也就必然带来不稳定的经济。人们的收入水平由于长期失业的存在非常低，消费自然受到限制，而那些正在就业的人员，由于未来收入的不确定性，也必然增加储蓄，减少消费，以避免未来可能出现的剧烈变动，这样做的结果将使整个经济处于不稳定的状态，极有可能出现经济危机。

而一国经济的稳定又与该国的充分就业密切相关，如果没有经济的稳定，经济处于严重的衰退或者严重的通货膨胀之中，那么一国的充分就业目标也不会出现或持久，所以保证经济的稳定对实现充分就业非常重要。

（2）经济稳定与价格稳定。一国另外一个重要的宏观政策目标是价格稳定，价格的不稳定，出现严重的通货膨胀或者严重的通货紧缩，都将使经济处于不稳定状态，而不稳定的经济又将激化这种危机。例如，在通货膨胀情况下，由于此时供不应求，导致了货币的急速贬值，社会经济出现了动荡，而动荡的经济又使人们对未来的预期恶化，认为货币的购买力仍然会持续下降，并进一步刺激经济的过热，导致更为严重的通货膨胀。

（3）经济稳定与经济持续均衡地增长。很明显，如果一国经济希望能够持续地增长，就必须保持经济的稳定，没有经济的稳定，经济的持续增长也就没有了“赖以生存”的环境了。例如，如果经济处于动荡中，人们对未来的预期将会发生变化，这种变化将会改变原本非常健康合理的经济预期，经济的波动也就不可避免，而波动的经济又会进一步影响人们的预期，从而导致经济的进一步动荡。

(4) 经济稳定与国际收支平衡。随着世界经济的一体化，越来越多的国家紧密地联系在一起。各国经济已经可以通过国际收支这个重要的渠道来传递经济，一国的繁荣可以通过国际收支的方式传导到另外一个国家，也可以通过国际收支的方式将自己的衰退转嫁给其他国家。因此保证国际收支的平衡，从而尽量减少国际收支对一国国内经济的影响，已经成为很多国家重要的宏观经济目标。

如果一国经济出现了不稳定，即出现了剧烈的波动，这种波动将会很快地反映在国际收支上。剧烈的经济增长，将会导致国际收支的严重逆差；剧烈的经济衰退，将会导致国际收支顺差，国际收支产生的巨大变化，必然会通过乘数的方式影响国内经济，从而放大国内经济的变动幅度，使国内经济的不稳定进一步扩大。

综上所述，一国政府需要努力稳定经济，使经济处于一种稳定状态，这种稳定状态将为宏观经济的调整创造重要的环境条件，为宏观政策目标的实现奠定坚实的基础。

16. 答：(1) 税率：主要做法是在经济萧条时，政府降低税率，使个人和企业的可支配收入增加，消费与投资增加，总需求与国民收入扩张，消除衰退；在通货膨胀严重时政府提高税率，使个人和企业的可支配收入减少，消费与投资减少，总需求与国民收入收缩，消除通货膨胀。(2) 政府购买：具体做法是在经济萧条时，政府增加政府购买，消费与投资增加，总需求与国民收入扩张，消除衰退；在通货膨胀严重时政府减少政府购买，消费与投资减少，总需求与国民收入收缩，消除通货膨胀。(3) 转移支付：具体做法是在经济萧条时，政府增加转移支付，使个人和企业的可支配收入增加，消费与投资增加，总需求与国民收入扩张，消除衰退；在通货膨胀严重时政府减少转移支付，使个人和企业的可支配收入减少，消费与投资减少，总需求与国民收入收缩，消除通货膨胀。

(三) 计算题

1. (1) 由 $Y = C + I + G, C = 100 + 0.8Y_D, Y_D = Y(1 - t) + TR$,

将 $I = 50G = 200TR = 62.5t = 0.25$ 代入得：$Y^* = 120$，

均衡国民收入：$Y = \dfrac{100 + 0.8TR + I + G}{0.2 + 0.8t} = \dfrac{100 + 0.8 \times 62.5 + 50 + 200}{0.2 + 0.8 \times 0.25} = 1000$。

(2) 预算盈余 $BS = tY - TR - G = -12.5$。

(3) 当 I 增加到 100 时均衡收入 $\dfrac{Y = a + bTR + I + G}{1 - b(1 - t)} = \dfrac{450}{0.4} = 1125$,

这时预算盈余 $BS = 0.25 \times 1125 - 200 - 62.5 = 18.75$。

(4) 若充分就业收入 $Y^* = 1200$，当 $I = 50$ 时，充分就业预算盈余

$BS^* = tY - TR - G = 37.5$,

当 $I = 100$ 时充分就业盈余 BS^* 没有变化，依然等于 37.5。

(5) 如果 $I = 50$，$G = 250$，$Y^* = 1200$，则 $BS^* = tY^* - TR - G = -12.5$。

(6) 导致实际预算盈余发生变化的原因既可有财政政策的变动，也可以有实际收入变动。由 (2) 和 (3) 可以看出，虽然政府并未改变税率和支出水平，但由于收入的增加，

实际预算盈余 BS 也增加了。因而用实际预算盈余衡量财政方向是不行的。充分就业预算盈余 BS^* 将收入水平固定在充分就业的收入水平上，从而消除了收入水平周期性波动对预算的影响，因而可以准确反映财政政策的方向。另外，使用充分就业盈余衡量财政政策方向，还可以使政策制定者充分注重就业问题，以充分就业为目标确定预算规模，从而确定财政政策。

2. (1) $NI=1000$，$r=8$，$I=100$；

(2) $NI=1000$，$r=12$，$I=80$；

(3) 此时存在完全的挤出。

（四）论述题

1. 答：经济发展的四个目标为：充分就业、物价稳定、经济增长和国际收支平衡。结合我国具体的国情进行论述。

2. 答：所谓挤出效应是指，当政府执行扩张性财政政策时，有效需求的增加使 IS 曲线向右移动，在货币供给量不变的条件下会引起利率上升，使私人部门的耐用消费品购买和投资因利率的升高而减少，这意味着政府的支出挤出了民间的支出。政府的本意是通过增加支出来增加社会中的有效需求，但政府支出的增加却部分或完全挤出了民间支出，从而减弱了财政扩张的挤出效应。如图 15－1 所示，当政府执行扩张性财政政策时，有效需求的增加推动 IS 曲线向右移动，从 IS_1 右移到 IS_2。从图中可以看到，如果利率不上升，财政扩张的实际效果为使总产出增加了 Y_1Y_3。但在货币供给不变的条件下，财政扩张会引起利率的上升，这会挤出民间的投资与，使均衡的国民收入从 Y_3 下降到 Y_2，这减少的国民收入就是由于财政扩张而使民间支出减少后使国民收入下降的挤出效应。

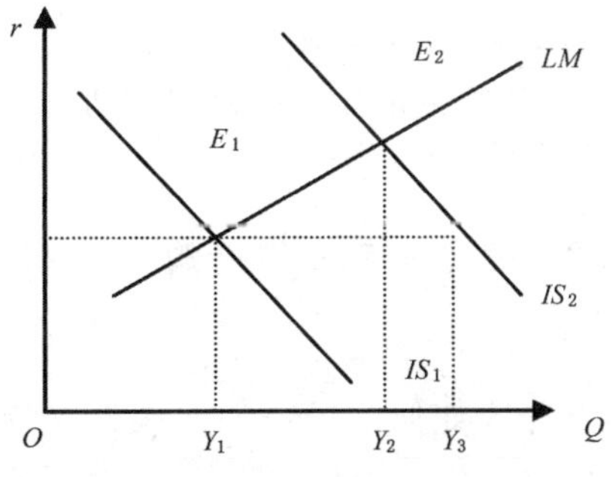

图 15－1　执行财政扩张时的挤出效应

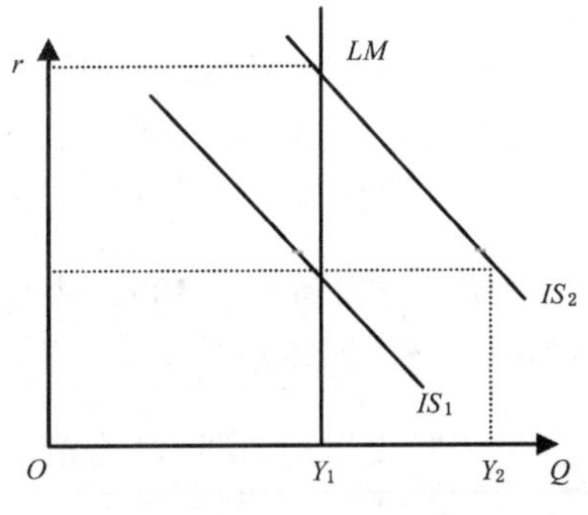

图 15－2　古典情况下的财政扩张与完全挤出

如图 15－2 所示，在古典情况下，LM 曲线为一条垂直曲线，这时货币需求对利率的敏感程度为零。当政府执行财政扩张政策时使利率快速升高，因此，完全挤出了民间支出，这意味着政府支出增加多少，民间支出就会减少多少。从图中可以看到，在执行财政扩张后，总产出没有改变，在这种情况下，财政扩张的政策效应为零，财政政策完全失效。

相关考研题解析

一、挤出效应是怎么回事？影响挤出效应大小的市场机制是什么？（中山大学2001年考研题）

详解：

挤出效应是政府支出增加所引起的私人消费或投资降低的效果。

在充分就业的经济中，政府支出增加会以下列方式使私人投资出现抵消性的减少：由于政府支出增加，商品市场上购买产品和劳务的竞争会加剧，物价就会上涨，在货币名义供给量不变的情况下，实际货币供给量会因价格上涨而减少，进而使可用于投机目的的货币量减少。结果，债券价格就下跌，利率上升，进而导致私人投资减少。投资减少了，人们的消费随之减少。这就是说，政府支出增加“挤占”了私人消费和投资。

在非充分就业的经济中，政府推行增加支出的扩张性财政政策，同样对私人投资有“挤出效应”，但不可能对私人投资支出产生完全的“挤出”，因而这种政策多少能使生产和就业增加一些。在非充分就业的经济中，政府支出增加使总需求水平提高，产出水平相应提高，从而使货币需求大于货币供给，因而利率会上升，并导致投资水平下降。

挤出效应的大小取决于以下四个因素：

（1）支出乘数的大小。

（2）货币需求对产出变动的敏感程度。

（3）货币需求对利率变动的敏感程度。

（4）投资需求对利率变动的敏感程度。

在凯恩斯主义极端情况下，货币需求对利率变动的敏感程度无限大，而投资需求对利率变动的敏感程度为零。因此，政府支出的挤出效应为零，财政政策效果极大。反之，在古典主义极端情况下，货币需求对利率变动的敏感程度为零，而投资需求对利率变动的敏感程度极大，因此，挤出效应是完全的。

二、假定：自发消费为100，边际消费倾向是0.8；投资是50；政府购买为200；政府转移支付是62.5；税率是0.25，（单位：亿美元）求：

1. 如果实际收入是2000亿美元，国民收入核算恒等式如何？经济如何调整？调整结果如何？

2. 调整之后的政府预算节余是多少？

3. 当政府减少购买10亿美元时，均衡收入水平是多少？

4. 如果充分就业的收入水平为2000亿美元，政府应该采取什么措施？

5. 如果政府决定削减转移支付，同时增加等量的政府购买，均衡收入水平是增加、减少还是不变？（中央财经大学2002年考研题）

详解：

1. 依题可得：

$$
\begin{aligned}
Y &= AD = C + I + G \\
&= 100 + 0.8(Y - T + TR) + I + G \\
&= 100 + 0.8(Y - 0.25Y + 62.5) + 50 + 200 \\
&= 100 + 0.6Y + 100 + 200 \\
&= 400 + 0.6Y。
\end{aligned}
$$

解得：均衡收入 $Y=1000$ 亿美元，而实际收入是 2000 亿美元，所以经济需要调整。企业通过存货投资的调整来实现均衡，由于实际总需求计划总需求，所以企业要增加存货投资，调整的结果是经济实现均衡，均衡收入为 1000 亿美元。

2. 调整之后，政府的预算结余 $= TA - G - TR = 1000 \times 0.25 - 200 - 62.5 = -12.5$ 亿美元。

3. 当政府减少购买 10 亿美元时：

$$
\begin{aligned}
Y &= AD = C + I + G \\
&= 100 + 0.8(Y - T + TR) + I + G \\
&= 100 + 0.8(Y - 0.25Y + 62.5) + 50 + 190 \\
&= 100 + 0.6Y + 100 + 190 \\
&= 390 + 0.6Y。
\end{aligned}
$$

解得：均衡收入 $Y=975$ 亿美元。

4. 如果充分就业的收入水平为 2000 亿美元，政府应该采取扩张性的财政政策，使均衡国民收入达到或接近充分就业时的国民收入。

5. 如果政府决定削减转移支付，同时增加等量的政府购买，均衡收入水平将增加。其论证过程如下：

假设政府决定削减转移支付和增加政府购买数额为 ΔG，则

$Y = AD = \alpha + \beta(1 - t)Y + \beta TR + I + G + \beta(TR - \Delta G) + I + G + \Delta G$，

可得均衡收入 $\overline{Y} = \dfrac{\alpha + I + G + \beta TR + \Delta G(1 - \beta)}{1 - \beta(1 - t)}$。

而在政府决定削减转移支付和增加政府购买之前，

可得均衡收入 $\overline{Y} = \dfrac{\alpha + I + G + \beta TR}{1 - \beta(1 - t)}$，

所以，均衡收入水平增加。

三、简述斟酌使用的财政政策。(中南财经大学 2000 年考研题)

详解：

(1) 斟酌使用的财政政策是指政府根据经济情况和财政政策有关手段的特点，相机抉择，主动地积极变动财政的支出和税收以稳定经济，实现充分就业的机动性财政政策。

(2) 依照凯恩斯主义理论，当经济出现波动时，尽管各种自动稳定器一直在其作用，但作用时间较长，效果也不理想，因而需要政府采取更加积极主动的财政政策。政府执行财政政策是斟酌使用的，是逆经济风向行事的。当经济衰退时，应采用膨胀性财政政策即削减税收、降低税率、增加支出或双管齐下来刺激总需求，使之接近充分就业水平，实现充分就

业预算平衡。反之，当经济过热时，则应采用紧缩性财政政策来抑制总需求。前者称为扩张性（膨胀性）财政政策，后者称为紧缩性财政政策。这种交替使用的扩张性和紧缩性财政政策被称为补偿性财政政策。斟酌使用的财政政策是功能财政思想的实现和贯彻，也就是凯恩斯主义的“需求管理”。

（3）该政策在20世纪30年代到20世纪60年代效果不错，但之后出现的滞涨使它受到了怀疑。这说明斟酌使用的财政政策的作用同样具有局限性。因为在实际经济活动中存在各种各样的限制因素影响这种财政政策作用的发挥。①时滞。认识总需求的变化，变动财政政策以及乘数作用的发挥，都需要时间。②不确定性。实行财政政策时，政府主要面临两个方面的不确定：第一，乘数大小难以准确地确定；第二，政策必须预测总需求水平通过财政政策作用达到预定目标究竟需要多少时间。而在这一时间内，总需求特别是投资可能发生戏剧性的变化，这就可能导致决策失误。③外在的不可预测的随机因素的干扰，也可能导致财政政策达不到预期结果。此外，还存在政策的“挤出效应”问题。政府增加支出，会使利息率提高，私人投资支出减少，即发生挤出效应。所以，实行积极的财政政策时必须考虑这些因素的影响，尽量使其效果接近预期目标。

16 第十六章 银行制度与货币政策

内容导读

本章在学习 IS－LM 模型的基础上研究如何使用货币政策来保持经济的健康发展。

常用的调节工具为：法定准备金率、贴现率和公开市场业务。在使用财政政策和货币政策时，必须考虑时滞的问题。财政政策主要是内部时滞，货币政策主要是外部时滞。

本章要点梳理

一、现代银行制度

中央银行制度将银行分为两级：中央银行（以下简称央行）和商业银行及其他非银行金融机构。中央银行是整个金融体系的管理当局，它负责整个金融系统的监管，制定和执行货币政策，对整个金融系统的安全、稳定、高效负责，并肩负着对整个经济景气进行调节的使命。商业银行和其他金融机构都必须接受中央银行及其派出机构的监督，并根据法定准备率将自己的准备金存入中央银行。

二、偿付能力与灵活性

银行偿付能力是指银行偿还债务的能力，它与银行资金的比率和资产质量有关。自有资金比例越大，其偿付能力就越强，当然资产质量越好，偿付能力也越强。灵活性是指银行备有现金的多少。备有现金越多，灵活性越大。历史上，银行因为缺乏灵活性而倒闭的现象屡见不鲜，所以，银行必须保持相当程度的灵活性。为了保持较高的灵活性又不致将存款留在手边失去获利的机会，银行除去持有一部分最低限度的现金之外，还必须以短期证券的形式持有其他灵活性较高即非常容易变现的资产。

三、货币政策工具

货币政策的三大工具为：法定准备金率（又称法定准备率）、贴现率和公开市场业务。在出现通货膨胀时，中央银行可以调高法定准备金率、贴现率，也可以在二级证券市场上卖出债券；反之，当出现大量失业，经济不景气时，政府则采用降低法定准备金率、贴现率和在二级证券市场买进债券。但由于法定准备金率对货币市场的影响过于猛烈，所以一般不用。贴现率也只是作为一个市场经济的信号，让企业知道资金的成本将要提高或降低；一般情况下，它只反映市场利息率的变化，对经济的作用有限。采用最多的还是公开市场业务，通过它改变银行体系内的准备金数量，从而改变经济体系内的货币供应量。

四、货币政策的传导机制

货币政策的传导机制分为凯恩斯主义的传导机制和货币主义的传导机制。凯恩斯主义的传导机制强调利率在其中的作用。中央银行在二级市场购进债券，使得商业银行的过度储备增加，*MS*、*MD* 引起了实际利率的下降，刺激厂商的投资支出增加。投资支出增加使总产量和总收入增加，这样就提高了货币的交易需求。同时，利率的下降还引起货币的投机需求增加，实现货币市场的平衡。而货币主义理论认为，当货币供应量增加，货币供给大于货币需求时，人们不仅用手中多余的货币购买债券，而且购买包括金融资产在内的各种资产产品。这样，货币供给增加后直接导致最终产品市场上的需求增加，不必通过债券市场供求关系变化进而影响利率，再引起总需求的变化。

五、货币政策与财政政策的有效性

凯恩斯主义者历来强调政府的财政收支对经济会产生重大影响，其需求管理的一系列政策便是建立在此基础上的。但是，货币学派的一些经济学家却否认财政政策的作用，认为单纯的财政政策对实际国民收入不会产生任何影响。

凯恩斯主义者认为货币流通速度与货币供应量呈反比，所以在增加货币供应量时，货币政策的效果会因为流通速度的降低而变小。货币主义者认为货币流通速度是固定不变的，所以财政政策是完全不起作用的。货币流通速度的大小取决于货币需求对利率变化的反应参数 h，而 h 又直接反应在 *LM* 曲线的斜率上，h 越大，*LM* 曲线越平缓，财政政策对国民收入的影响较大；反之，h 越小，*LM* 曲线越陡峭，货币政策变动对实际国民收入有重大影响。所以，综合派认为在 *LM* 曲线较陡峭的区域，是货币政策有效区；在 *LM* 曲线平缓区，财政政策有效。中间两种政策的效果差别不大。

凯恩斯认为当利率变得很低时，人们对货币的需求变得无限大，货币供给的任何增长都会被货币需求吸收。此时，货币政策百分之百失效。

在使用财政政策和货币政策时，必须考虑时滞的问题。时滞分外部时滞和内部时滞。财政政策主要是内部时滞，而货币政策主要是外部时滞。

本章知识脉络图

- 银行制度与货币政策
  - 商业银行相关概念
    - 偿付能力与灵活性
    - 准备金
      - 必要准备金
      - 法定准备金
      - 过度储备
    - 商业银行货币创造的过程
    - 银行乘数
  - 货币政策
    - 货币政策工具
      - 法定准备率 → 强有力但不常用
      - 贴现率 → 作用有限
      - 公开市场业务 → 常用工具
    - 货币政策的传导机制
      - 凯恩斯主义的货币政策传导机制 → 强调利率
      - 货币主义的货币政策传导机制 → 货币供给量增加
  - 货币政策与财政政策的有效性
  - 宏观经济政策实施中的时滞
    - 内部时滞
    - 外部时滞

本章名词详解

◆ **货币政策：** 货币政策是一个国家的货币当局——中央银行——通过对整个经济中的货币供给量、信贷规模的控制以及对整个金融体系的管理，来影响实际经济运行的一系列措施。

◆ **准备金：** 银行存款中没有贷出去而保留下来可以用于应付提款需要的灵活性资产（包括现金和其他高灵活性资产）称为准备金或储备。

◆ **法定准备金：** 由中央银行对所有商业银行和金融机构规定的统一的准备金比率叫做法定准备率。

◆ **必要准备金：** 商业银行按照法定准备率保留的准备金叫做必要准备金。必要准备金 = 存款额 × 法定准备率。

◆ **银行乘数：** 由于一笔新存款引起的整个银行体系增加的存款与最初增加的新存款之间的比例称为银行乘数。用 BM 来表示银行乘数，用 rr 来表示法定准备率。银行乘数就可以用 $BM = 1/rr$ 来计算。

◆ **贴现率：** 贴现率是商业银行向中央银行借入准备金借款所应支付的利息率，是中央银行唯一直接决定的利息率。

◆ **公开市场业务：** 公开市场业务是指中央银行可以在二级债券市场买卖财政部的短期债券。

◆ **货币政策的“灵活陷阱”：** 凯恩斯的“灵活陷阱”是对财政政策的一个有力支撑。当利息变得很低时，微薄的利息收入已经不能抵偿债券的风险，这意味着持有货币的机会成本大大降低，人们会感到持有债券不如持有货币。于是货币市场陷入了人们追求货币，即追求具有高度灵活性资产的“陷阱”。只要货币供给增长，人们就立即将其放在手边，资产的货币需求变得无限大，货币供给的任何增长都会被货币需求所吸收，利息率也因为已经很低而不再下降。这样，货币供给的增加也就不再起作用，货币政策会百分之百地失效，只有财政政策才是有效的。

◆ **时滞：** 从政策的决定到政策的效果充分发挥之间的时间差，被称为宏观经济政策的时滞。

◆ **内部时滞：** 指从决策到政策制定、实施所经历的时间差。内部时滞是由于政府的立法程序、行政组织、管理协调等因素作用形成的。

◆ **外部时滞：** 指从政策实施开始后传导机制作用过程所经历的时间差。它是由社会经济系统对政策的反应方式和反应灵敏程度所决定的。

同步练习与精解

一、同步练习题

（一）单项选择题

1. 货币政策诸目标之间呈一致性关系的是（　　）。

A. 物价稳定与经济增长　　B. 经济增长与充分就业

C. 充分就业与国际收支平衡　　D. 物价稳定与充分就业

2. 商业银行的储备如低于法定储备，它们将（　　）。

A. 发行股票以筹措资金　　B. 增加贷款以增加资金

C. 出售有价证券和收回贷款　　D. 向中央银行申请补助

3. 商业银行的储备金正好与法定储备金率相等，在中央银行降低法定储备金率的时候，商业银行所以会增加贷款，是因为它们（　　）。

A. 听从中央银行的劝告　　B. 追求最大利润

C. 关心国内经济形势　　D. 没有原因

4. 以降低法定准备金率的方法来增加货币供给量，其前提条件是（　　）。

A. 商业银行保留超额准备　　B. 商业银行不保留超额准备

C. 商业银行按照中央银行的意图去做　　D. 以上答案都不对

5. 作为货币政策目标的物价稳定是指（　　）。

A. 个别商品价格固定不变　　B. 商品相对价格稳定

C. 一般物价水平固定不变　　D. 一般物价水平相对稳定

6. 一般情况下，中央银行降低贴现率不会导致货币供给量的增加是因为（　　）。

A. 商业银行向中央银行借款以增加贷款

B. 商业银行不向中央银行借款

C. 商业银行向中央银行贷款，部分用于购买设备，部分用于贷款

D. 以上答案都不对

7. 公开市场业务是指（　　）。

A. 商业银行的信贷活动　　B. 中央银行增减对商业银行的贷款

C. 中央银行买卖政府债券活动　　D. 中央银行增加或减少货币发行量

8. 中央银行在公开市场上买进政府债券将导致商业银行的存款（　　）。

A. 增加　　B. 减少

C. 不变　　D. 无法判断

9. 下列情况中，政府买进政府债券不会引起货币供给量增加的是（　　）。

A. 公众把中央银行的支票兑换成现金后保留在手中

B. 公众把中央银行的支票存入商业银行

C. 公众用中央银行的支票偿还债务

D. 以上答案都不对

10. 中央银行在公开市场上大量出售政府债券的目的之一是（　　）。

A. 限制政府债券价格的上升　　B. 提高利息率

C. 增加货币供给量　　D. 降低利息率

11. 中央银行直接控制并能够通过金融途径影响经济单位的经济活动、进而影响货币政策目标的经济手段被称为（　　）。

A. 货币政策工具　　B. 货币政策中介目标

C. 货币政策传导机制　　D. 货币政策最终目标

12. “松财政紧货币”的政策搭配能使国民收入（　　）。

A. 增加　　B. 减少

C. 不变　　D. 不确定

13. “双紧政策”的政策搭配能使利息率（　　）。

A. 提高　　B. 下降

C. 不变　　D. 不确定

14. 政府购买增加使 *IS* 曲线右移，若要均衡收入变动接近于 *IS* 曲线的移动量，则必须（　　）。

A. *LM* 曲线垂直，*IS* 曲线陡峭　　B. *LM* 曲线和 *IS* 曲线一样平缓

C. *LM* 曲线平缓，*IS* 曲线陡峭　　D. *LM* 曲线陡峭，而 *IS* 曲线平缓

15. 价格水平上升时，会（　　）。

A. 增加实际货币供给，*LM* 曲线右移　　B. 增加实际货币供给，*LM* 曲线左移

C. 减少实际货币供给，*LM* 曲线左移　　D. 减少实际货币供给，*LM* 曲线右移

16. 在浮动汇率制度下的小国开放经济中，鼓励出口会使（　　）。

A. 本币汇率上升　　B. 本币汇率下降

C. 本国净出口上升　　D. 本国利率上升

17. 如果大国经济实行扩张的财政政策，则小国经济的（　　）。

A. 对外投资下降　　B. 利率水平会下降

C. 国内投资将上升　　D. 净出口将上升

18. 引起 *IS* 曲线向左移动的原因是（　　）。

A. 政府决定建设一条高速铁路　　B. 政府决定降低个人所得税

C. 中央银行降低再贴现率　　D. 本国汇率升值

19. 对经济运行影响强烈而不常使用的货币政策工具是（　　）。

A. 信用配额　　B. 公开市场业务

C. 再贴现政策　　D. 存款准备金政策

20. 假定名义货币供给量不变，价格总水平上升将导致一条向右上方倾斜的 *LM* 曲线上的一点（　　）。

A. 沿原 *LM* 曲线向上方移动　　B. 沿原 *LM* 曲线向下方移动

C. 向右移动到另一条 *LM* 曲线上　　D. 向左移动到另一条 *LM* 曲线上

21. 宏观货币政策和宏观财政政策的区别在于（　　）。

A. 前者主要是用来对付经济萧条，后者主要用来对付通货膨胀

B. 前者主要通过改变投资支出发生作用，后者主要通过影响消费支出发生作用

C. 前者主要通过利率来影响总需求，后者主要通过政府支出和税收的变化来影响总需求

D. 以上三者都是

22. 在我国货币层次划分中，M_1 通常指（　　）。

A. 流通中现金　　B. 流通中现金和企业、单位活期存款

C. 银行全部存款　　D. 流通中现金和银行全部存款

23. 我国中央银行的资金来源是（　　）。

A. 人民币发行

B. 吸收社会资金，主要是财政部门、商业银行存款

C. 向其他单位借款

D. 以上都是

24. 一般性货币政策工具是对货币供应量或信用总量进行调节和控制的政策工具，如（　　）就是一般性货币政策工具。

A. 窗口指导　　B. 优惠利率

C. 再贴现政策　　D. 基础货币

25. 中央银行在公开市场上买进政府债券将导致商业银行存款（　　）。

A. 不变　　B. 增加

C. 减少　　D. 以上三种情况都可能

26. 中央银行在公开市场上卖出政府债券的目的是（　　）。

A. 收集一笔资金帮助政府弥补财政赤字

B. 减少商业银行在中央银行的存款

C. 减少流通中基础货币以紧缩货币供给

D. 通过买卖债券获取差价利益

27. 中央银行提高法定准备率使各商业银行（　　）。

A. 减少信贷规模　　B. 增加信贷规模

C. 信贷规模不受影响　　D. 以上情况都有可能

28. 控制货币供应量的有效措施是（　　）。

A. 提高存款准备率

B. 减少税收

C. 中央银行在公开市场上购进有价证券

D. 扩大政府公共投资

29. 能够直接影响货币乘数的货币政策工具为（　　）。

A. 改变法定准备率　　B. 公开市场业务

C. 调整再贴现率　　D. 以上都可以

30. 存款准备率越高，货币乘数则（　　）。

A. 越大　　B. 越小

C. 不变　　D. 不确定

31. 现金漏损率越大，货币乘数则（　　）。

A. 越大　　B. 越小

C. 不变　　D. 不确定

32. 商业银行之所以会有超额准备，是因为（　　）。

A. 吸收的存款太多　　B. 向中央银行申请的贴现太多

C. 未找到那么多合适的贷款对象　　D. 以上情况都有可能

33. 美国联邦储备银行常用的货币政策是（　　）。

A. 调整法定准备率和公开市场业务　　B. 调整法定准备率和贴现率

C. 道义上的劝告和公开市场业务　　D. 道义上的劝告和贴现率

34. 2002 年，中国人民银行督促商业银行加强信贷管理，防止一些地区出现房地产泡沫。这一做法属于（　　）。

A. 消费者信用控制　　B. 证券市场信用控制

C. 不动产信用控制　　D. 公开市场操作

35. 已知法定准备率为 20%，则 1 万元的现金存入银行最多使银行存款总额再增加（　　）。

A. 5 万元　　B. 6 万元

C. 4 万元　　D. 1 万元

36. 银行创造货币的做法是（　　）。

A. 在市场上买进部分国债　　B. 增加自己的准备金

C. 把超额准备金作为信贷放出　　D. 印刷更多的支票

37. 如果中央银行在公开市场上购买政府证券，那么，实际货币供给量将（　　）。

A. 减少，利率上升　　B. 增加，利率下降

C. 减少，利率上升　　D. 减少，利率下降

38. 我国实行将近半个多世纪，且在 1998 年之前一直是我国最重要的货币政策工具，这一货币政策工具是（　　）。

A. 存款准备金政策　　B. 利率管理

C. 公开市场操作　　D. 信贷计划管理

39. 商业银行向中央银行要求增加贴现是为了（　　）。

A. 增加贷款　　B. 减少吸收存款

C. 增加储备　　D. 以上都可能

40. 中央银行最常用的政策工具是（　　）。

A. 法定准备金　　B. 公开市场业务

C. 再贴现率　　D. 道义劝告

41. 内部时滞是指作为货币政策操作主体的中央银行制定和实施货币政策的全过程，包括（　　）。

A. 操作时滞和市场时滞　　B. 操作时滞和决策时滞

C. 认识时滞和决策时滞　　D. 市场时滞和操作时滞

（二）简答题

1. 货币政策的内容及主要功能有哪些？

2. 什么是贴现率政策？它的政策效果如何？

3. 什么是公开市场业务？它通过哪些传导机制影响货币供给量？

4. 如何移动 *IS* 和 *LM* 曲线才能使收入增加而利率不变？要采用怎样的货币政策和财政政策的配合才能达到这样的效果？

5. 试述再贴现政策的作用机制。

6. 尽管中央银行能决定商业银行的法定准备金率，但为什么不能完全控制货币供给？

7. 减税加上紧缩性货币政策可能对产出构成造成什么影响。

8. 评论不同的政策工具有哪些主要标准。

9. 试述法定存款准备金政策的作用机制。

10. 不同政策工具对产出构成会有何影响。

11. 不同政策工具影响的范围会有什么差别。

12. 各种政策工具的灵活性和速度会有何差别。

13. 试分析货币供应量作为中介指标的优缺点。

14. 为什么一些经济学家认为试图稳定经济的积极的政府干预要么是不必要的，要么是不尽如人意的？相反的观点是什么？

15. 如果经济衰退，政府打算用一种会促进长期经济增长的方法来刺激产出，那么政府更喜欢用什么政策工具来刺激经济？

16. 影响货币供给量的主要因素有哪些？

（三）计算题

商业银行吸收的原始存款为100万元，法定准备率为10%，在不考虑其他因素的情况下，试计算该商业银行系统的最大派生存款。

（四）论述题

何为货币政策？政府如何利用货币政策工具来调节宏观经济？

二、同步练习题精解

（一）单项选择题

1A	2C	3B	4B	5D	6B	7C	8A	9A	10B
11A	12D	13D	14C	15C	16A	17D	18D	19D	20D
21C	22B	23D	24C	25B	26C	27A	28A	29A	30B
31B	32D	33C	34C	35C	36C	37B	38D	39A	40B
41C									

（二）简答题

1. 答：货币政策包括政策的最终目标、实现目标的政策工具监测和控制目标实现的各种操作指标和中介指标，政策传递机制和政策效应等基本内容。

货币政策的主要功能有：(1) 促进社会总需求与总供给的均衡，保持币值稳定；(2) 促进经济的稳定增长；(3) 促进充分就业，实现社会稳定；(4) 促进国际收支平衡，保持汇率相对稳定；(5) 保持金融稳定，防范金融危机。

2. 答：贴现率是商业银行向中央银行借入准备金借款所应支付的利息率。在中央银行制度下，通常都要定期按法定准备金率核准商业银行的准备金，以沿革维护准备金制度。为解决准备金不足的问题，商业银行可以向其他商业银行进行同业拆借，也可以向中央银行借入准备金。如果是向中央银行借入准备金，它就必须按照中央银行规定的“贴现率”向中央银行支付利息。贴现率是中央银行唯一决定的利息率。理论上说，中央银行可以通过提高或降低贴现率来限制商业银行的借款行为。但是，中央银行希望商业银行自觉地把贷款额度限制在商业银行自己拥有的过度储备以内，不愿将中央银行的贷款变为商业银行发放贷款的一种资金来源。中央银行向商业银行的贷款只是用来帮助那些有可能因准备金不足而面临倒闭的银行渡过难关，起着“安全阀门”的作用，并不经常使用。

贴现率政策这一工具的作用很有限。中央银行的贴现率政策主要起到两个方面的作用：第一，中央银行通过调整贴现率来反映自己的宏观经济政策倾向。第二，中央银行调整贴现率也是企业资金成本将要提高或降低的一个信号，因为中央银行的贴现率总是根据自己已经变化了的市场利息率调节，在多数情况下，它也反映市场利息率的变化。

3. 答：公开市场业务是中央银行在公开二级债券市场买卖政府短期债券的活动。当经济萧条时，失业率增加时，政府可以在二级市场上买进债券，增加货币供应量，启动银行系统的信用扩张机制；反之，在出现较高的通货膨胀时，政府会卖出债券，减少货币供应量，启动银行系统的紧缩机制。此手段的传导机制可以通过商业银行，也可以通过私人。比如，在实行扩张性政策时，政府可以从商业银行购入一批债券，这样，商业银行的准备金账户就多了一笔准备金存款，通过银行乘数，引起货币市场发生连锁反应，从而刺激经济的扩张。同理，当政府从私人处购入一批债券时，也可以发生同样的效果。当经济出现通货膨胀时，政府可以采取卖出一批债券的办法来达到抑制经济的目的。其中的机制与扩张时一样。

4. 答：一般而言，如果仅仅采用扩张性财政政策，即 *LM* 曲线不变，而向右移动 *IS* 曲线，会导致利率上升和国民收入的增加；如果仅仅采用扩张性货币政策，即 *IS* 曲线不变，而向右移动 *LM* 曲线，可以降低利率和增加国民收入。考虑到 *IS* 曲线和 *LM* 曲线上述移动特点，如果使 *IS*、*LM* 曲线同方向和同等幅度向右移动可以使收入增加而利率不变。松紧不同的财政政策和货币政策需要相互搭配使用。在本题中，是松的财政政策和松的货币政策的混合使用，一方面采用扩张性财政政策增加总需求；另一方面采用扩张性货币政策降低利率，减少“挤出效应”，使经济得以迅速复苏、高涨。

5. 答：再贴现政策是中央银行通过制定或调整再贴现利率来干预和影响市场利率以及货币市场的供给和需求，从而调节市场货币供给量的一种政策措施。再贴现政策影响经济的途径有三个：一是借款成本效应，即中央银行提高或降低再贴现率影响商业银行的资金成本，从而影响商业银行的融资决策，使其改变放款和投资活动，从而影响基础货币的投放，以及货币供应量和其他经济变量。当中央银行需要紧缩信用时，会相应提高再贴现率，使商业银行因借款成本的提高而减少向中央银行的再贴现，或者用其他资产偿还中央银行的借款，从而导致中央银行基础货币的投放减少。同时，出于成本上升的考虑，商业银行则会随之提高贷款利率，银行的信用规模收缩。在上述两个方面的作用下，中央银行达到了减少基础货币投放，收缩信用的目的。二是告示效应。再贴现政策有强烈的告示效应，因为贴现率的变动会向全社会明确告示中央银行的政策意图，它的提高表明中央银行采取紧的货币政策，反之则表明中央银行将放松银根，这就能通过人们的预期成本和利益的变化，调整对信用的需求，进而影响国民经济。三是结构调整效应。规定再贴现票据的种类，对不同用途的信贷加以支持或限制，促进经济发展中需要扶持行业、部门的改进与发展；还可以对不同票据实行差别再贴现率，从而影响各种再贴现票据的再贴现规模，使货币供给结构与中央银行的政策意图相符合。

6. 答：虽然货币当局能够通过改变法定准备金率来控制信贷规模，但不能控制公众持有的通货、商业银行的超额储备金以及超额储备金同活期存款的比例。因此不能完全控制货币供给。

7. 答：减税会增加消费，紧缩货币供给会减少投资，即使总需求水平不变，但产出构成也会发生变化。

8. 答：调控总需求的财政政策和货币政策工具并不能完全符合主要的宏观经济政策目标：充分就业、物价稳定、高增长和国际收支平衡。政府选择各种政策工具时所要考虑的几个主要因素是：

（1）政策工具达到目标的有效性：为了达到一定目标，有些政策可能比另一些政策有效；在有些情况下，私人部门的行动可能会抵消政策工具的效果。

（2）对产出构成的影响：同样是增加或降低一定总需求，有些政策扩大的是公共部门，有些政策是增加当前消费，有些政策是刺激私人部门投资。

（3）影响的范围：一些政策影响范围较小，如扩张或紧缩货币的政策主要对靠贷款的企业或银行有直接影响，而像减税这样的政策往往有较广泛的影响。

（4）执行的灵活性和速度：一些政策（如扩人货币供给）会比另一些政策（如减税）更有灵活性，执行起来也会更快。

（5）政策后果的确定性程度：一些政策的后果比另一些政策的后果可能更不确定，例如，减税会不会增加消费，增加货币供给、降低利率会不会使厂商增加投资，很大程度上取决于人们的预期，从而使政策效果很不确定。

（6）非意图的副作用：一些政策往往会产生不希望有的副作用。

9. 答：法定存款准备金政策是中央银行在法律赋予的权利范围内，通过规定或调整商业银行缴存中央银行准备金的比率，控制和改变商业银行的信用创造能力，间接控制社会货币供给量的活动。存款准备金政策的核心是通过存款准备金比率的提高或降低，影响商业银行信用创造倍数，以达到调节社会信用规模和市场货币供应量的目的。当中央银行调低法定准备金率时，商业银行超额准备金增加，在货币乘数机制作用下，市场上的货币供应量成倍增加。相反，若中央银行调高法定准备金率，则减少商业银行的超额准备金，抑制商业银行的信用创造能力。若此时商业银行的超额准备金已全部贷出，则会迫使商业银行迅速收回已贷出的部分款项或已作出的部分投资，在货币乘数机制作用下，市场货币供应量成倍减少。例如，如果经济处于衰退状况，中央银行则可降低法定准备金率，使银行及整个金融体系成倍扩张信用及货币供应量，借以刺激经济增长。

10. 答：总需求划分为四个部分：消费、投资、政府支出和净出口，各种政策工具对这四部分需求的影响程度是不同的，从而对产出构成会产生影响。例如，宽松的货币政策会使本币贬值从而刺激出口，也可能鼓励耐用消费品（汽车及其他大件消费品）的消费和生产，也可能刺激房地产投资，而减税则可能主要是刺激消费。政府支出会刺激公共物品生产，但如果资金要靠借债（公债）筹集，则可能挤出私人部门投资。

11. 答：不同政策工具对经济影响的范围可能有明显差别。例如，紧缩货币产生的高利率会引起资本流入，引起本币升值，会使一些出口部门受到严重影响，其他部门受到的影响相对小一些；增加个人所得税会影响对大多数消费品的需求，对投资的税收优惠、对受到优惠的部门影响很大，但对其他部门则影响甚微。

12. 答：不同政策工具被贯彻执行的速度是不相同的。如果要减税，必须通过国会立法，这样也许会经过长时期的争论才能决定，相反，如果中央银行要增加或减少货币供给，也许只要一次会议讨论就可立即执行，在公开市场上吞吐一批国债就可实现，财政政策比货币政策有更大的时滞。

13. 答：(1) 货币供给量作为中介指标的优点：货币供给量的变动能直接影响经济活动；中央银行对货币供给量的控制能力较强；与货币政策意图联系紧密；不易将政策性效果与非政策性效果相混淆。

(2) 货币供给量作为中介指标的缺点：中央银行对货币供给量的控制能力并不是绝对的；中央银行对货币供给量的控制存在着一定的时滞。

14. 答：一些经济学家（如世纪经济周期理论观点持有者）认为，经济波动的根源是外生干扰，而经济本身很快可以适应这些干扰，市场会对经济环境的变化提供最优的解决办法，比方说，外生的冲击造成了失业，想工作的人会找到工作，只要肯降低工资和非货币报酬的预期，从而失业不会成为问题，政府的干预是不必要的，也是无能为力的。另一些经济学家如货币主义者和新古典经济学家与实际的经济周期理论一样，相信市场会对经济变动作出迅速的反应，政府政策在很大程度上无效。当然不是完全无效，但意图良好的政策很可能既带来好处也带来坏处。他们认为，由于信息的限制，物价水平不会随货币供给的变化作充分调整，因此货币供给变化会影响产出和就业。但是，他们不相信政府能使用这些政策来稳定经济，因为政府在预测方面能力有限，推行政策和政策产生效果之间存在很长时滞，从而使政策效果不尽如人意。例如，等政府认识到衰退的经济需要政策刺激从而采取措施，而这些措施又要一段时间来发生全部作用时，经济也许只会造成通胀压力。

凯恩斯主义者认为，即使存在理性预期，私人部门对政策的反应会抵消一些政府行动的效果，但不可能完全抵消，尤其是迅速完全抵消是不可能的，并且当一些私人部门采取抵消行动时，另一些私人部门不可能都这样做，因此，政府干预经济的政策不会完全无效，市场不可能迅速自我调整时，政府应当站出来发挥作用。

15. 答：如果经济衰退，政府打算用一种会促进长期经济增长的方法来刺激产出，也许政府更喜欢用投资税优惠这样的减税措施，这种措施比扩张货币、降低利率的刺激投资的办法可能好一些，因为扩张货币容易造成通胀，而通胀又不利于经济稳定与增长，削减个人所得税可刺激消费并进而促进投资，但这种促进作用比较有限。增加政府支出也会刺激产出，但可能出现挤出效应，相比之下，投资税优惠可能是政府更喜欢采用的措施。

16. 答：(1) 货币需求对货币供给量的影响。货币供给与货币需求密切相关，从两者的相关程度考虑，货币需求决定货币供给，货币需求包括客观经济发展对货币的需求和经济主体对货币的需求。(2) 企业行为对货币供给量的影响。企业是独立的商品生产和经营者，它们的经济活动是货币需求与供给的基础和创造源泉，所以企业行为对货币供给有重要影响。(3) 居民行为对货币供给量的影响。从居民行为角度分析其对货币供给量的影响，则有居民可支配收入行为对货币供给量的影响和居民可支配收入使用对货币供给量的影响。(4) 财政行为对货币供给量的影响。当财政发生收不抵支即财政赤字时，往往通过向银行借款或向银行透支的方式进行弥补，会迫使银行超额供应货币，从而引起供求失衡和物价波动。

(三) 计算题

答：1000 万。

(四) 论述题

答：货币政策是指一国中央银行根据宏观调控目标，有目的地变更整个社会货币供给量和利率，以影响宏观经济活动的政策。一国中央银行代表政府执行货币政策，其货币政策的目标是充分就业、物价稳定、经济增长和国际收支平衡。

央行执行货币政策的工具主要有 3 个，即公开市场业务、调整贴现率和改变法定准备金率。

(1) 公开市场业务。指一国货币当局在公开市场上通过买进或卖出政府债券的方法，用以调节货币总供给量的政策。当经济因繁荣而出现通货膨胀时，央行应该卖出库存的政府债券，收回市场中的基础货币，这会使银行贷款倍数减少，从而使社会中的有效需求减少，以达到使经济降温的目的。当经济因生产过剩，出现萧条、失业率上升时，央行应该在市场中买进政府债券，有目的地放出基础货币，这会使银行贷款倍数增加，从而使社会中的有效需求增加，以实现使经济升温的目标。

(2) 调整中央银行对商业银行的贴现率。贴现率是商业银行向中央银行借入准备金借款所应支付的利息率。在中央银行制度下，通常都要定期按法定准备金率核准商业银行的准备金，以沿革维护准备金制度。为解决准备金不足的问题，商业银行可以向其他商业银行进行同业拆借，也可以向中央银行借入准备金。如果是向中央银行借入准备金，它就必须按照中央银行规定的“贴现率”向中央银行支付利息。贴现率是中央银行唯一决定的利息率。理论上说，中央银行可以通过提高或降低贴现率来限制商业银行的借款行为。但是，中央银行希望商业银行自觉地把贷款额度限制在商业银行自己拥有的过度储备以内，不愿将中央银行的贷款变为商业银行发放贷款的一种资金来源。中央银行向商业银行的贷款只是用来帮助那些有可能因准备金不足而面临倒闭的银行渡过难关，起着“安全阀门”的作用，并不经常使用。

(3) 改变法定准备金率。中央银行通过改变法定准备金率来改变货币乘数的大小，从而改变社会的货币供给量。当经济繁荣时，央行会提高法定准备金率，此举会使货币乘数变小，从而使商业银行贷款倍数减少，进而达到使社会中的有效需求减少并使经济降温的目标。当经济萧条时，央行应该降低法定准备金率，这会使货币乘数变小，使商业银行贷款倍数增加，进而达到使社会中的有效需求增加并促使经济升温。

央行通过上述 3 种工具，可以达到有效调控宏观经济的目标。

相关考研题解析

一、对有顺差的过热经济采取紧缩货币政策是否合适？为什么？(南京大学 2005 年考研题)

详解：

对有顺差的过热经济采取紧缩货币政策不合适，理由如下：

(1) 紧缩性的货币政策的含义。所谓货币政策，是指政府为实现一定的宏观经济目标所制定的关于货币供应和货币流通组织管理的基本方针和基本准则。货币政策分为扩张性的和紧缩性的两种。紧缩性的货币政策是通过削减货币供应的增长率来降低总需求水平，在这种政策下，取得信贷较为困难，利息率也随之提高。因此，在通货膨胀较为严重时，采用紧缩性的货币政策较合适。

(2) 紧缩性的货币政策对有顺差的过热经济的影响。紧缩性的货币政策对过热的经济有抑制作用，但是不能调节国际收支的顺差，从而实现宏观经济的外部均衡。一方面，中央银行实施适度从紧的货币政策，通过灵活调节利率等措施，适时调控货币供应总量和结构，可以有效地控制通货膨胀，使国民经济成功实现“软着陆”。从而达到抑制经济过热的目的。另一方面，紧缩性的货币政策同时通过以下三个途径影响国际收支状况：①产出下降，进口下降，顺差增加；②价格水平下降，出口增加进口减少，顺差增加；③利率提高，资本净流出下降，顺差增加。所以，紧缩性的货币政策可以抑制经济过热，但是不能使顺差减少，即不能兼顾两大经济目标。对有顺差的过热经济仅仅采取紧缩货币政策是不合适的。

(3) 实施紧缩货币政策的同时提高汇率可以兼顾两大经济目标。提高汇率，出口减少，进口增加。所以，在实施紧缩货币政策的同时通过汇率能兼顾两大经济目标：顺差减少和产出下降。

二、增加货币供应是否必然导致利率下降？请从货币供应增加的效应方面加以分析。(清华大学 2010 年考研题)

详解：

增加货币供应并不必然导致利率下降，其原因可以分析如下：

(1) 一般情况下，当货币市场已经处于均衡时，如果货币需求和名义收入不变，中央银行觉得增加货币供给，货币市场上的货币供给量将通过货币乘数成倍增加，使货币供给曲线右移。此时，人们将多余的货币换成债券，由此导致债券价格上涨，利率下跌，直至债券收益减少，人们持有货币的愿望恢复，最终形成低于原均衡利率的新的均衡利率。

长期中，随着货币供给的增加，利率降低，投资增加，总需求增加，总产出增加，货币需求也增加。在货币供给不变的情况下，利率上升，其新的均衡利率水平是否低于原来的均衡利率水平并不确定。因此，利率在长期中并不必然下降。

（2）在经济衰退时，货币需求曲线较平缓，就是说，货币需求对利率反应十分敏感。由于衰退时利率水平较低，人们的货币需求很大，这种情况接近流动性陷阱局面，因而货币供给增加不会带来利率下降。

三、什么是货币政策的内部时滞（对外经济贸易大学 2003 年考研题）

详解：

“内部时滞”是相对“外部时滞”而言，指从经济发生变动认识到有采取政策措施的必要性到决策者制定出适当的经济政策并付诸实施之间的时间间隔。可以分为三个组成部分：认识时滞、决策时滞和行动时滞。不同的经济政策具有不同的内部时滞。货币政策由于从决策到执行所需的环节较少，其内部时滞较短；财政政策的制定和执行需要通过立法机构讨论和表决，再由中央和地方政府执行，因而其内部时滞较长。值得一提的是，当经济发生波动时，经济中存在的自动稳定期会在一定程度上起到熨平经济周期的作用，但由于自动稳定期无需政府干预而会自动发挥作用，因而其内部时滞为零。政府要有效地影响经济运行，其制定和执行经济政策的内部时滞就必须尽可能地缩短。但由于内部时滞受一系列客观因素的制约，故其变动不可能太大。

17 第十七章 开放的宏观经济模型

内容导读

前面讲过的宏观经济学各章基本上是以封闭经济为假设前提。但是，在当代，各个国家的经济都不是孤立封闭的，而是开放的，彼此紧密联系的。因此，这一章要建立一个开放的宏观经济模型，在开放经济条件下研究宏观经济的运行与调节。

本章要点梳理

一、国际收支与国际收支平衡表

国际收支是不同国家政府及私人部门之间相互购买商品、借贷资金而形成的国际间的资金往来。国际收入大于国际支出的情况，称为国际收支盈余，也叫作国际收支顺差；反之，称为国际收支赤字，也叫作国家收支逆差。

为了反映本国的国际收支状况，各国都要编制国际收支平衡表，系统记录该国与世界其他各国经济交往。国际收支平衡表根据复试簿记录国际收支项目，凡使资金流入本国的项目均计入贷方，凡使资金流出本国的项目均计入借方。

国际收支平衡表由三类项目组成：经常项目、资本项目和官方储备项目。经常项目和资本项目之和的余额如果是正值，代表国际收支的顺差，反之代表逆差。国际收支的顺差和逆差都必须通过官方储备项目的变动加以抵消，使国际收支平衡表的总计为0。

二、外汇市场与汇率

凡是用外汇货币计价的各种金融资产和现钞统称为外汇。

两种不同的货币之间的兑换比率叫作汇率。一种货币的汇率通常有两种表示方法：间接标价法和直接标价法。中国人民币汇率通常采用的就是直接标价法。

本国货币在外汇市场上的需求是与本国的出口联系在一起，本币的供给则是与本国的进口直接相连。需求和供给共同作用形成了均衡汇率。

三、浮动汇率制度与固定汇率制度

外汇市场如同其他市场一样，一种货币的价格也是由供求决定的。如果汇率偏离了均衡水平，供求机制会将汇率调整到均衡水平。

从理论上说，只要实行浮动汇率制度，国际收支总是可以自动调整到均衡的状态。在浮动汇率制度下，汇率将处于经常变动之中；也正是由于汇率的灵活性使得国际收支总是能够自动调节到均衡的状态。浮动汇率的好处是国际收支总是处于均衡状态，其不足是汇率不稳定。

固定汇率制度由来已久，固定汇率体系的好处是国际间的物价体系稳定，有利于国际贸易和投资的发展，浮动汇率制度则缺乏这种稳定性。

四、开放的宏观经济模型及宏观经济政策

宏观经济模型即是将 *EB* 曲线放入 IS－LM 模型进行分析的模型。

如图示 IS－LM 模型中一样，在开放的宏观经济模型中可以使商品、货币以及对外经济贸易等市场自动达到均衡，但是，均衡的实现并不一定是在既消除非自愿失业，又无通货膨胀的国民收入水平上。因此，政府仍需要运用宏观经济政策加以调节，以实现宏观经济运行目标。主要包括浮动汇率制度下的财政和货币政策及固定汇率制度下国际收支的调节。

本章知识脉络图

- 开放的宏观经济模型
  - 国际收支平衡表
  - 外汇市场 → 均衡汇率的决定
  - 宏观经济模型 → *EB* 曲线的推导
  - 开放经济中的宏观经济政策
    - 浮动汇率制度下的财政政策
    - 浮动汇率制度下的货币政策
    - 固定汇率制度下的财政政策
    - 固定汇率制度下的货币政策

本章名词详解

◆ **国际收支**：国际收支是不同国家政府及私人部门之间相互购买商品、借贷资金而形成的国际间的资金往来。

◆ **外汇**：凡是用外国货币计价的各种金融资产和现钞统称为外汇。

◆ **间接标价法**：用一定量的外币来表示本国货币的“价格”。

◆ **直接标价法**：用一定量的本币来表示外国货币的“价格”。

◆ **浮动汇率制**：浮动汇率制度是指在政府不对外汇市场进行干预的条件下，任由外汇市场上各种货币的供求来决定其汇率的一种制度。

◆ **固定汇率制**：固定汇率制度，是根据历史沿革的情况以及目前的对外经济关系，将本币与其他国家货币的兑换率维持在固定不变比例上的一种汇率制度。

同步练习与精解

一、同步练习题

（一）单项选择题

1. 假定 $MPS=0.4$，$MPT=0$，$MPM=0.1$，如果出口增加 30 亿元，则国内收入将增加（　　）。

A. 75 亿元　　　　B. 45 亿元

C. 15 亿元　　　　D. 60 亿元

2. 国际收支逆差将导致（　　）。

A. 黄金、外汇储备减少　　　　B. 本国货币贬值

C. 国内产出水平下降　　　　D. 以上各项均正确

3. 在开放经济中，投资—储蓄恒等式表明（　　）。

A. 私人储蓄必定等于私人投资

B. 私人储蓄加上从国外的资本流入必定等于投资

C. 私人储蓄加上从国外的资本流入必定等于投资加上政府赤字

D. 私人储蓄加上从国外的资本流入必定等于政府赤字加上经常账户赤字

4. 下列关于开放经济对内外均衡影响的讨论中，（　　）是不恰当的。

A. 一国的开放程度越高，通过国际贸易渠道对本国的影响越大

B. 如果甲国同乙国的贸易额在乙国的对外贸易中所占的比重很小，则甲国价格的变动对乙国经济的影响就不太重要

C. 任何宏观政策都不能组织外国经济变动对本国经济的影响

D. 通过国际金融市场间的利率差的调节，是资本国际间流动的最主要因素

5. 如果经常项目账户上出现赤字，则（　　）。

A. 出口和进口都在减少　　　　B. 出口和进口相等

C. 出口和进口相等且均减少　　　　D. 出口小于进口

6. 对美国而言，提高私人储蓄可能会（　　）。

A. 提高预算赤字　　　　B. 降低预算赤字

C. 增加投资　　　　D. 对利率和投资没有影响

7. 如果自主进口为 150 亿元，$MPM=0.04$，收入为 5000 亿元，则进口总值为（　　）。

A. 150 亿元　　　　B. 200 亿元

C. 250 亿元　　　　D. 350 亿元

8. *EB* 曲线是用来考察国际收支平衡时（　　）两个宏观经济变量间的关系。

A. 国民收入水平与利率水平　　　　B. 国民收入水平与价格水平

C. 国民收入水平与进出口额　　　　D. 国民收入水平与国际收支差额

9. 美元贬值将会（　　）。

A. 扩大美国出口并减少其进口　　　　B. 减少美国的出口和进口

C. 增加美国的出口和进口　　D. 减少美国的出口并增加其进口

10. 在 *EB* 线上方的点都（　　）。

A. 是国际收支盈余点　　B. 是国际收支逆差点

C. 是国际收支均衡点　　D. 不决定国际收支状况

11. 决定国际间资本流动的主要因素是各国的（　　）。

A. 收入水平　　B. 利率水平

C. 价格水平　　D. 进出口差额

12. 一国通货与另一国通货交换的市场称为（　　）。

A. 货币市场　　B. 资本市场

C. 外汇市场　　D. 远期外汇市场

13. 在浮动汇率之下，如果一国通货的汇率上升，那么，该国中央银行就应该（　　）。

A. 增加用自己通货表示的资产的供给　　B. 减少用自己通货表示的资产的供给

C. 减少用自己通过表示的资产的需求　　D. 什么也不做

14. 汇率是指（　　）。

A. 两国之间的贸易赤字　　B. 一国的净资本流入

C. 两种货币的相对价格　　D. 一国货币的升值率

E. 一国货币的贬值率

15. 假定美元对日元的汇率从每美元 120 日元变为 110 日元，那么（　　）。

A. 日元对美元贬值，美元对日元升值　　B. 日元对美元贬值，美元对日元贬值

C. 日元对美元升值，美元对日元升值　　D. 日元对美元升值，美元对日元贬值

16. 发展中国家主要采取的汇率制度是（　　）。

A. 固定汇率制　　B. 浮动汇率制

C. 钉住汇率制　　D. 联合浮动制

17. 对于英镑和美元两种货币来说，如果英镑的汇率上升，那么美元的汇率将（　　）。

A. 上升　　B. 下降

C. 不确定　　D. 两者之间没有关系

18. 美元升值将会（　　）。

A. 增加中国对美国的出口　　B. 减轻美国的通货膨胀压力

C. 增加日本的通货膨胀压力　　D. 以上说法全部正确

19. 日元贬值将会（　　）。

A. 扩大日本出口并减少进口　　B. 减少日本出口和进口

C. 增加日本出口和进口　　D. 扩大日本进口并减少出口

20. 下列情况中，不属于投机性外汇交易的是（　　）。

A. 双边套汇　　B. 多边套汇

C. 套利　　D. 套期保值

21. 采用直接标价的前提下，如果需要比原来更少的本币就能兑换一定数量的外国货币，这表明（　　）。

A. 本币币值上升，外币币值下降，通常称为外汇汇率上升

B. 本币币值下降，外币币值上升，通常称为外汇汇率上升
C. 本币币值上升，外币币值下降，通常称为外汇汇率下降
D. 本币币值下降，外币币值上升，通常成为外汇汇率下降

22. 当一国的净资本流入为正值时，(　　)。

A. 该国的资本账户处于盈余状态　　B. 该国存在贸易盈余和资本账户盈余
C. 该国的资本账户处于平衡状态　　D. 该国存在贸易赤字和资本账户赤字

23. 汇率采取直接标价法的国家和地区有 (　　)。

A. 美国和英国　　B. 美国和香港
C. 英国和日本　　D. 香港和日本

24. 以下选项正确的是 (　　)。

A. 进口 + 出口 = 净资本流入　　B. 进口 = 出口 - 净资本流入
C. 进口 = 出口 + 净资本流入　　D. 进口 + 净资本流入 = 出口
E. 进口 = 净资本流入

25. 一国货币对外贬值可以 (　　)。

A. 促进进口，抑制进口，减少外贸流入
B. 减少出口，抑制进口，减少外贸流入
C. 促进进口，抑制进口，鼓励外资流入
D. 促进进口，增加出口，鼓励外资流入

(二) 简答题

1. 国际收支平衡表中，官方储备交易差额与经常项目、资本项目的关系是怎样的？

2. 运用小国开放经济长期模型预测，自动取款机的普及导致人们对货币的需求下降，贸易余额、名义汇率和实际汇率将如何变化？

3. 汇率变动和净出口变动有何相互影响？

4. 均衡汇率是怎样决定的？

5. 如果你是一个大国开放经济的中央银行行长，你的目标是保持国民收入稳定。当发生下列情况之一时，你该采取怎样的政策？你的政策会对货币供给、利率、汇率和贸易余额产生怎样的影响？

(1) 财政部决定提高税率以弥补财政赤字；

(2) 外贸部决定限制进口日本彩电。

6. 下列各经济参与者中，哪些在外汇市场上可能是美元的供给者，哪些可能是美元的需求者？

(1) 在欧洲旅行的美国人；

(2) 想购买美国公司股票的英国投资者；

(3) 向美国出口商品的日本企业；

(4) 在美国旅行的巴西游客；

(5) 从美国进口货物的德国企业；

(6) 想在澳大利亚购置房产的美国投资者。

7. 在第二次世界大战期间，德国和英国都有纸币武器的计划：他们各自印另一个国家的通货，试图用飞机大量空投。为什么这是一种有效的武器呢？

8. 假设你正在向一个小国（比如百慕大）就发行自己的货币还是用相邻大国（比如美国）的货币提出建议。一国的货币收益与成本是什么？两国的相对政治稳定性在这种决策中有什么作用？

9. 假如政府成功地提高了汇率，那么谁是受益者，谁是受害者？

10. 为什么对货币变化的预期那么重要？相对通货膨胀如何影响预期？

11. 运用大国开放经济长期模型预测，限制本国森林的砍伐使得进口更多的外国木材，贸易余额、名义汇率和实际汇率将如何变化？

12. 在开放经济中，货币政策如何影响产出？

（三）论述题

1. 稳定汇率的代价是什么？政府试图稳定汇率时是怎么做的？这样做会遇到哪些障碍？为什么国际合作很重要？如果政府试图把汇率维持在非均衡水平，后果是什么？

2. 国际收支平衡表包括哪些主要内容？下列各项情况应分别在国际收支平衡表中作何反映？

（1）本国公民以美元支付到外国旅游观光的开支；

（2）本国向外国出口商品，对方应在 90 天内付款；

（3）本国一企业收到其海外子公司的股利，即投资于该国一公司的股票上；

（4）本国一居民得到其海外亲友的外汇现款捐赠。

3. 1995 年 9 月 21 日，“众议院发言人纽特·金里奇威胁要在美国历史上第一次把拖欠债务的美国政府送上法庭，以迫使克林顿政府按共和党的条件平衡预算”（New York Times, September 22, 1995, A1）。那一天，美国政府 30 年债券的利率从 6.46% 上升到 6.55%，而且美元的价值从 102.7 日元下降到 99 日元。用大国开放经济模型解释这一事件。

4. 当一国经济既处于通货膨胀又有国际收支赤字状况时，应当采取什么样的政策措施？

5. 假如资本在国际间的流动是完全的。在固定汇率制度下和在浮动汇率制度下，一个国家的货币政策和财政政策对经济的影响有什么不同？

二、同步练习题精解

（一）单项选择题

1 D	2 D	3 C	4 C	5 D	6 C	7 D	8 A	9 A	10 A
11 B	12 C	13 D	14 C	15 D	16 A	17 B	18 D	19 A	20 D
21 A	22 D	23 D	24 C	25 C					

（二）简答题

1. 答：在国际收支平衡表中，经常项目和资本项目之和的余额如果是正值，代表国际收支的顺差，反之代表逆差。国际收支的顺差和逆差都必须通过官方储备项目的变动加以抵消，使国际收支平衡表的总计为0。

2. 答：自动取款机的普及导致人们对货币的需求下降，根据古典两分法，名义变量的变化不会影响实际变量，因此，贸易余额和实际汇率不变。由于市场上存在超额货币供给，价格水平上升，根据 $e = \varepsilon(P^*/P)$，所以名义汇率减小。

3. 答：汇率变动和净出口变动之间具有相互影响的关系。

一方面，汇率的变动会影响净出口的变动，如果本国的汇率下降，货币贬值，则本国同类产品在国外市场上的价格下降，具有价格竞争优势。而外国产品在本国市场上的价格升高，不利于销售，从而使本国出口增加，进口减少，净出口额相应增加。反之，如果本国汇率下降，货币升值，则本国同类产品在国外市场上的价格上升，使出口困难；而外国产品在本国市场上的价格下跌，有利于促进销售，使进口增加，从而净出口相应减少。

另一方面，在浮动汇率制度下，净出口变动也会影响汇率的变动。如果本国的净出口额增加，将使外国资金净流入额增加，外汇供给量增加，需求量减少，外汇汇率就会下降，本国货币升值。反之，如果本国的净出口减少，将使国际间资金净流出额增加，外汇供给量减少，需求量增加，外汇汇率就会上升，使本国货币贬值。

4. 答：在西方经济理论中，均衡价格理论被用来作为解释汇率决定的理论基础，这就是说，汇率也像商品的价格一样，是由外汇的供给和对外汇的需求所决定的，均衡汇率处于外汇的供给曲线和需求曲线的交叉点上。如果外汇的供给或者需求发生变化，那么汇率就会变化，并按照新的供求关系达到新的均衡点。

如果政府不对汇率进行干预，听任汇率由市场上的供求关系自发地决定，那么这样的汇率就是浮动汇率。浮动汇率是通过外汇供给和需求的自发调节，最终实现均衡的。但在固定汇率下，政府可以通过干预外汇的供、求状况使汇率保持在固定的数值上，即以维持固定汇率的办法来实现汇率的均衡。当然，这种通过政府干预来维持固定汇率而实现的均衡汇率是需要付出代价的。

5. 答：作为中央银行的行长，可采取的政策只有货币政策。

（1）当财政部决定提高税率弥补财政赤字时，国内需求水平会下降，国民收入相应有下降的压力。为维持收入稳定的经济日标，可决定采取扩张性的货币政策。扩张性政策可以刺激需求，从而抵消税率提高对国民收入的影响。

扩张性货币政策会使社会货币供给量增大，在货币需求不变的情况下，利率水平下降，资本大量外流，本国货币汇率也会下降，即贬值，净出口增加。但由于本国是一个开放经济的大国，本国资本大量外流会使国际利率水平下降，这样，又会反过来减缓本国的资本流出。所以，本国货币回来的下降幅度和净出口的增加量都会较小国开放经济要小些。

（2）当外贸部决定限制进口日本彩电时，会使进口量下降，净出口上升，国民收入有上升的趋势。为保持国民收入稳定，防止通货膨胀发生，中央银行应采用紧缩性货币政策。

紧缩性货币政策会使货币供给量下降，利率水平上升，从而稳定国民收入，防止通货膨胀发生。同时，利率上升会引发资本流入，本国货币汇率上升，即升值，因限制进口日本彩电而导致的净出口上升会受到遏制。但在大国开放经济条件下，本国利率上升会引起国际利率上升，当两者一致时，紧缩性货币政策在开放部门的作用会消失。

6. 答：（1）是美元的供给者；

（2）是美元的需求者；

（3）是美元的供给者；

（4）是美元的需求者；

（5）是美元的供给者。

7. 答：空投纸币是一种有效的武器，因为空投对方国家的纸币会使对方国家发生通货膨胀。而通货膨胀会给一国带来很多不利影响，比如，会使相对价格变动频繁，会削弱货币计价单位功能使人们生活不方便，未预期的通货膨胀还会增加不确定性并导致任意再分配社会财富。如果恶性通货膨胀十分极端，它会削弱公众对于本国经济和经济政策的信心。此外，外国飞机空投货币还会使本国政府因为通货膨胀而获得的的铸币税减少。

8. 答：一国拥有自己的货币最主要的好处就是可以获得铸币税，最主要的成本是可能发生的通货膨胀。如果一国政府过于依赖铸币收入，则可能发生恶性通货膨胀，这会给社会经济带来很多不利影响。

使用它国货币的成本与收益正好相反。好处在于通货膨胀不再处于国内政治的影响中，但成本就是本国政府丧失了通过铸币税增加政府收入的能力。

两国的相对政治稳定性在这种决策中发挥重要作用。外国的政治稳定是关键因素，使用它国货币的最主要目的就是要获得稳定性。如果外国不稳定，那还不如使用本国货币，这样本国经济可以更加稳定，并可获得铸币税。

9. 答：如果政府成功地提高了汇率，本币升值了，收益的是那些消费进口货的厂商和居民，而受害者是经营出口商品的厂商。

10. 答：对货币变化的预期会影响汇率。如果投资者相信紧缩的货币政策会使通货膨胀率下降，则就相信美元一定会升值，从而出口会减少，进口会增加，尽管这种进出口的调整比汇率变化要缓慢得多，但这种调整迟早会发生。

11. 答：限制本国森林的砍伐使得进口更多的外国木材使得 *NX* 曲线向左下移动，从而使得实际汇率下降，但是贸易余额不变，因为进口增加导致了实际汇率的下降，从而降低了本国产品的相对价格，增加了本国产品的出口数量，抵消了进口的增加，所以净出口不变。名义汇率不受实际变量变化的影响，因而不变。

12. 答：在开放经济中，由于本国人可以向外国借钱，因此，货币政策在影响国内支出方面的效力减弱了，但另一方面这种效力又加强了。这种加强主要是通过改变汇率影响整个经济活动。例如，假定美国联储实行紧的货币政策，提高利率，而其他国家没有强制利率，则外国资本就会流入美国，引起美元升值，美元升值限制了出口，刺激了进口，从而降低了总需求，降低了产出。

（三）论述题

1. 答：稳定汇率的代价是政府要丧失让汇率浮动可以获得的利率。比方说，如果法郎面临贬值压力，从 1 美元换 6 法郎，变成 1 美元换 6.5 法郎，为维持原有汇率，政府必须按原价在外汇市场抛出美元，这样，政府就丧失了不干预本来可获得的 0.5 法郎的收益，反之，如果法郎面临升值压力，从 1 美元换 6 法郎变成 1 美元换 5.5 法郎，为稳定汇率，政府必须按原价抛售法郎，买进美元，这样政府也丧失了不干预本来可以获得的0.5法郎的收益。

政府稳定汇率的通常做法是按固定汇率在市场上买卖外汇，这样可能遇到的最大障碍是竞争者是否合作，是否采取报复性措施。例如，假定日本认为日元升值太快，有必要加以干预，卖出日元，买进美元，以刺激出口，抑制进口，日本出口商当然高兴，但得罪美国。如果美国也采取干预措施，卖出美元，买进日元，两国政府的努力就会相互抵消，因此，外汇干预要成功，国际合作十分重要。

如果政府试图通过干预把汇率维持在非均衡水平上，会带来消极后果，主要是汇率的变动本来是经济变动的反映，反过来也可以自动调节经济。比方说，一国贸易发生了逆差，在其他情况不变时，本国货币本来应当贬值，通过贬值自动调节进出口，缩小贸易逆差，但政府干预使汇率扭曲了，经济就不能得到自动调整。不仅如此，汇率本来应当按经济情况变化而经常变化。政府如果试图长期用买卖外汇来稳定汇率，事实上也无济于事。比方说，某国货币该贬值，该国政府却用抛售外汇办法人为维持汇率，无情的市场迟早会耗尽该国的外汇储备，那时政府再也力不从心了。汇率不仅不能稳定，而且一段时期中政府为稳定汇率而低价抛售外汇所丧失的利息就白白为私人投机者所获取。

2. 答：国际收支平衡表是系统记录某一特定时间内一国与外国在一切经济往来中的收支状况的统计表，它是一国制定贸易、关税政策、决定汇率、利率水平、进行对外投资等宏观经济活动的重要依据。根据国际货币基金组织（IMF）的规定及各国的编制现状，国际收支平衡表一般分为三个部分。

第一，是经常账户，它反映一国与国外之间真实资源的转移情况，包括货物、劳务、单方面转移等项目的收支情况，通常分为商品的进出口、运输、保险、旅游等劳务支出，私人或官方的单方面转移等项目。经常项目是国际收支中最基本的账户。

第二，是资本账户，它反映一国与国外之间金融资产与负债的所有交易，通常分为直接投资、证券投资等长期资产，一年以下的短期资产等项目。

第三，是平衡账户，它主要记录官方储备的增减，分配的特别提款权以及因统计误差带来的错误和遗漏。平衡账户的作用在于保证国际收支平衡表在采用借贷复式记账法与编表时，借方余额与贷方余额始终保持一致。

国际收支平衡表采用复式记账法，一般来说，进口商品和劳务，增加外国金融资产或官方储备，或减少对外负债时，记入相关账户的借方；而出口商品和劳务，减少外国金融资产或官方储备，或增加对外负债时，记入相关账户的贷方。

因此，发生某项国际收支业务时应在表中相关账户分别作出反映。

（1）该业务中，一方面本国发生劳务项目的支出，记入“经常账户——劳务支出”的借方；另一方面，减少本国的外汇资产，记入“资本项目——外汇”的贷方。

（2）该业务中，一方面增加本国的短期对外金融资产，记入“资本账户——短期资产”的借方；另一方面，减少本国的商品，记入“经常账户——出口”的贷方。

（3）该业务中，一方面本国长期对外金融资产增加，记入“资本账户——长期资产”的借方；另一方面，其来源是从国外取得的投资收入，记入“经常账户——投资收入”的贷方。

（4）该业务中，一方面本国增加外汇资产，记入“资本账户——外汇”的借方；另一方面属于国外对本国的私人单方面转移，记入“经常账户——单方面转移”的贷方。

3. 答：金里奇的言论对美国消费、政府购买、税收以及产出都没有即时影响。但是，国际投资者将会减少对美国经济的投资，因为美国政府债券有拖欠的风险，投资者将会减少购买美国政府债券。任何外国人都会将资金转移出美国，*NFI* 曲线向外移动，这会使利率上升。*NFI* 增加使外汇市场上美元供给增加，均衡汇率下降。

4. 答：在开放经济中，政府宏观经济政策的最终目标应该是实现宏观经济的国内均衡和国外均衡，即使宏观经济处于充分就业的水平上，并且没有通货膨胀的压力，经济均衡增长，国际收支平衡。如果一国经济出现国内非均衡或国外非均衡，则可以采取相应的财政、货币、对外贸易政策的组合，使宏观经济趋向既定的目标。

当一国处于通货膨胀和国际收支赤字状况时，政府应当采取如下的政策组合：

（1）紧缩性的货币政策，如出售债券，回笼货币，提高准备率、再贴现率等。紧缩性的货币政策使国内利息率上升，一方面可以使投资下降，压缩总需求，有利于物价水平的下降，减轻通货膨胀压力；另一方面进口量亦随收入水平的下降而减少，使国际收支赤字减少。同时，较高的利息率可以减少国内资本的外流，并吸收更多的国外资本流入，改善国际收支状况。

（2）紧缩性的财政政策，如削减财政支出，提高税率等紧缩性的财政政策可以抑制总需求，以配合紧缩性的货币政策的影响。

（3）贸易保护性政策，如提高进口关税、进口许可与进口配额，非关税壁垒等；外汇管制政策，如制定限制外汇流出，促进外汇流入的政策等。贸易保护性政策和外汇管制政策可以减少进口，促进资本流入，有效改善国际收支状况，但会影响与本国经济往来密切的国家的利益，因此，需要考虑对方的反应，以免采取报复措施。

总之，一国处于国内、外非均衡时，应当根据具体情况将各种经济政策加以适当的配合。一般来说，财政政策的作用对国内经济活动的调节效果比较直接；外贸、外汇政策对调节国际收支效果比较显著。但同时又会影响多变贸易关系，而货币政策是通过利息率来间接地调节国内总需求水平及国际收支状况的。在实际运用中，应考虑各种政策对经济总量的不同影响，相互配合、相互补充，以有利于客观经济同时实现国内、外的均衡。

5. 答：在资本完全流动的假定下，如果外国汇率是既定的，则当国内利率高于外国水平时，资本会无限流入本国，出现大量的资本账户及国际收支的盈余；反之，若本国利率低于外国水平，资本会无限外流，出现国际收支赤字。

（1）浮动汇率制度下货币政策的政策效应。货币供给增加会导致：本国利率暂时下降，根据资本完全流动的假设，它最终会恢复到初期与外国利率相等的水平；本国收入增加，而且货币政策能有效地改变本国收入；外汇汇率上升即本币汇率下降；本国贸易收支得到改善。

（2）固定汇率制度下货币政策的政策效应。货币供给增加会导致：本国利率发生暂时性下降；本国收入不变；本国贸易收支不变；本国外汇储备减少。

（3）浮动汇率制度下财政政策的政策效应。扩张性政策导致：本国利率发生暂时性上升，最终会回到期初等于外国利率的水平；汇率下降或本币对外升值；本国收入不变；本国贸易收支恶化。

（4）固定汇率制度下财政政策的政策效应。扩张性政策的影响是：利率发生暂时性上升；本国收入增加；本国外汇储备增加；汇率不变，但是收入增加导致本国发生贸易逆差。

相关考研题解析

一、浮动汇率制度下国际收支逆差的调整过程。（中央财经大学2003年考研题）

详解：

如图17－1所示，在浮动汇率制度下，外汇的供给不足将促使外汇价格上升，汇率下降。汇率下降表示该国商品相对于外国商品更加低廉，于是出口增多，进口减少，即净出口增加。净出口增加，一方面会使得*IS*曲线右移，另一方面会使得*BP*曲线右移，例如从IS_1和BP_1移动到IS_2和BP_2。由于这两种移动，*IS*、*LM*和*BP*曲线都相交于y_2和r_2的组合，在这一收入水平和利率水平上存在着内部均衡和外部均衡。应该指出，在浮动汇率制度下，中央银行不会改变本国货币供给量，因此，*LM*曲线不会发生移动。简言之，在浮动汇率制度下，国际收支逆差的调整是通过*BP*曲线和*IS*曲线的移动来实现的。

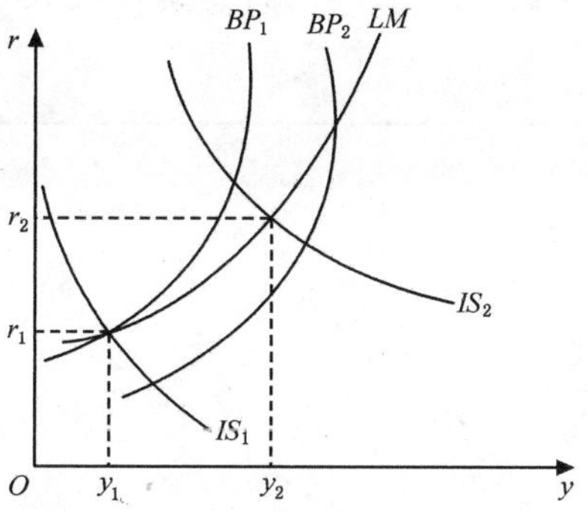

图17－1

18 第十八章 通货膨胀与失业

内容导读

本章主要研究通货膨胀和失业的理论。通货膨胀可以分为需求拉起、成本推进和结构性的通货膨胀三类，会造成市场扭曲，增加经济活动中的不确定性。

失业率的上升意味着总产量的下降，人们的总实际收入下降，因此对所有人都会造成危害。

本章要点梳理

一、通货膨胀的理论

通货膨胀是指物价的普遍上涨。它的基本原因是货币数量相对于产品数量过多。通货膨胀的表现为一般价格水平的上升。通常用通货膨胀率来衡量通货膨胀的程度。具体可用三种价格指数来反映通货膨胀率：（1）消费者物价指数（简称 CPI），又称生活费用指数或居民消费指数，指通过计算城市居民日常消费的生活用品和劳务的价格水平变动而得到的指数。（2）生产者价格指数，又称批发价格指数，指通过计算生产者在生产过程中所有阶段上所获得的产品的价格水平变动而得的指数。（3）国民生产总值价格折算指数，它反映的是所有计入 GNP 的最终产品和劳务的价格水平的变化。

按不同的标准可以把通货膨胀进行分类。按物价上涨的速度来划分，通货膨胀可分为爬行的通货膨胀、温和的通货膨胀、飞奔的通货膨胀和恶性通货膨胀四类。当物价上涨小于 2% ~3% 时属爬行型；在 3% ~10% 之间属温和型，达两位数时即为飞奔型，若每月超过 50% 的上升速度，就属恶性通货膨胀。按照通货膨胀发生的原因来划分，可把通货膨胀分为：需求拉起的通货膨胀、成本推进的通货膨胀和结构性的通货膨胀三类。按通货膨胀能否预期来划分，可把通货膨胀分为可预期的通货膨胀和不可预期的通货膨胀两类。

需求拉起的通货膨胀，即来自需求方面的冲击，是指因需求增长过度，超过了产品的增长速度而引起的通货膨胀。当整个经济处于扩张时期，总需求持续地跑在总产量前面的时候，人们就容易看清，总需求增长的最终原因在于货币供给量的增长。需求拉起的通货膨胀只是一个症状，货币供给的过度增长则是病因。从理论上讲，引起总需求过度的途径有两个：一是货币流通速度的加快，二是货币供给量的增长。

成本推进的通货膨胀，是指由于生产成本的提高而引起的一般价格水平的上升。生产成本的提高，一方面可体现在工资水平的上升，原材料和能源等涨价；另一方面也体现在厂商为追求垄断利润而限制产量，从而引起价格水平的普遍上涨。在现有的价格水平下，工人如果要求提高实际工资，厂商能够雇佣的工人就会减少，其产量就随之减少，导致供给曲线向左移动，总需求水平超过总供给，价格水平上升。与需求拉起的通货膨胀不同的是，在短期，成本推进的通货膨胀将减少经济的产出水平。

结构性的通货膨胀，指由于特定的经济制度、控制系统、信息系统和决策系统的结构因素或这些结构的变化而引起的通货膨胀。

二、通货膨胀的经济效应

主要有两个方面：（1）通货膨胀的再分配效应。首先，通货膨胀将降低固定收入阶层的实际收入水平。即使就业工人的货币工资能与物价同比例增长，在累进所得税下，货币收入增加使人们进入更高的纳税等级，税率的上升也会使工人的部分收入丧失。其次，通货膨胀靠牺牲债权人的利益而使债务人获利。只要通货膨胀率大于名义利率，实际利率就为负值。（2）通货膨胀的产出效应。在短期，需求拉起的通货膨胀可促进产出水平的提高；成本推进的通货膨胀却会导致产出水平的下降。需求拉起的通货膨胀对就业的影响是清楚的，它会刺激就业、减少失业；成本推进的通货膨胀在通常情况下会减少就业。在长期，上述影响产量和就业的因素都会消失。

在通货膨胀期间，债权人要求债务人补偿他因出借的款项购买力下降而遭受的损失。从而市场利率或名义利率水平中包含了通货膨胀率。在货币市场达到均衡时，通货膨胀率等于名义货币增长率减去实际货币需求增长率。如果货币在长期内持续高速增长，通货膨胀与名义货币增长就会紧密相关。通过发行货币来弥补预算赤字会导致通货膨胀。

三、失业及失业类型

这一部分参见第一章国民收入的核算与循环。

四、菲利普斯曲线

菲利普斯曲线是由英国经济学家菲利普斯根据现实统计资料所给出的反映失业率与名义工资变化率之间相互关系的曲线，即失业率与名义工资变化率之间存在着负相关的关系，且在失业率大致为6% ~7%时，工资变化率为零，工资会达到一个稳定水平。当失业率小于6% ~7%时，工资就会上升；当失业率大于6% ~7%时，工资就会下降。由于单位工资成本占生产成本的比例较大，所以，工资的上升可以转化为价格的上升。工资变化率与价格变化率之间的关系可以用数学公式表示为 $\Delta P\% = \Delta W\% - \Delta(Q/L)\%$。因此，菲利普斯曲线表明，通货膨胀与失业率之间存在着相互替代的关系，要使通货膨胀率降低，失业率就会提高；要使失业率降低，就会引起高通货膨胀。从长期看，菲利普斯曲线会越来越向右上移动。造成菲利普斯曲线向右上方移动的原因是工人保持其实际工资上涨率与通货膨胀相一致的行为，以及他们对通货膨胀的适应性预期。新古典综合派认为，错误的宏观政策会使菲利普斯曲线向右上移动，而正确的政策会使菲利普斯曲线向左下移动。

本章知识脉络图

- 通货膨胀与失业
  - 通货膨胀
    - 通货膨胀的分类
    - 通货膨胀的原因
      - 需求拉起的通货膨胀
      - 成本推进的通货膨胀
      - 结构性的通货膨胀
    - 通货膨胀的影响
      - 再分配效应
      - 产出效应
  - 失业
    - 失业的定义
    - 失业的类型
      - 摩擦性失业
      - 结构性失业
      - 周期性失业
    - 失业的影响
  - 通货膨胀与失业的关系 → 菲利普斯曲线

本章名词详解

◆ **通货膨胀**：是指经济的物价总水平或一般物价水平在一定的时期内持续的上升过程。

◆ **需求拉起的通货膨胀**：是指在商品市场上在现有的价格水平下，如果经济的总需求超过总供给水平，就会导致一般物价水平的上升，引起通货膨胀。

◆ **成本推进的通货膨胀**：是指由于生产成本的提高而引起的一般价格水平的上升。

◆ **结构性的通货膨胀**：指由于特定的经济制度、控制系统、信息系统和决策系统的结构因素或这些结构的变化而引起的通货膨胀。

◆ **自然失业率**：指在没有货币因素干扰的情况下，让劳动力市场和商品市场自发供求力量起作用时，总供给和总需求处于均衡状态时的失业率。

◆ **菲利普斯曲线**：菲利普斯曲线是菲利普斯根据现实统计资料所给出的反映货币工资变动与失业率之间相互关系的曲线。

同步练习与精解

一、同步练习题

（一）单项选择题

1. 一般用来衡量通货膨胀的物价指数是（　　）。

A. 消费者物价指数　　B. 生产物价指数

C. GDP 平均指数　　D. 以上均正确

2. 在充分就业情况下，下列因素中，最可能导致通货膨胀的是（　　）。

A. 进口增加　　B. 出口减少

C. 工资不变但劳动生产率提高　　D. 政府支出不变但税收减少

3. （　　）最可能引起中国 CPI 的上升高于中国 GDP 平减指数。

A. 比亚迪汽车价格上升

B. 军方购买的坦克价格上升

C. 国内生产并仅卖给巴基斯坦的战斗机价格上升

D. 日本生产并在中国销售的本田汽车价格上升

E. 东风拖拉机价格上升

4. 如果导致通货膨胀的原因是“货币过多而商品过少”那么经济中存在的通货膨胀是（　　）。

A. 结构性的　　B. 需求拉起的

C. 成本推进的　　D. 抑制性的

5. 在下列引起通货膨胀的原因中，（　　）最可能是成本推进型通货膨胀的原因。

A. 银行贷款的扩张　　B. 预算赤字

C. 世界性商品价格的上涨　　D. 投资增加

6. 通货膨胀会（　　）。

A. 使国民收入提高到超过其正常水平

B. 使国民收入提高或者下降，主要看产生这种通货膨胀的原因

C. 使国民收入下降到超过其正常水平

D. 只有在经济处于潜在的产出水平时，才会促进国民收入的增长

7. 根据奥肯定理，可知（　　）。

A. 如果实际 GDP 等于潜在 GDP，则实际失业率等于自然失业率

B. 如果实际 GDP 等于潜在 GDP，则实际失业率大于自然失业率

C. 如果实际 GDP 大于潜在 GDP，则实际失业率大于自然失业率

D. 如果实际 GDP 小于潜在 GDP，则实际失业率小于自然失业率

8. 菲利普斯曲线想要说明的是（　　）。

A. 低通货膨胀率和高国民收入增长率不可兼得

B. 低通货膨胀率和低失业率不可兼得

C. 低失业率和高国民收入增长率不可兼得

D. 低失业率和高工资率不可兼得

9. 根据菲利普斯曲线，可知（　　）。

A. 失业率和通货膨胀率存在一种“替代关系”

B. 失业率和通货膨胀率存在一种“互补关系”

C. 失业率和通胀率之间不存在关系

D. 失业率越高，通货膨胀率也越高

10. 政府支出增加导致通货膨胀的原因是（　　）。

A. 成本推动　　B. 需求拉动

C. 企业投资增加　　D. 结构变化

（二）简答题

1. 如果你的房东说：“工资、公用事业及别的费用都涨了，我也只能提你的房租。”这属于需求拉起型还是成本推进型通货膨胀？如果店主说：“可以提价，别担心卖不了，店门口排队争购的人多呢!”这又属于什么通货膨胀？

2. 通货膨胀和通货紧缩的区别是什么？

3. 通货膨胀是如何分类的？

4. 哪些种类失业是可以消除的？哪些是无法消除的？

（三）论述题

1. “轻微的通货膨胀是刺激经济的润滑剂”，你同意这个观点么？为什么？

2. 通货膨胀的主要原因是货币发行过多，那么，我们要求每年货币发行保持在一个低水平，比如3% ~5%的增长率，你认为这个办法好吗？

3. 通货膨胀一定会使家庭购买力下降吗？

4. 什么是城镇登记失业率？如何看待我国城镇登记失业率这个指标？

二、同步练习题精解

（一）单项选择题

1 A	2 D	3 D	4 B	5 C	6 B	7 A	8 B	9 A	10 B

（二）简答题

1. 答：理论上，把在没有差额需求的情况下由于供给方面成本的提高而引起的物价普遍上涨归属于成本推进型通货膨胀；而把由于总需求超过总供给而引起的通货膨胀归属于需求拉起型的通货膨胀。这样，问题中的前一问就应是成本推进型通货膨胀，后一问则属于需求拉起型通货膨胀。

2. 答：（1）通货膨胀是指一般物价水平的持续上涨过程。通货膨胀表现在 3 个方面：第一，通货膨胀表现为物价总水平的上涨；第二，通货膨胀指一般物价的持续上涨过程；第三，通货膨胀涉及价值的判断。

（2）通货紧缩是指由于货币供应量相对于经济增长和劳动生产率增长等要素减少而引致的有效需求严重不足，主要表现为一般物价水平的持续下跌、货币供应量持续下降和经济衰退等现象。

（3）通货膨胀和通货紧缩的区别表现在以下方面。

第一，表现方式不同：通货膨胀表现为一般物价水平的持续上涨；通货紧缩表现为一般物价水平的持续下跌。

第二，经济环境不同：通货膨胀一般发生在经济繁荣阶段；通货紧缩一般发生在经济萧条阶段。

第三，产生原因不同：通货膨胀是一种货币现象；通货紧缩一般是一种实体现象。

第四，治理方法不同：通货膨胀一般采用紧缩性财政政策和货币政策；通货紧缩一般采用扩张性财政政策和货币政策。

3. 答：按照通货膨胀的严重程度，可将其划分为爬行的通货膨胀、温和的通货膨胀、飞奔的通货膨胀和恶性通货膨胀四类。当物价上涨小于 2% ~3% 时属爬行型通货膨胀，在 3% ~10% 之间属温和型通货膨胀，达到两位数时属飞奔型通货膨胀，超过 50% 时就属恶性通货膨胀。

按照通货膨胀发生的原因，可将通货膨胀划出分为需求拉起的通货膨胀、成本推进的通货膨胀和结构性的通货膨胀三类。

按通货膨胀能否预期，可把通货膨胀划分为可预期的通货膨胀和不可预期的通货膨胀两类。

4. 答：西方学者认为，对于由摩擦性失业和结构性失业所构成的自然失业，只能降低其失业程度，而不可能完全消除。因为摩擦性失业产生的主要原因，是劳动力市场的不断变化及信息的不完全性，在这两个条件约束下，劳动力流动需要一个过程，因而摩擦性失业不可避免。结构性失业产生于经济结构的变化，而这种经济结构的变化在经济增长过程中是必然发生的，从衰退行业中游离出来的劳动者一时适应不了新兴行业的就业要求时，结构性失业必然要发生。因此，摩擦性失业和结构性失业是无法消除的。周期性失业是有效需求不足引起的。对于这种失业，可通过国家积极干预经济、刺激有效需求而得以消除。

（三）论述题

1. 答：这时一部分人的观点。通货膨胀不是一件好事，在一般的情况下应当防止。在国民经济发生严重的萧条时，也就是发生通货紧缩时，政府为刺激国民经济的复苏采取扩张性的财政和货币政策，也就是用适当的通货膨胀政策来抵消通货紧缩的不良影响。此时，“轻微的通货膨胀是刺激经济的润滑剂”这句话有一定的合理性。在解决通货紧缩时用轻微的通货膨胀的经济政策对国民经济的部门之间是价格调整，也是有所帮助的，因为各产业的需求程度不尽一致，价格的升降幅度也会有所不同，从而使国民经济的结构趋于合理化。

2. 答：通货膨胀的主要原因是货币发行过多，但这是针对国民产出水平而言的，如果国民经济产出水平增长8%，货币供应也增长8%左右，这不称为货币增长过多。所以，要求每年货币发行保持在一个低水平，比如3%～5%的增长率，这个办法不好。如果国民经济产出水平保持不变，或是负增长，即使货币发行增长3%～5%，也会引发通货膨胀；反之，如果国民经济的产出水平增长超过3%～5%，货币发行增长3%～5%，也不会引发通货膨胀。

3. 答：通货膨胀不一定会使家庭购买力下降。首先应分析通货膨胀的再分配效应和产出效应。从通货膨胀的效应来看，在一般情况下，通货膨胀会降低居民持有金融资产的实际价值，从而降低购买力。但如果居民负债大于资产，居民则会从通货膨胀中获得好处。另外，通货膨胀在短期内可能促进产出水平的提高，从而增加居民的名义收入，只要名义收入上升的比例大于通货膨胀率，则家庭的购买力就会上升。

4. 答：我国目前使用的城镇登记失业率概念，是指城镇登记失业人数同城镇从业人数与城镇登记失业人数之和的比例关系，其计算公式为：城镇登记失业率＝城镇登记失业人数/（城镇从业人数＋城镇登记失业人数）×100%。城镇登记失业人员是指有非农业户口，在一定的劳动年龄内，有劳动能力，无业而要求就业，并在当地就业服务机构进行求职登记的人员。

我国城镇登记失业率指标存在以下不足：①统计范围有限。城镇登记失业率只能反映城镇显性失业水平，无法反映城镇隐性失业问题，更不能够反映农村失业问题。②时效性差。

鉴于我国失业统计存在的问题，对其进行改革势在必行，改革主要应从以下几个方面进行。一是重新确定失业人员的统计定义，尽量使我国失业统计标准与国际惯例接轨，增强统计资料在国际间的可比性。二是构建一套完整的失业统计指标体系。现行的失业统计指标过于单一，城镇登记失业率指标不能准确判断我国的失业现状。如果想从定量的角度分析我国的失业现状，以便更好地解决就业问题，必须重新构造失业统计指标体系。

相关考研题解析

一、经济中达到一般均衡是否意味着充分就业？为什么追求高就业目标会导致通货膨胀？（清华大学2004年考研题）

详解：

（1）经济中达到一般均衡意味着充分就业。失业分为自然性失业和经济性失业，充分就业就是指不存在经济性失业的就业状态。当经济达到一般均衡的时候，意味着工人在愿意接受的工资水平下可以找到工作。这个时候可能还存在自然性失业，但是这并不影响充分就业。

（2）菲利普斯曲线表明，失业率与通货膨胀率之间存在着此消彼长的替代关系，即要使失业率降低就必然引起通货膨胀率的上升。当追求高的就业目标，即要实现低的失业率时，通货膨胀率就会上升。根据原始的菲利普斯曲线，货币工资增长率与失业率之间存在着此消彼长的替代关系。因为成本是决定价格的基础。在短期中，工资和价格存在固定比例关系，故可用通货膨胀率代替货币工资增长率。因而，高的就业目标会导致通货膨胀。

二、通货膨胀、通货收缩、通货紧缩和滞涨，这几个概念有何区别？（电子科技大学2004年考研题、武汉大学2001年考研题）

详解：

（1）通货膨胀。最初指因纸币发行量超过商品流通中的实际需要量而引起的货币贬值现象。纸币流通规律表明，纸币发行量不能超过它象征地代表的金银货币量，一旦超过了这个量，纸币就要贬值，物价就要上涨，从而出现通货膨胀。通货膨胀只有在纸币流通的条件下才会出现，在金银货币流通的条件下不会出现此种现象。因为金银货币本身具有价值，作为贮藏手段的职能可以自发地调节流通中的货币量，使它同商品流通所需要的货币量相适应。而在纸币流通的条件下，因为纸币本身不具有价值，它只是代表金银货币的符号，不能作为贮藏手段，因此，纸币的发行量如果超过了商品流通所需要的数量，此时，流通中的纸币量比流通中所需要的金银货币量增加了，货币就会贬值，这就是通货膨胀。在宏观经济学中，通货膨胀主要是指价格和工资的普遍上涨。

通货收缩。在宏观经济的实际运行中，若总需求大于总供给，表现为物价上升；若总需求小于总供给，表现为物价下降；若总供求大体平衡，则物价将大体稳定。在经济学中，持续的物价下跌即是指通货收缩。

通货紧缩是指在经济均衡的状况下，由于企业债务负担加重、货币供给锐减或银行信贷收缩等原因造成投资需求突然下降或泡沫破裂，居民财富萎缩造成消费需求突然剧减等原因使总需求下降，出现供给大于需求，于是物价下降。

滞涨又称为萧条膨胀或膨胀衰退。指经济生活中出现了生产停滞、失业增加和物价水平居高不下同时存在的现象，它是通货膨胀长期发展的结果。长期以来，资本主义国家经济一般表现为：物价上涨时期经济繁荣、失业率较低或下降，而经济衰退或萧条时期的特点则是物价下跌。西方经济学家据此认为，失业和通货膨胀不可能呈同向发生。但是，自20世纪60年代末、70年代初以来，西方各主要资本主义国家出现了经济停滞或衰退、大量失业和严重通货膨胀以及物价持续上涨同时发生的情况。西方经济学家把这种现象称为滞涨。以弗里德曼为代表的货币主义者直接批判凯恩斯主义的通货膨胀政策，认为滞涨是长期实施通货膨胀的必然结果，以增加有效需求的办法来刺激经济实质上是过度发行货币，经济中的自然失业率是无法通过货币发行来消除的。

（2）通货膨胀、通货收缩和通货紧缩的区别在于：通货膨胀是一般价格水平在某一时期内的持续上涨。通货收缩指消除或减少通货膨胀的过程。通货紧缩指价格水平在一定时期内的持续下降。当高通货膨胀与高失业率并存时，经济即陷入滞涨。

《微观经济学》自测题一

题目	一	二	三	四	五	六	七	总分
得分								
阅卷人								

一、单项选择题（共 12 分，每题 1 分）

1. 下面最不可能成为稀缺物品的是（　　）。

A. 伊拉克的石油　　B. 夏威夷的海水

C. 运送到北京的山东苹果　　D. 空气

2. 下列命题中，不是实证分析的是（　　）。

A. 1982 年 8 月美联储把贴现率降到 10%

B. 1981 年美国失业率超过 9%

C. 微软公司应该被分解

D. 当某种商品的供不应求时，价格会上升

3. 对西瓜供给的减少，不可能是由于（　　）。

A. 西瓜的价格下降　　B. 政府限制西瓜的种植面积

C. 气候比往年更冷　　D. 农用化肥的价格上升

4. 政府为了保护生产者利益，规定的对某种产品的最低价格称为（　　）。

A. 支持价格　　B. 限制价格

C. 均衡价格　　D. 市场价格

5. 若 X 和 Y 两商品的交叉弹性是 0.8，那么 X 和 Y 是（　　）。

A. 替代品　　B. 正常商品

C. 劣等品　　D. 互补品

6. 当总效用达到极大值时，边际效用（　　）。

A. 达到最小　　B. 达到最大

C. 为零　　D. 为正

7. 当 MP_K 为负时，我们是处于（　　）。

A. 对 L 的 Ⅰ 阶段　　B. 对 K 的 Ⅲ 阶段

C. 对 L 的 Ⅱ 阶段　　D. 上述都不是

8. 不随产量变动而变动的成本称为（　　）。

A. 平均成本　　B. 固定成本

C. 长期成本　　D. 总成本

9. 下列行业中，最接近于完全竞争模式的是（　　）。

A. 轮船　　B. 牛奶

C. 小麦　　D. 石油

10. 竞争厂商的“收支相抵点”发生在（　　）产出水平上。

A. $MC = AC$　　B. $AVC = AFC$

C. $MC = AVC$　　D. $AC = AVC$

11. 以下最有可能成为垄断者的是（　　）。

A. 必胜客　　B. 山村里唯一的理发师

C. 沃尔玛超市　　D. 海尔集团

12. 某人的吸烟行为属于（　　）。

A. 生产的外部经济　　B. 消费的外部经济

C. 生产的外部不经济　　D. 消费的外部不经济

二、辨析题（共 20 分，每题 2 分，判断对错并改正）

1. 机会成本就是企业生产中的核算成本。　　本题得分：____
2. 需求缺乏弹性的商品，其价格下降会使生产者销售收入增加。　　本题得分：____
3. 消费者剩余就是消费者实际收入的增加。　　本题得分：____
4. 恩格尔曲线是根据收入消费曲线引致出来的。　　本题得分：____
5. 等产量线与等成本线相交，说明要保持原有的产出水平不变，应当增加成本开支。　　本题得分：____
6. 如果有隐性成本，会计利润将大于经济利润。　　本题得分：____
7. 完全竞争市场中厂商总收益曲线的斜率为零。　　本题得分：____
8. 一个完全垄断厂商面临着一条需求曲线，平均收益曲线与边际收益曲线的关系是后者斜率是前者斜率的两倍。　　本题得分：____
9. 公共物品的显著特点是排他性和竞争性。　　本题得分：____
10. 信息不完全会产生道德风险问题。　　本题得分：____

三、名词解释（共 12 分，每题 2 分）

1. 供给　　本题得分：____
2. 需求价格弹性　　本题得分：____
3. 效用　　本题得分：____
4. 边际成本　　本题得分：____
5. 逆向选择　　本题得分：____
6. 完全竞争市场　　本题得分：____

四、简答题（共 20 分，每题 4 分）

1. 微观经济学和宏观经济学的研究主体分别是什么？把下列各项分别归入微观经济学或宏观经济学。

A. 通货膨胀和通货紧缩　　B. 企业追求利润最大的经济行为

C. 苹果价格变动　　D. 贫困国家的经济增长

E. 高国民储蓄对经济增长的影响　　F. 失业问题

本题得分：____

2. 政府的限价行为有哪几种？请分别加以解释。　本题得分：____

3. 什么是无差异曲线？无差异曲线有什么特点？　本题得分：____

4. 什么是规模收益？规模收益分为哪几种情形？　本题得分：____

5. 简述价格歧视的定义以及类型。　本题得分：____

五、作图分析题（共 20 分，每题 4 分）

1. 指出发生下列情况时，某种蘑菇的市场均衡如何变化？用供求图进行分析。

（1）卫生组织发布一份报告，称这种蘑菇会致癌；

（2）培育蘑菇的工人工资增加了。　本题得分：____

2. 用图形表示下列情形：

（1）若生产要素 L 和 K 价格不变，只有生产成本增加时，等成本线如何移动？

（2）若生产成本和生产要素 K 的价格不变，只有生产要素 L 价格提高时，等成本线如何移动？　本题得分：____

3. 作图分析 AC、AVC、AFC 和 MC 之间的关系。　本题得分：____

4. 作图分析完全竞争厂商短期获得超额利润的均衡情况。　本题得分：____

5. 作图分析完全垄断厂商短期出现亏损最小的情况。　本题得分：____

六、计算题（共 10 分，每题 5 分）

1. 设某种商品的市场需求函数为 $Q_d = 100 - P$，求：

（1）如果价格为 $P = 20$，则需求量为多少？此时，需求的价格弹性是多少？

（2）若市场供给函数为 $Q_s = P - 20$，均衡价格和均衡数量是多少？此时的供给价格弹性是多少？　本题得分：____

2. 假设完全竞争行业中某厂商的成本函数为 $STC = Q^3 - 6Q^2 + 30Q + 40$，求 $P = 66$ 时利润极大的产量及利润总额。　本题得分：____

七、案例分析题（共 6 分）

1958 年，中国处于“大跃进”时期。当时的大跃进首先从农业开始，主要任务是提高粮食产量，当时农业生产中流行的口号是：“人有多大胆，地有多大产”。于是“作物密植”法便应运而生。所谓作物密植法指的是一亩地上洒满种子，种子多了，收获的产量自然就也高了，亩产千斤甚至万斤当然不在话下。于是，土地上的“大跃进”开始了。有些地方种小麦时，一亩地用种高达500斤，麦田里密不透风，光照严重不足，最后只好用鼓风机或电扇送风，晚上则安上电灯进行采光。结果可想而知，高投入并没有带来高产出，反而使正常的农业生产遭到严重破坏。从1959年至1961年，我国粮食大幅度减产。

阅读上述经济案例，分析以下问题：

（1）造成案例中粮食大幅减少的原因可以用经济学中哪个规律来解释？请简述这一规律的内容。

（2）想一想如果要改变粮食大幅减产的局面，实现产量的提高，可以用什么办法？请具体加以说明。

本题得分：____

《微观经济学》自测题一答题纸

一、单项选择题（共 12 分，每题 1 分）

1	2	3	4	5	6	7	8	9	10	11	12

二、辨析题（共 20 分，每题 2 分，判断对错并改正）

1.

得分：

2.

得分：

3.

得分：

4.

得分：

5.

得分：

6.

得分：

7.

得分：

8.

得分：

9.

得分：

10.

得分：

三、名词解释（共 12 分，每题 2 分）

1.

得分：

2.

得分：

3.

得分：

4.

得分：

5.

得分：

6.

得分：

四、简答题（共 20 分，每题 4 分）

1.

得分：

2.

得分：

3.

得分：

4.

得分：

5.

得分：

五、作图分析题（共 20 分，每题 4 分）

1.（1）

（2）

得分：

2.（1）

（2）

得分：

3.

得分：

4.

得分：

5.

得分：

六、计算题（共10分，每题5分）

1.

得分：

2.

得分：

七、案例分析题（共6分）

得分：

《微观经济学》自测题一参考答案

一、单项选择题（共 12 分，每题 1 分）

1	2	3	4	5	6	7	8	9	10	11	12
D	C	A	A	A	C	B	B	C	A	B	D

二、辨析题（共 20 分，每题 2 分，判断对错并改正）

1. 错（1 分）机会成本是由于使用某些资源所放弃该资源其他用途的最高代价。（1 分）

2. 错（1 分）销售收入减少。（1 分）

3. 错（1 分）消费者愿意支付的价格与实际支付的价格之间的差额。（1 分）

4. 对。（2 分）

5. 错（1 分）应该减少成本开支。（1 分）

6. 对。（2 分）

7. 错（1 分）斜率为一定值或价格。（1 分）

8. 对。（2 分）

9. 错（1 分）公共物品的显著特点是非排他性和非竞争性。（1 分）

10. 对。（2 分）

三、名词解释（共 12 分，每题 2 分）

1. 供给：就是生产者在某一时期，在每种价格水平上愿意并能够提供的商品和劳务的数量。

2. 需求价格弹性：是表示商品需求量对商品价格变动反应程度的指标。

3. 效用：指消费者从消费某种商品或商品组合中所得到的欲望的满足程度。

4. 边际成本：厂商每增加一单位产量所引起的总成本的增量。

5. 逆向选择：是指由于信息不对称导致的低质量产品将高质量产品驱逐出市场的现象。

6. 完全竞争市场：指存在众多生产相同产品的厂商，而不存在任何干扰因素的市场。

四、简答题（共 20 分，每题 4 分）

1. 答：微观经济学研究单个的经济个体，宏观经济学研究的是整个国民经济总体。

(1分) ADEF属于宏观经济学，BC属于微观经济学。(3分)

2. 答：政府的限价行为分为最低限价和最高限价。(2分) 最低限价是政府为了支持某一行业的生产而规定的该行业产品最低必须达到的价格。也称为支持价格。实际上是一个高于均衡价格的价格。最高限价是指政府为了限制某些商品价格上涨而规定的这些商品不得超过的最高价格。也称为限制价格。(2分)

3. 答：所谓无差异曲线就是表示能给消费者带来同等满足程度的两种商品的不同数量组合的点的轨迹。(1分) 主要有四个特征：(1) 向右下方倾斜，斜率为负；(2) 一个平面内有无数条无差异曲线，越远离原点，意味着效用越高；(3) 任何两条无差异曲线不能相交；(4) 无差异曲线凸向原点。(3分)

4. 答：所谓规模收益也称规模报酬，是指在技术水平和要素价格不变的条件下，当所有要素都按同一比例变动时，产量（即收益）变动的状态。(1分) 规模收益分为三种情形：产量增加的比例大于生产要素增加的比例时，称为规模收益递增；产量增加的比例小于生产要素增加的比例时，称为规模收益递减；产量增加的比例等于生产要素增加的比例时，称为规模收益不变。(3分)

5. 答：价格歧视，即在同一时间对同一种产品向不同的购买者索取不同的价格。(1分) 价格歧视分为三种类型：第一，一级价格歧视，又称完全价格歧视。这就是，假设垄断者了解每一消费者为了能购进每一单位产品所愿付出的最高价格，并据此来确定每一单位产品的价格。第二，二级价格歧视。这就是，垄断厂商了解消费者的需求曲线，把这种需求曲线分为不同段，根据不同购买量确定不同的价格。第三，三级价格歧视。这就是，垄断厂商对不同市场的不同消费者实行不同的价格。(3分)

五、作图分析题（共20分，每题4分）

1. 答：(1) 消费者偏好减弱引起需求曲线左移，均衡价格和均衡数量均下降。(2分) (2) 工人工资增加引起供给曲线左移，均衡价格上升，均衡数量下降。(2分) 图略。

2. 答：(1) 等成本线水平右移。图略。(2分)

(2) 等成本线以其与纵轴交点为中心向内旋转。图略。(2分)

3. 答：图略。(4分)

4. 答：图略。(4分)

5. 答：图略。(4分)

六、计算题（共10分，每题5分）

1. 答：(1) $Q=80$，$E_d=0.25$ (2分) (2) $P_E=60$，$Q_E=40$，$E_s=1.5$ (3分)。

2. 答：$MC=3Q^2-12Q+30$ (1分)　$P=MC$ 即 $66=3Q^2-12Q+30$ (1分) 得出 $Q=6$ (1分) $\pi=TR-TC$ (1分)，经过计算 $\pi=176$ (1分)。

七、案例分析题（共6分）

答：(1) 可以用边际报酬递减规律来解释。该理论的内容为在技术水平和其他投入要素不变的情况下，一种要素的投入量增加到一定水平后，增加的单位投入所带来的总产出的

增量是递减的，这被称作边际报酬递减规律。(4 分)

（2）可以通过改变该规律发挥作用的条件来改变减产的局面，比如可以提高种植小麦的技术，或者在增加种子这一要素的同时也增加其他投入要素的数量，比如开垦出更多的适于耕种的土地。(2 分)

《微观经济学》自测题二

题目	一	二	三	四	五	六	七	总分
得分								
阅卷人								

一、单项选择题（共12分，每题1分）

1. 经济学是研究个人、企业、政府以及整个社会在面对（　　）时做出选择的一门社会科学。

A. 必要性　　B. 贫困

C. 稀缺　　D. 效率

2. 下列项目中，属于规范经济问题的是（　　）。

A. 通货膨胀和失业是由什么引起的　　B. 政府应该雇用所有失业的工人吗

C. 消费者如何对较低的价格做出反应　　D. 收入和储蓄之间的关系是什么

3. 当其他条件不变时，某商品的价格下降，将导致（　　）。

A. 供给增加　　B. 供给量增加

C. 供给减少　　D. 供给量减少

4. 如果某商品需求价格缺乏弹性，则该商品价格上升（　　）。

A. 会使销售收益增加　　B. 该商品销售收益不变

C. 会使该商品销售收益下降　　D. 销售收益可能增加也可能下降

5. 一个消费者需求曲线上的各点（　　）。

A. 表示该消费者的效用最大点　　B. 不表示该消费者的效用最大点

C. 有可能表示的效用最大点　　D. 上述都对

6. 如果等成本线与等产量线没有交点，则要生产等产量线所表示的产量应该（　　）。

A. 增加投入　　B. 保持投入不变

C. 减少投入　　D. 上述都不对

7. 已知产量为99单位时，总成本等于990，产出增加到100单位时，平均成本等于10，由此可知边际成本为（　　）。

A. 10元　　B. 5元

C. 15元　　D. 7.5元

8. 下列行业中，（　　）最接近于完全竞争市场。

A. 牛奶　　B. 小麦

C. 移动运营商服务　　D. 飞机

9. 在完全竞争市场上，厂商短期均衡条件是（　　）。

A. $P = AR$　　B. $P = MR$

C. $P = MC$　　D. $P = AC$

10. 在一般情况下，厂商得到的价格若低于（　　）就停止营业。

A. 平均成本　　B. 平均可变成本

C. 边际成本　　D. 平均固定成本

11. 信息不对称，比方说买方不清楚卖方一些情况，是由于（　　）。

A. 卖方故意要隐瞒自己一些情况　　B. 买方认识能力有限

C. 完全掌握情况所费成本太高　　D. 以上三种情况都有可能

12. 下列物品最有可能是私人物品的是（　　）。

A. 自行车　　B. 国家森林公园内树上的果子

C. 故宫博物院内的国宝　　D. 大熊猫

二、辨析题（共 20 分，每题 2 分，判断对错并改正）

1. 对棒球手套征税 10 美元，总会使棒球手套买者支付的价格提高 10 美元。　本题得分：____

2. X 商品价格下降导致 Y 商品需求数量上升，说明两种商品是替代品。　本题得分：____

3. 如果存在一种物品供给过剩，则该物品的价格将会上升。　本题得分：____

4. 政府规定某种商品的最低限价，会使该商品短缺现象发生。　本题得分：____

5. 劣质商品一定是吉芬商品，但吉芬商品不一定是劣质品。　本题得分：____

6. 在完全竞争市场上，企业在停止经营时，$TR = TVC$，亏损则不能确定。　本题得分：____

7. 厂商利润最大化的原则是 $AR = AC$。　本题得分：____

8. 旅游景点对团队票价实行折扣，对散客实行全价票，这种做法属于三级价格歧视。　本题得分：____

9. 市场失灵指的是市场没有达到可能达到的最佳结果。　本题得分：____

10. 当厂商生产给社会造成污染时，厂商的私人成本高于社会产本。　本题得分：____

三、名词解释（共 12 分，每题 2 分）

1. 稀缺性　本题得分：____

2. 消费者剩余　本题得分：____

3. 需求收入弹性　本题得分：____

4. 完全垄断市场　本题得分：____

5. 规模收益　本题得分：____

6. 外部性　　本题得分：____

四、简答题（共 20 分，每题 4 分）

1. 序数效应论分析消费者偏好的三个基本假定是什么？　　本题得分：____
2. 等产量曲线有什么特点？　　本题得分：____
3. 简述完全竞争市场的假定条件。　　本题得分：____
4. 简述完全垄断的成因。　　本题得分：____
5. 什么是市场失灵？造成市场失灵的原因有哪些？　　本题得分：____

五、作图分析题（共 20 分，每题 4 分）

1. 技术进步使芯片生产成本下降。运用供求图，说明这种技术进步对以下市场均衡价格和产量的影响。(1) 电脑市场；(2) 电脑软件市场。　　本题得分：____

2. 用图形表示下列情形：

(1) 若商品服装和食品价格不变，只有消费者收入减少时，预算线如何移动？

(2) 若消费者收入不变，商品服装价格提高同时商品食品价格下降，预算线如何移动？

本题得分：____

3. 作图分析 *TC*、*TVC* 和 *TFC* 之间的关系。　　本题得分：____
4. 作图说明短期内完全竞争厂商停止营业点的情况。　　本题得分：____
5. 作图说明完全垄断厂商短期获得超额利润的均衡情况。　　本题得分：____

六、计算题（共 10 分，每题 5 分）

1. 已知某一时期内某种商品的需求函数为：$Q_d = 50 - 4P$，供给函数为：$Q_s = 10 + 4P$。

(1) 求均衡价格和均衡数量；

(2) 求均衡时的需求价格弹性和供给价格弹性。　　本题得分：____

2. 已知某厂商的短期总成本函数是 $STC(Q) = 0.04Q^3 - 0.8Q^2 + 10Q + 5$。

(1) 写出下列相应的函数：*TVC*，*AC* 和 *MC*；

(2) 求最小的平均可变成本值。　　本题得分：____

七、案例分析题（共 6 分）

大约从 20 世纪 80 年代初期开始，我国老百姓在过春节的年夜饭中增添了一套诱人的内容，那就是春节联欢晚会。记得 1982 年第一届春晚的出台，在当时娱乐事业尚不发达的我国引起了极大的轰动。晚会的节目成为全国老百姓在街头巷尾和茶余饭后津津乐道的题材。

晚会年复一年地办下来了，投入的人力和物力越来越大，技术效果越来越先进，场面设计越来越宏大，节目种类也越来越丰富。但不知从哪一年开始，人们对春晚的评价却越来越差了。原来街头巷尾和茶余饭后的赞美之词变成了一片骂声，春晚成了一道众口难调的大菜，晚会陷入了“年年办，年年骂；年年骂，年年办”的怪圈。

为什么会出现春晚的怪圈？请用所学经济理论加以解释。　　本题得分：____

《微观经济学》自测题二答题纸

一、单项选择题（共12分，每题1分）

1	2	3	4	5	6	7	8	9	10	11	12

二、辨析题（共20分，每题2分，判断对错并改正）

1.

得分：

2.

得分：

3.

得分：

4.

得分：

5.

得分：

6.

得分：

7.

得分：

8.

得分：

9.

得分：

10.

得分：

三、名词解释（共 12 分，每题 2 分）

1.

得分：

2.

得分：

3.

得分：

4.

得分：

5.

得分：

6.

得分：

四、简答题（共 20 分，每题 4 分）

1.

得分：

2.

得分：

3.

得分：

4.

得分：

5.

得分：

五、作图分析题（共20分，每题4分）

1. （1）　　　　（2）

得分：

2. （1）　　　　（2）

得分：

3.

得分：

4.

得分：

5.

得分：

六、计算题（共 10 分，每题 5 分）

1.

得分：

2.

得分：

七、案例分析题（共 6 分）

得分：

《微观经济学》自测题二参考答案

一、单项选择题（共 12 分，每题 1 分）

1	2	3	4	5	6	7	8	9	10	11	12
C	B	D	A	A	A	A	B	C	B	D	A

二、辨析题（共 20 分，每题 2 分，判断对错并改正）

1. 对。（2 分）
2. 错（1 分）互补品。（1 分）
3. 错（1 分）倾向于下降。（1 分）
4. 错（1 分）过剩。（1 分）
5. 错（1 分）吉芬商品一定是劣质品，但劣质品不一定是吉芬商品。（1 分）
6. 错（1 分）亏损是全部固定成本。（1 分）
7. 错（1 分）$MR = MC$。（1 分）
8. 对。（2 分）
9. 对。（2 分）
10. 错（1 分）厂商的私人成本低于社会成本。（1 分）

三、名词解释（共 12 分，每题 2 分）

1. 稀缺性：是指人们所拥有的资源数量不能满足人们欲望时的一种状态。

2. 消费者剩余：指消费者愿意支付的价格与实际支付的价格之间的差额。

3. 需求收入弹性：表示在一定时期内一种商品的需求量的变动对于收入的变动的反应程度。

4. 完全垄断市场：是指一家厂商控制整个行业，不存在任何竞争的市场类型。

5. 规模收益：也称规模报酬，是指在技术水平和要素价格不变的条件下，当所有要素都按同一比例变动时，产量（即收益）变动的状态。

6. 外部性：是指一个经济活动的主体对它所处的经济环境的影响。

四、简答题（共 20 分，每题 4 分）

1. 答：第一，消费者能够对任意两种物品的任意数量的组合确定其偏爱程度。（1

分）第二，消费者偏好具有传递性。（1 分）第三，在所含商品数量较多的商品组合和所含商品数量较少的商品组合之间，消费者总是宁可要前者而不要后者。当然这是建立在未饱和状态前提下，同时对于消费者而言这样的商品组合都是其喜欢的商品组合。（2 分）

2. 答：是一条负斜率的曲线；（1 分）一个平面图上可以有无数条等产量曲线，越远离原点的曲线代表的产量越高；（1 分）任意两条等产量曲线不能相交；（1 分）等产量曲线凸向原点。（1 分）

3. 答：市场上有许多生产者和消费者，买者和卖者都是价格的接受者。（1 分）不存在产品差别，即市场上众多厂商出售的产品都是同质的，各个厂商的产品间可以完全替代。（1 分）各种资源可以自由流动，不受任何限制。（1 分）生产者和消费者都拥有充分信息。（1 分）

4. 答：对投入的控制。（1 分）规模经济的存在。（1 分）专利技术。（1 分）一个厂商可能会由于政府赋予它某种市场特权而成为垄断者。（1 分）

5. 答：市场失灵是指市场不能自动地实现经济资源的最优配置，因而也就不能利用稀缺的资源去最大化地满足社会的欲望。（1 分）从经济学角度讲，市场失灵基于四种原因：公共产品；外溢作用；不完全的信息；市场垄断力量的存在。（3 分）

五、作图分析题（共 20 分，每题 4 分）

1. 答：

（1）技术进步使芯片生产成本下降，使生产电脑的生产成本同时下降。使电脑的供给增加，供给曲线向右下方移动，电脑市场上价格下降，销售量上升。（2 分）

（2）电脑和软件是互补品，电脑的销售量增加引起软件的需求增加，需求曲线向右上方移动，价格上升，销售量上升。图略。（2 分）

2. 答：（1）预算线水平左移。图略。（2 分）（2）预算线与纵轴交点向外移动，与横轴交点向内移动，从而导致新的预算线与原预算线相交。图略。（2 分）

3. 答：图略。（4 分）

4. 答：图略。（4 分）

5. 答：图略。（4 分）

六、计算题（共 10 分，每题 5 分）

1. 答：（1）$P=5$，$Q=30$（2 分）；（2）$E_d=2/3$，$E_s=2/3$。（3 分）

2. 答：（1）$TVC=0.04Q^3-0.8Q^2+10Q$，$AC=0.04Q^2-0.8Q+10+5/Q$，$MC=0.12Q^2-1.6Q+10$。（3 分）

（2）$Q=10$ 时，AVC 最小，其值为 6。（2 分）

七、案例分析题（共 6 分）

答：春晚怪圈的产生是经济学中的边际效用递减规律在起作用。（2 分）边际效用递减规律是指在一定时间内，某商品的边际效用随着其数量的增加而不断减少的现象，被称为边际效用递减规律。春晚对于人们来讲年年办，就像消费商品一样数量在不断增加，所以人们从春晚中得到的效用就会不断减少，因而会陷入“年年办，年年骂；年年骂，年年办”的怪圈。(4 分)

《宏观经济学》自测题一

题目	一	二	三	四	五	总分
得分						
阅卷人						

一、单项选择题（共 12 分，每题 1 分）

1. 在凯恩斯看来，造成资本主义经济萧条的根源是（　　）。

A. 资源短缺　　B. 技术落后

C. 有效需求不足　　D. 微观效率低下

2. GDP 的均衡水平与充分就业的 GDP 水平的关系是（　　）。

A. 两者完全相同

B. 除了特殊的失衡状态，GDP 均衡水平通常就意味着充分就业时的 GDP 水平

C. GDP 的均衡水平完全不可能是充分就业的 GDP 水平

D. GDP 的均衡水平可能是也可能不是充分就业的 GDP 水平

3. 不列入国内生产总值的核算的是（　　）。

A. 出口到国外的一批货物

B. 经纪人为一座旧房买卖收取的一笔佣金

C. 政府给贫困家庭发放的一笔救济金

D. 保险公司收到一笔家庭财产保险费

4. 假如某国目前的均衡国民收入为 5500 亿元，若政府要把国民收入提高到 6500 亿元，在边际消费倾向 *MPC* 等于 90% 的条件下，应增加支出（　　）亿元。

A. 50　　B. 500

C. 100　　D. 540

5. 典型的经济周期会依次经历（　　）。

A. 繁荣、衰退、萧条、复苏　　B. 复苏、繁荣、萧条、衰退

C. 复苏、萧条、衰退、繁荣　　D. 萧条、衰退、复苏、繁荣

6. 如果利息率上升，持有证券的人将（　　）。

A. 享受证券的资本所得　　B. 经受证券的资本损失

C. 在决定出售时，找不到买主　　D. 以上说法都不对

7. 在一个由多家商业银行组成的体系中，公众不持有通货，最低法定准备金规定为20%，银行的一笔100万元新存款最终使银行存款一共增加（　　）。

A. 250万元　　B. 500万元

C. 50万元　　D. 40万元

8.（　　）不能使 *LM* 曲线产生位移。

A. 公开市场业务　　B. 降低法定准备金

C. 通货膨胀　　D. 扩大政府购买

9. 在AD－AS模型中，其他条件不变，技术的改进使得实际总供给曲线（　　）。

A. 向左移　　B. 向右移

C. 先向左后向右　　D. 先向右后向左

10. 为降低失业率，应采取的货币政策工具是（　　）。

A. 提高税收　　B. 增加货币供给量

C. 提高失业救济金　　D. 增加政府支出

11. 美元贬值将会（　　）。

A. 扩大美国出口并减少其进口　　B. 减少美国的出口和进口

C. 增加美国的出口和进口　　D. 减少美国的出口并增加其进口

12. 通货膨胀是指（　　）。

A. 主要消费品价格上涨　　B. 生活必需品价格上涨

C. 社会物价水平持续普遍上涨　　D. 主要生产要素价格上涨

二、名词解释（共10分，每题2分）

1. GDP　　本题得分：____

2. 货币需求　　本题得分：____

3. 奥肯定律　　本题得分：____

4. 浮动汇率制度　　本题得分：____

5. 财政政策　　本题得分：____

三、简述题（共40分，每题5分）

1. 写出新古典增长模型的基本公式，并分析其经济意义。　　本题得分：____

2. 根据凯恩斯的观点，减少储蓄对均衡国民收入会有什么影响？如何理解“节俭的悖论”？　　本题得分：____

3. 简述赤字是如何被中央银行货币化的。　　本题得分：____

4. 如果你的房东说：“工资、公用事业及别的费用都涨了，我也只能提你的房租。作图并说明属于哪种类型的通货膨胀。　　本题得分：____

5. 说明下列因素的变化是使美元升值还是贬值？

（1）日本的利率升高

（2）德国的经济增长速度加快

（3）美国的通货膨胀率提高

(4) 美国的紧缩性货币政策

(5) 美国的扩张性财政政策　　本题得分：____

6. 作图并说明什么是挤出效应？　　本题得分：____

7. 作图并说明什么是流动性陷阱？　　本题得分：____

8. 经济增长的源泉是什么？　　本题得分：____

四、计算题（共 8 分）

假定经济是由四部门构成，消费函数为 $c=300+0.8y_d$，投资函数为 $i=200-1500r$，净出口函数为 $nx=100-0.05y-500r$，货币需求为 $L=0.5y+200-2000r$，其政府支出为 $GP=200$，名义货币供给为 $M=1500$，价格水平 $P=2$，试求：

(1) *IS* 曲线方程；(2) *LM* 曲线方程；(3) 产品市场和货币市场同时均衡时的利率和收入。　　本题得分：____

五、论述题（共 30 分，每题 15 分）

1. 何为货币政策？政府如何利用货币政策工具来调节宏观经济？其效果如何？

本题得分：____

2. 结合我国实际，以经济发展的四个目标为基础分析应该如何发展一个国家的经济。

本题得分：____

《宏观经济学》自测题一答题纸

题目	一	二	三	四	五	总分
得分						
阅卷人						

一、单项选择题（共 12 分，每题 1 分）

1	2	3	4	5	6	7	8	9	10	11	12

二、名词解释（共 10 分，每题 2 分）

1.

得分：

2.

得分：

3.

得分：

4.

得分：

5.

得分：

三、简述题（共 40 分，每题 5 分）

1.

得分：

2.

得分：

3.

得分：

4.

得分：

5.

得分：

6.

得分：

7.

得分：

8.

得分：

四、计算题（共 8 分）

得分：

五、论述题（共 30 分，每题 15 分）

1.

得分：

2.

得分：

《宏观经济学》自测题一参考答案

一、单项选择题（共12分，每题1分）

1	2	3	4	5	6	7	8	9	10	11	12
C	D	C	C	A	B	B	D	B	B	A	C

二、名词解释（共10分，每题2分）

1. GDP：在一国范围内一年中所生产的最终产品和服务的市场总价值。

2. 货币需求：持有货币会丧失以其他形式持有财富可能带来的收益。

3. 奥肯定律：失业率每高于自然失业率1个百分点，实际GDP将低于潜在GDP 2个百分点。

4. 浮动汇率制度：指在政府不对外汇市场进行干预的条件下，任由外汇市场上各种货币的供求来决定其汇率的一种制度。

5. 财政政策：为促进就业水平提高，减轻经济波动，防止通货膨胀，实现稳定增长而对政府支出、税收和借债水平所进行的选择，或对政府收入和支出水平所作的决策。

三、简述题（共40分，每题5分）

1. 写出新古典增长模型的基本公式，并分析其经济意义。

答：$\dot{k} = sf(k) - (n + \delta)k$。(2分) 这一关系式表明人均资本变化等于人均储蓄减去$(n+\delta)k$项。表达式$(n+\delta)k$可以理解为“必要”的或者“临界”的投资，它是保持人均资本k不变的必需的投资。为了阻止人均资本k下降，需要用一部分投资来抵消折旧，这部分投资就是δk项。同样还需要一些投资，因为劳动数量以n的速率在增长，这部分投资就是nk项。因此资本存量必须以$(n+\delta)$的速度增长，以维持k不变。总计为$(n+\delta)k$的储蓄（或投资）被称为资本的广化。当人均储蓄（投资）大于临界投资所必要的数量时，k将上升，这时经济社会经历着资深化。(3分)

2. 根据凯恩斯的观点，减少储蓄对均衡国民收入会有什么影响？如何理解“节俭的悖论”？

答：储蓄减少，消费增多，会使国民收入增加。(2分) 过于节俭，储蓄增加，消费减少，反而是国民收入下降。(3分)

3. 简述赤字是如何被中央银行货币化的。

答：在政府发行债券的同时，中央银行在二级市场购买了同样数量的债券，这样财政政策增加的货币需求并没有提高利率，因为这一部分增加的货币需求恰好被中央银行提供的货币增量所满足。中央银行不同于商业银行，它购买债券后，会在二级市场上增加货币供应量。而且增加的货币量恰好等于政府发行债券所弥补的财政赤字。也就是说，财政政策被货币化了。由于政府赤字并没有提高利率，所以当财政政策被货币化后，就不会出现挤出效应。(5 分)

4. 如果你的房东说：“工资、公用事业及别的费用都涨了，我也只能提你的房租。作图并说明属于哪种类型的通货膨胀。

答：这属于成本推进的通货膨胀，(2 分) 作图并分析。(3 分)

5. 说明下列因素的变化是使美元升值还是贬值?

(1) 日本的利率升高;

(2) 德国的经济增长速度加快;

(3) 美国的通货膨胀率提高;

(4) 美国的紧缩性货币政策;

(5) 美国的扩张性财政政策。

答：(1) 贬值 (1 分); (2) 贬值 (1 分); (3) 贬值 (1 分); (4) 升值 (1 分); (5) 不确定 (1 分)。

6. 作图并说明什么是挤出效应?

答：作图 (3 分)，文字说明 (2 分)。

7. 作图并说明什么是流动性陷阱?

答：作图 (3 分)，文字说明 (2 分)。

8. 经济增长的源泉是什么?

答：导致经济增长的因素就是经济增长的源泉。主要包括生产要素的增加和技术水平的进步：生产要素由劳动和资本存量两部分组成。其中劳动的增加不只是量的增加，还包括质的提高（劳动者的素质、年龄等)。技术进步包括发明和应用新技术降低生产成本、增加产出。技术进步是通过使生产要素的使用更有效率而促进经济增长的。(5 分)

四、计算题（共 8 分）

1. 假定经济是由四部门构成，消费函数为 $c=300+0.8y_d$，投资函数为 $i=200-1500r$，净出口函数为 $NX=100-0.05y-500r$，货币需求为 $l=0.5y+200-2000r$，其政府购买支出为 $g=200$，名义货币供给为 $M=1500$，价格水平 $P=2$，试求：

(1) *IS* 曲线; (2) *LM* 曲线; (3) 产品市场和货币市场同时均衡时的利率和收入

答：(1) *IS*: $y=3200-8000r$ (3 分); (2) *LM*: $y=1100+4000r$ (3 分); (3) $r=7/40$ 或 0.175 (1 分), $y=1800$。(1 分)

五、论述题（共 30 分，每题 15 分）

1. 何为货币政策？政府如何利用货币政策工具来调节宏观经济？其效果如何？

答：定义（3 分）；法定准备金率及实现过程（3 分）；贴现率政策及实现过程（3 分）；公开市场业务及实现过程（3 分）；政策效果（3 分）。

2. 结合我国实际，以经济发展的四个目标为基础分析应该如何发展一个国家的经济。

答：四个目标，实现充分就业、消除通货膨胀、保持经济稳定增长、实现国际收支平衡（2 分）；结合我国实际情况分析（13 分）。

《宏观经济学》自测题二

题目	一	二	三	四	五	总分
得分						
阅卷人						

一、名词解释（共 10 分，每题 2 分）

1. 边际消费倾向　本题得分：____
2. GDP　本题得分：____
3. 货币需求　本题得分：____
4. 财政政策　本题得分：____
5. 银行乘数　本题得分：____

二、单项选择题（共 40 分，每题 1 分）

1. 宏观经济政策的目标是（　　）。

A. 充分就业和物价稳定

B. 物价稳定和经济增长

C. 同时实现充分就业、物价稳定、经济增长和国际收支平衡

D. 充分就业和公平

2. 宏观经济学的创始人是（　　）。

A. 亚当·斯密　B. 马歇尔

C. 马克思　D. 凯恩斯

3. 经济学上的投资是指（　　）。

A. 企业增加一笔存货　B. 建造一座住宅

C. 企业购买一台计算机　D. 以上都是

4. 在一个有家庭、企业、政府和国外的部门构成的四部门经济中，GDP 是（　　）的总和。

A. 消费、总投资、政府购买和净出口　B. 消费、净投资、政府购买和净出口

C. 消费、总投资、政府购买和总出口　D. 工资、地租、利息、利润和折旧

5. 下列项目中，（　　）不是要素收入。

A. 总统薪水　　　　B. 股息

C. 公司对灾区的捐款　　　　D. 银行存款者取得的利息

6. 在下列项目中，（　　）不属于政府购买。

A. 地方政府办三所中学　　　　B. 政府给低收入者提供一笔住房补贴

C. 政府订购一批军火　　　　D. 政府给公务人员增加薪水

7. 下列第（　　）项不属于要素收入但被居民收到了。

A. 租金　　　　B. 银行存款利息

C. 红利　　　　D. 养老金

8. “牛奶是最终产品”这一命题（　　）。

A. 一定对　　　　B. 一定错

C. 可能对也可能错　　　　D. 以上三种说法全对

9. 正确的统计恒等式为（　　）。

A. 投资 = 储蓄　　　　B. 储蓄 = 消费

C. 投资 = 消费　　　　D. 投资 + 税收 = 储蓄 + 政府购买

10. 物价上涨时，通货膨胀率（　　）。

A. 大于 1　　　　B. 小于 1

C. 大于 0　　　　D. 小于 0

11. 在没有达到充分就业的条件下，若国民收入的均衡被投资的增加所打破，当国民收入重新出现均衡时，国民收入将（　　）。

A. 减少　　　　B. 增加

C. 没有变化　　　　D. 无法确定

12. 下列情况中，不属于实际国民生产总值上升趋势原因的是（　　）。

A. 技术进步　　　　B. 股票市场价格上升

C. 技术存量增加　　　　D. 人口增加

13. 当消费函数为 $C = a + bY$，$a > 0$，$b > 0$，这表明，平均消费倾向应（　　）。

A. 小于边际消费倾向　　　　B. 大于边际消费倾向

C. 等于边际消费倾向　　　　D. 以上三种情况都有可能

14. 在两部门经济中，如果增加 100 万美元使国民收入增加 1000 万美元，则边际消费倾向一定是（　　）。

A. 10%　　　　B. 100%

C. 90%　　　　D. 1%

15. 假设某个经济目前的均衡国民收入水平为 5500 亿美元，如果政府要把国民收入提高到 6000 亿美元，在 *MPC* 为 80% 的条件下，应增加支出（　　）。

A. 1000 亿美元　　　　B. 500 亿美元

C. 100 亿美元　　　　D. 以上答案都不对

16. 边际消费倾向与边际储蓄倾向之和是（　　）。

A. 大于 1 的正数　　　　B. 小于 1 的正数

C. 零　　　　D. 等于 1

17. 消费函数引起消费增加的因素是（　　）。

A. 价格水平下降　　B. 收入增加

C. 平均消费倾向一定为负　　D. 利率提高

18. 如果边际储蓄倾向为负，则（　　）。

A. 边际消费倾向大于 1　　B. 边际消费倾向等于 1

C. 平均消费倾向一定为负　　D. 边际消费倾向小于 1

19. 当美国联邦储备委员会降低利息率时，它是希望（　　）。

A. 增加私人投资，增加总需求，提高产出，减少失业

B. 减少私人投资，增加总需求，提高产出，增加失业

C. 增加私人投资，减少总需求，提高产出，减少失业

D. 增加私人投资，增加总需求，减少产出，增加失业

20. 决定消费的因素中，最重要的是（　　）。

A. 收入　　B. 政府开支

C. 投资　　D. 利率

21. 边际消费倾向是（　　）。

A. 可支配收入中用于消费的比例

B. 当自主性消费增加 1 美元时，收入增加的数量

C. 为使消费增加美元，可支配收入必须增加的数量

D. 当可支配收入增加 1 美元时，消费增加的数量

22. 不决定于收入水平的那一部门消费是（　　）。

A. 基本消费　　B. 随意性消费

C. 自主性消费　　D. 固定性消费

23. 假设可支配收入增加 50 美元，消费支出增加 45 美元，那么边际消费倾向是（　　）。

A. 0.05　　B. 0.10

C. 0.90　　D. 1.00

24. 净出口是指（　　）。

A. 出口减进口　　B. 出口加进口

C. 出口加政府转移支付　　D. 进口减出口

25. 影响货币总需求的因素是（　　）。

A. 只有收入　　B. 只有利息率

C. 流动偏好　　D. 利息率和收入

26. 按照凯恩斯的货币理论，如果利率上升，货币需求将（　　）。

A. 不变　　B. 受影响，但不可能说出是上升还是下降

C. 下降　　D. 上升

27. （　　）不是居民和企业持有货币的主要动机。

A. 储备动机　　B. 交易动机

C. 预防动机　　D. 投机动机

28. 人们在（　　）情况下倾向于减少手持货币。

A. 债券价格趋于下降　　B. 债券价格趋于上升

C. 债券收益率不变　　D. 债券价格不变

29. 当经济中存在失业时，应该采取的财政政策工具是（　　）。

A. 增加政府支出　　B. 提高个人所得税

C. 提高公司所得税　　D. 增加货币发行量

30. 紧缩性财政政策工具是（　　）。

A. 减少政府支出和减少税收　　B. 减少政府支出和增加税收

C. 增加政府支出和减少税收　　D. 减少政府支出和减少货币供给量

31. 在经济过热时，政府应该（　　）。

A. 减少政府财政支出　　B. 增加财政支出

C. 增加财政支出和收购政府债券　　D. 减少税收

32. 扩张性财政政策对经济有下述影响（　　）。

A. 缓和了经济萧条但增加了政府债务　　B. 缓和了通货膨胀但增加了政府债务

C. 加剧了经济萧条但减少了政府债务　　D. 加剧了通货膨胀但减少了政府债务

33. （　　）在经济中不具有内在稳定器的作用。

A. 累进税率制　　B. 政府开支直接随国民收入水平变动

C. 社会保障支出和失业保险　　D. 农产品维持价格

34. 中央银行降低贴现率会（　　）。

A. 诱使商业银行前来借款　　B. 阻止商业银行前来借款

C. 起到通知商业银行扩大贷款的作用　　D. 没有任何作用

35. 市场业务是指（　　）。

A. 商业银行的信贷活动　　B. 中央银行增减对商业银行的贷款

C. 中央银行买卖政府债券活动　　D. 中央银行增加或减少货币发行量

36. 中央银行在公开市场上买进政府债券将导致商业银行的存款（　　）。

A. 增加　　B. 减少

C. 不变　　D. 无法判断

37. 中央银行在公开市场上大量出售政府债券的目的之一是（　　）。

A. 限制政府债券价格的上升　　B. 提高利息率

C. 增加货币供给量　　D. 降低利息率

38. “双紧政策”的政策搭配能使利息率（　　）。

A. 提高　　B. 下降

C. 不变　　D. 不确定

39. 货币政策影响经济的渠道之一是（　　）。

A. 直接影响价格　　B. 改变资金的周转率

C. 直接影响收入　　D. 改变借款的成本

40. 存款准备率越高，货币乘数则（　　）。

A. 越大　　B. 越小

C. 不变　　　　D. 不确定

三、简答题（共 20 分，每题 4 分）

1. 什么是自动的财政政策？它在经济运行中能起到怎样的作用？　本题得分：____
2. 什么是贴现率政策？它的政策效果如何？　本题得分：____
3. 总供给曲线为什么会在接近充分就业的产量水平时有一个肘弯？　本题得分：____
4. 国内生产总值和国民生产总值有什么不同？　本题得分：____
5. 什么是相机抉择的财政政策？这一政策的基本特征是什么？　本题得分：____

四、计算题（共 10 分，每题 5 分）

1. 假设某经济社会储蓄函数为 $S=-1000+0.25NI$，投资从 300 增加到 500 时，均衡收入增加多少？　本题得分：____

2. 商业银行吸收的原始存款为 100 万元，法定准备率为 10%，在不考虑其他因素的情况下，试计算该商业银行系统的最大派生存款。　本题得分：____

五、论述题（共 20 分）

1. 结合我国实际，以经济发展的 4 个目标为基础分析应该如何发展一个国家的经济。（本题 7 分）　本题得分：____

2. 何为货币政策？政府如何利用货币政策工具来调节宏观经济？（本题 7 分）　本题得分：____

3. 如果两个相互独立的国家合并成一个新的国家，对 GDP 总和有什么影响？（假定两国产出不变）（本题 6 分）　本题得分：____

《宏观经济学》自测题二答题纸

题目	一	二	三	四	五	总分
得分						
阅卷人						

一、名词解释（共10分，每题2分）

1.

得分：

2.

得分：

3.

得分：

4.

得分：

5.

得分：

二、单项选择题（共 40 分，每题 1 分）

1	2	3	4	5	6	7	8	9	10
11	12	13	14	15	16	17	18	19	20
21	22	23	24	25	26	27	28	29	30
31	32	33	34	35	36	37	38	39	40

三、简答题（共 20 分，每题 4 分）

1.

得分：

2.

得分：

3.

得分：

4.

得分：

5.

得分：

四、计算题（共 10 分，每题 5 分）

1.

得分：

2.

得分：

五、论述题（共 20 分）

1.

得分：

2.

得分：

3.

得分：

《宏观经济学》自测题二参考答案

一、名词解释（共10分，每题2分）

1. 边际消费倾向：消费量增量与可支配收入增量之比。

2. GDP：在一国范围内一年中所生产的最终产品和服务的市场总价值。

3. 货币需求：持有货币可能会丧失以其他形式持有财富可能带来的收益。

4. 财政政策：通过政府的财政收支变动来改善经济状况，以达到其理想的宏观经济指标的一系列活动，包括收集信息、分析、决策以及实施和监督等一系列政府及其机构的活动。

5. 银行乘数：一笔新存款引起的整个银行体系增加的存款与最初增加的新存款之间的比例称为银行乘数。

二、选择题（共40分，每题1分）

1 C	2 D	3 D	4 A	5 C	6 B	7 D	8 C	9 A	10 C
11 B	12 B	13 B	14 C	15 C	16 D	17 B	18 A	19 A	20 A
21 D	22 C	23 C	24 A	25 D	26 C	27 A	28 B	29 A	30 B
31 A	32 A	33 B	34 A	35 C	36 A	37 B	38 A	39 D	40 B

三、简答题（共20分，每题4分）

1. 什么是自动的财政政策？它在经济运行中能起到怎样的作用？

答：自动财政政策定义 （1分）

作用（每条1分）

2. 什么是贴现率政策？它的政策效果如何？

答：贴现率定义 （2分）

效果 （2分）

3. 总供给曲线为什么会在接近充分就业的产量水平时有一个肘弯？

答：图 （2分）

接近充分就业的解释 （2分）

4. 国内生产总值和国民生产总值有什么不同？

答：GDP 定义 (1分)

GNP 定义 (1分)

区别 (2分)

5. 什么是相机抉择的财政政策？这一政策的基本特征是什么？

答：相机抉择定义 (2分)

基本特征 (2分)

四、计算题（共10分，每题5分）

1. 假设某经济社会储蓄函数为 $S=-1000+0.25NI$，投资从300增加到500时，均衡收入增加多少？

答：$C=1000+0.75NI$ (2分)

$MULT=4$ (2分)

$\Delta NI=200\times 4=800$ (1分)

2. 商业银行吸收的原始存款为100万元，法定准备率为10%，在不考虑其他因素的情况下，试计算该商业银行系统的最大派生存款。

答：$BM=1/rr=10$ (3分)

$M=100\times 10=1000$ (2分)

五、论述题（共20分）

1. 结合我国实际，以经济发展的4个目标为基础分析应该如何发展一个国家的经济。(7分)

答：四个目标 (各0.5分，共2分)

财政政策作用 (2分)

货币政策作用 (3分)

2. 何为货币政策？政府如何利用货币政策工具来调节宏观经济？ (7分)

答：货币政策定义 (2分)

3个货币政策工具 (各1分，共3分)

货币政策传导机制 (2分)

3. 如果两个相互独立的国家合并成一个新的国家，对GDP总和有什么影响（假定两国产出不变）？ (6分)

答：合并前的对外贸易变成合并后的国内贸易 (2分)

举例说明 (2分)

结论：合并前对外贸易部分抵消；合并后GDP增大 (2分)